マンガと絵でわかる！おいしい野菜づくり入門

加藤義松［監修］

西東社

家庭菜園だからできる
新鮮な
健康野菜を
育てましょう
旬の野菜は
栄養価が
高い！

食の健康志向、安全志向を背景に、家庭菜園で野菜づくりをはじめる人が増えています。家庭菜園では、春夏野菜、秋冬野菜というように、野菜を最も育てやすい季節、すなわち旬の季節に野菜をつくります。旬の野菜は、それ以外の季節につくるものにくらべ何倍もの栄養価やうま味成分を含んでいます。そのため家庭菜園でつくった野菜を日常的に食べているだけで自然に健康的な食生活を実践することができます。

また、暖かな日光のもと、土にふれ、さわやかな汗を流す畑仕事は、ストレス解消にも効果的です。心にゆとりを感じることができるでしょう。

旬の野菜を育て、採れたてをその日のうちに食べる、心身ともに栄養満点の健康生活。存分に楽しんでください。

加藤義松

なにつくる？
いまやることは？

野菜の栽培カレンダー

タネまき、植え付け時期順に並んでいるので、
栽培プラン・管理がしやすく便利です。

タネまき　植え付け　追肥　収穫

品目名		掲載ページ	1月	2月	3月	4月	5月	6月	7月	8月	9月	10月	11月	12月
	**ジャガイモ** （ナス科）	P82		植え付け	追肥（植え付け30日後に1回）			収穫						
	**サヤエンドウ、スナップエンドウ** （マメ科）	P126			春まき 追肥（成長に合わせて2回） 追肥（成長に合わせて2回）	収穫		収穫				秋まき		
	**ミョウガ** （ショウガ科）	P164			植え付け		追肥（成長に合わせて2回）		追肥 収穫（翌年）					
	**シソ** （シソ科）	P156			タネまき		追肥（成長に合わせて適宜）	収穫						
	**チンゲンサイ** （アブラナ科）	P102				タネまき	追肥（2回目の間引き後に1回） 収穫							
	**トウモロコシ** （イネ科）	P86				タネまき		追肥（マルチシートをはがす時に1回）	収穫					
	**サトイモ** （サトイモ科）	P184				植え付け		追肥（成長に合わせて2回）				収穫		
	**インゲン** （マメ科）	P138				春まき	追肥（成長に合わせて1回）	収穫		秋まき 追肥（成長に合わせて1回）	収穫			
	**ショウガ** （ショウガ科）	P116				植え付け		追肥（1回）	収穫（葉ショウガ）			収穫（根ショウガ）		
	**エダマメ** （マメ科）	P74				タネまき		追肥（花の咲きはじめに1回）	収穫					

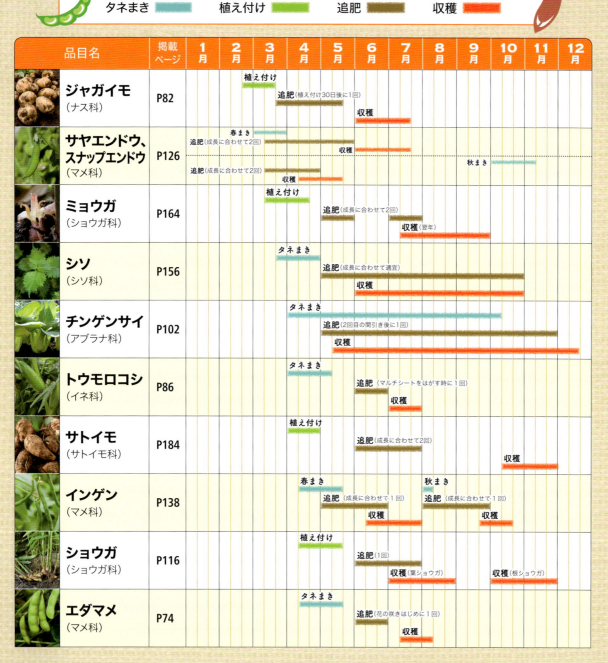

品目名		掲載ページ	1月	2月	3月	4月	5月	6月	7月	8月	9月	10月	11月	12月
	**シシトウ** (ナス科)	P146				植え付け		追肥(2週間に1回) 収穫						
	**キュウリ** (ウリ科)	P62				植え付け		追肥(10日に1回) 収穫						
	**トマト (ミニトマト)** (ナス科)	P44				植え付け		追肥(2〜3週間に1回)	収穫					
	**オクラ** (アオイ科)	P78				タネまき		追肥(2週間に1回)	収穫					
	**ピーマン (パプリカ)** (ナス科)	P56					植え付け	追肥(2週間に1回) 収穫						
	**クウシンサイ** (ヒルガオ科)	P154					タネまき	追肥(2週間に1回) 収穫						
	**スイカ** (ウリ科)	P148					植え付け	追肥(成長に合わせて2回)	収穫					
	**ゴーヤ** (ウリ科)	P142					植え付け	追肥(2週間に1回)	収穫					
	**モロヘイヤ** (シナノキ科)	P162					タネまき	追肥 (2 週間に 1 回)	収穫					
	**ナス** (ナス科)	P50					植え付け	追肥 (2 週間に 1 回)	収穫					
	**パセリ** (セリ科)	P106					植え付け	追肥 (1 カ月に 1 回)	収穫					
	**カボチャ** (ウリ科)	P140					植え付け	追肥(1回)		収穫				
	**サツマイモ** (ヒルガオ科)	P181					植え付け					収穫		

	品目名	掲載ページ	1月	2月	3月	4月	5月	6月	7月	8月	9月	10月	11月	12月
	**トウガラシ** （ナス科）	P152					植え付け	追肥（2週間に1回）	収穫					
	**ツルムラサキ** （ツルムラサキ科）	P158					タネまき		追肥（1カ月に1回） 収穫					
	**ラッカセイ** （マメ科）	P168					タネまき	追肥（成長に合わせて1回）				収穫		
	**ネギ** （ユリ科）	P70						植え付け	追肥（3～4週間ごとに合計4回）				収穫	
	**ニラ** （ユリ科）	P104			追肥（翌年／2週間に1回）	収穫（翌年）		植え付け	追肥（1カ月に1回）		追肥（翌年／2週間に1回） 収穫（翌年）			
	**ニンジン** （セリ科）	P190						タネまき		追肥（成長に合わせて2回）			収穫	
	**セロリ** （セリ科）	P170							植え付け 追肥（植え付け2週間後に1回／必要に応じて適宜）		収穫			
	**ブロッコリー** （アブラナ科）	P175								植え付け 追肥（成長に合わせて2回）			収穫	
	**エシャレット** （ユリ科）	P134		追肥（必要に応じて1回）	収穫（エシャレット）				収穫（ラッキョウ）	植え付け				
	**キャベツ** （アブラナ科）	P92			春植え	追肥（成長に合わせて2回）	収穫			秋植え	追肥（成長に合わせて2回）		収穫	
	**ラディッシュ（ハツカダイコン）** （アブラナ科）	P118			春まき		収穫			秋まき	収穫			
	**カブ** （アブラナ科）	P114			春まき	追肥（必要に応じて1回） 収穫				秋まき	追肥（必要に応じて1回）	収穫		
	**ダイコン** （アブラナ科）	P187			春まき		追肥（成長に合わせて1回） 収穫			秋まき		追肥（成長に合わせて1回） 収穫		

	品目名	掲載ページ	1月	2月	3月	4月	5月	6月	7月	8月	9月	10月	11月	12月
	**ハクサイ** （アブラナ科）	P172								タネまき		追肥（成長に合わせて2回）	収穫	
	**ワケギ** （ユリ科）	P179								植え付け		追肥（2～3週間に1回）		収穫
	**リーフレタス、タマレタス** （キク科）	P110				春植え 追肥（成長に合わせて適宜）	収穫				秋植え 追肥（成長に合わせて適宜）	収穫		
	**ルッコラ** （アブラナ科）	P112				春まき	追肥（成長に合わせて1回） 収穫				秋まき	追肥（成長に合わせて1回） 収穫		
	**コマツナ** （アブラナ科）	P96			春まき	収穫					秋まき	収穫		
	**サラダナ** （キク科）	P98			春まき		収穫				秋まき	収穫		
	**ミツバ** （セリ科）	P108			春まき		追肥（2～3週間に1回） 収穫				秋まき	追肥（2～3週間に1回） 収穫		
	**ホウレンソウ** （ヒユ科）	P68			春まき	収穫					秋まき	収穫		
	**シュンギク** （キク科）	P100				春まき	追肥（1回） 収穫				秋まき 追肥（1回）	収穫		
	**ニンニク** （ユリ科）	P160						収穫			植え付け	追肥（成長に合わせて2回）		
	**イチゴ** （バラ科）	P122	追肥（成長に合わせて2回）				収穫					植え付け		
	**ソラマメ** （マメ科）	P129		追肥（1回）			収穫					タネまき		
	**タマネギ** （ユリ科）	P132		追肥（成長に合わせて2回）			収穫						植え付け	

もくじ

1章 はじめが肝心！ 野菜づくりの準備と基本

2章 絶対つくりたい人気野菜10

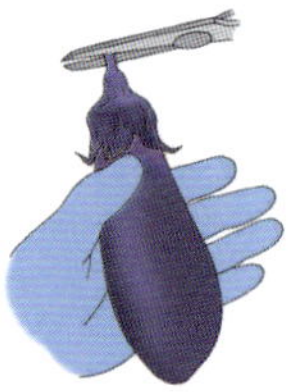

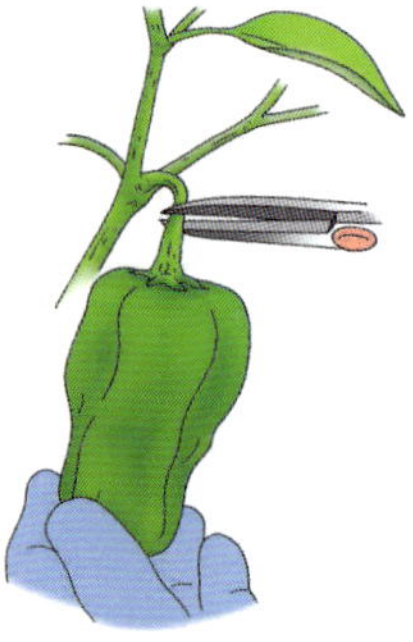

3章 長期間収穫できる野菜

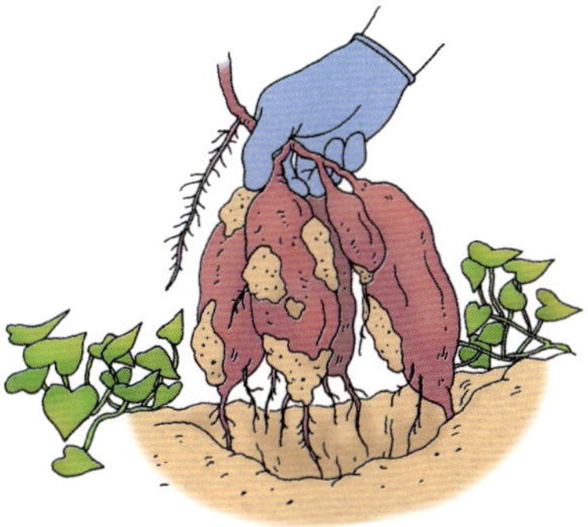

4章 春に収穫する野菜

5章 春～夏に収穫する野菜

6章 秋～冬に収穫する野菜

コラム

加藤先生の菜園マスター講座

目的別さくいん

つくりたい野菜を探す【野菜名さくいん】

連作障害を避ける【科別さくいん】

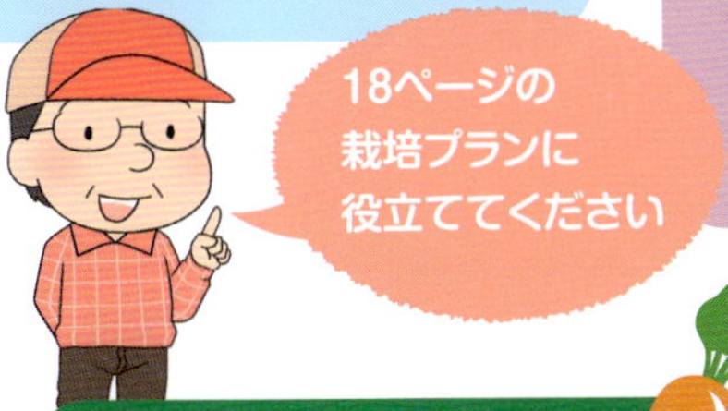
18ページの
栽培プランに
役立ててください

本書の見方

加藤先生のワンポイントアドバイス！

わかりにくい用語や栽培の工夫を加藤先生が教えてくれます。

栽培カレンダーで時期を逃さない！

作業のタイミングを逃さないよう、栽培のスケジュールを見やすく表示しています。

2章
絶対つくりたい人気野菜10
トマト（ミニトマト）
「一番花」とは
「いちばんか」と読み、名前のとおりその株で1番最初に咲いた花を指します。
2 苗選び
がっちりとした緑の濃いものを選ぶ
茎葉の緑色が濃く節間が短くがっちりしているものを選びましょう。またすでに一番花が咲いていれば、その後の成長がスムーズにいきやすいので理想的です。見るからに元気がなく、葉が縮れていたり葉先がめくれ上がっているものは避けましょう。
一番花が咲いている
節間が短い
茎が太い
葉色が濃く病害虫が付いていない
管理が楽になる植え方！
花を通路側に向けて植えるとその向きに実が付くので管理が楽です。
おすすめ品種
麗夏（レイカ）
露地野菜には最適の品種。雨が多くても裂果が少なく真っ赤に熟してから収穫できるので味がよい。
プロのコツ
苗は一番花が咲いているものを選ぼう
栽培カレンダー
1月 2月 3月 4月 5月 6月 7月 8月 9月 10月 11月 12月
植え付け
追肥
収穫
1㎡あたり
堆肥 2〜3kg
化成肥料 150g
1 畑の準備
ナス科の野菜を3〜4年つくっていない場所を選ぶ
① 植え付け1週間前、畝の中央に深さ30㎝の溝を掘り、その中に1㎡あたり堆肥2〜3kgと化成肥料150gを順に投入します。
30㎝
120㎝
10㎝
② 左右の土手の土を埋め戻し、幅120㎝、高さ10㎝の平畝をつくり上部を平らにならします。
③ 地温を上昇させると同時に湿度を保つためにマルチシートを敷きます。
レベル ふつう
人気ランキング 1位
トマト（ミニトマト）
家庭菜園で大人気のトマト。真っ赤な色素をつくるリコピンは抗酸化作用が高く健康野菜としても重宝します。元肥をしっかり施し根を深く這わせることが育成のポイントです。
•果菜類
•ナス科
連作障害
3〜4年は空ける
必要な資材
支柱、マルチシート、トンネル支柱、防虫ネット
プロのコツ
元肥は溝を掘って施す
45

まずはこの品種を育ててみましょう！

たくさんの品種が出回っているものは、比較的育てやすくおいしいものをおすすめしています。

マンガで"プロのコツ"を解説！

栽培する上でのコツや、悩みに対するアドバイスをマンガでわかりやすく解説します。

登場人物紹介

ご近所さん

近所に住む家庭菜園の先輩たち。

娘さん　**お母さん**　**お父さん**

新しく家庭菜園をはじめた家族。加藤先生のアドバイスを参考にして、これからたくさんの野菜をつくろうと意気込んでいる。

加藤先生

あらゆる野菜の栽培に精通した菜園マスター。

1章 はじめが肝心!
野菜づくりの準備と基本

1 畑づくりをはじめる前に

日当たりと風通し、水はけのよい場所で家庭菜園をはじめましょう。

菜園はどこでやる?

家庭菜園の候補地は、市民農園（レンタル菜園）、自宅の庭、ベランダでのプランター菜園などが一般的。つくってみたい野菜の種類や量によってどれくらいのスペースが必要なのか、畑仕事にどれくらい時間をかけられるかなど、自身の生活スタイルに合わせて選びましょう。

市民農園

年間使用料はかかるが比較的安く利用できる。ただし農具貸出や水道がないところがほとんどなので各自で準備する必要があるため、自宅から近い方が望ましい。

プランター菜園

ベランダや庭の空きスペースを利用するプランター菜園。大量には収穫できないが、手づくりの楽しみを味わえる。レタス類などなら必要な分だけ収穫でき、栽培管理も楽にできる。

自宅の庭

スペースがあり、日当たり、水はけに難がなければ、最も気軽に家庭菜園を楽しめる。毎日野菜の状態をチェックしながら栽培でき、収穫もしやすい。ベジタブルガーデンも素敵。

菜園に必要な条件は?

ほとんどの野菜は日光を好みます。1日最低6時間以上、直射日光が当たる日当たりのよい場所を選びましょう。水はけの悪さは根腐れの原因に。雨が降った後なかなか水が引かない場所は不向きです。ジメジメした風通しの悪い場所も病害虫の危険性大。日当たり、水はけ、風通し、この3つの要素を満たした場所が菜園として最適です。

欠かせない3大要素

水はけ
風通し
日当たり

ひとつでも欠けると野菜は元気に育たない!

先生教えて！

畑ビギナーの素朴なギモン

Q1

近所に菜園を借りましたが、週何回ぐらい見に行くものなのでしょうか？

水切れ、肥料切れは？ 害虫は？ 風や雨で株が倒れていないか？ こういった野菜へのちょっとした思いやりの積み重ねがおいしい野菜をつくる秘訣。ですので、１日10〜30分ほどでも毎日チェックして手をかけてあげたいものです。仕事をしていて休日しか足を運ぶことができないなら、管理が楽で、じっくり成長する野菜を選びましょう。

Q2

午前中しか日が当たらないのですが大丈夫ですか？

トマト、ナスなど多くの野菜は陽性植物で、１日に６時間以上の直射日光を必要とします。ネギ、ジャガイモは半陰性植物で、１日に3〜4時間程度でも育ちます。ミョウガなどは陰性植物で、半日陰や日陰のほうがよく育ちます。午前中しか日が当たらない場所では、半陰性または陰性のグループに属する野菜の栽培がおすすめです。

Q3

畑の近くに水道がないのですが、どのように水をあげればよいのでしょうか？

必要に応じてポリタンクに水を入れて運ぶのが一般的です。ポリタンクはホームセンターで購入できます。そのほか、畑の隅に雨水を貯められるものを置いて使うなどの方法もあります。また、天気予報を確認して雨が降る前にタネまき・苗植えすることや、土が乾かないようにマルチシート（→P28）を敷くことも有効です。

Q4

自宅から菜園まで車で30分かかります。不便なことが起こりますか？

猛暑の季節、畑はとても乾燥します。野菜によっては毎日水やりが必要でしょう。また野菜がぐんぐんと成長する夏場は、収穫してあげないと株の負担が大きくなって弱ってしまうこともあります。このように時期によっては、菜園に毎日足を運ばなくてはいけません。その上で、往復１時間という時間に無理がないのかを考慮しましょう。

② 家庭菜園に必要な道具と資材

最低限そろえておきたいものです。どれもホームセンターや園芸店で購入できます。

実際に手に取り自分に合うものを選びましょう

クワ

土を耕す、畝を立てる、土を寄せる、畝をならす、除草するなどオールマイティーに活躍する。いろいろな形状があるので使いやすいものを選ぶ。

小さいスコップ

苗の植え付け、植え穴掘り、ポットへの土入れなど、畑仕事の際の必需品。狭いスペースを耕したり、雑草を根ごと掘り起こす際にも使う。

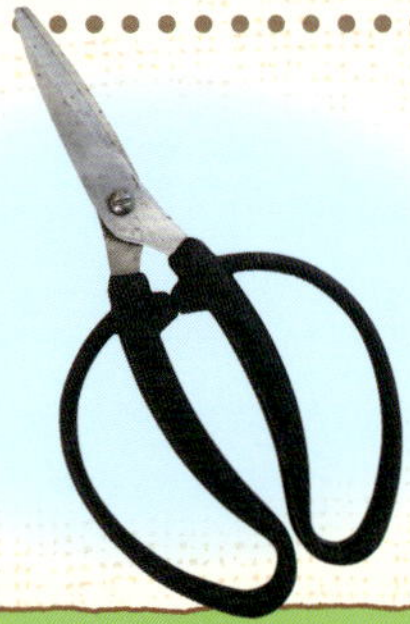

収穫バサミ

取っ手が大きく持ちやすく、刃先がまっすぐなので込み入ったところでも使いやすい。

カマ

雑草などを刈り取るのに使う。写真のようなねじりガマだと、根元から刈り取る際に手が地面に擦れず使いやすい。

持てる範囲で大きいものを選びましょう
大は小を兼ねます

ジョウロ

水やりするための必需品。水を注いで持ち運ぶためプラスチック製などかるい素材のものが使いやすい。ハス口が取り外せるものを選ぶ。

大きいスコップ

足かけに足を乗せて体重をかけ、土を深く掘り起こすことができる。元肥を畝に埋める際の溝掘りやジャガイモなどの収穫の際にも使用する。

ここにあるのは農作業を効率よく進めるために欠かせません

マルチシート（→P28）

地温を上げたり、乾燥を防ぐため、畝立てした後、土に直接かぶせて使うシート。目的に応じて、黒、透明、シルバー、穴あきを使い分ける。

ふるい

土の中の小石を取り除いたり、発芽に日光を好むタネをまいたときに、土を薄く均一にかぶせるときに使う。

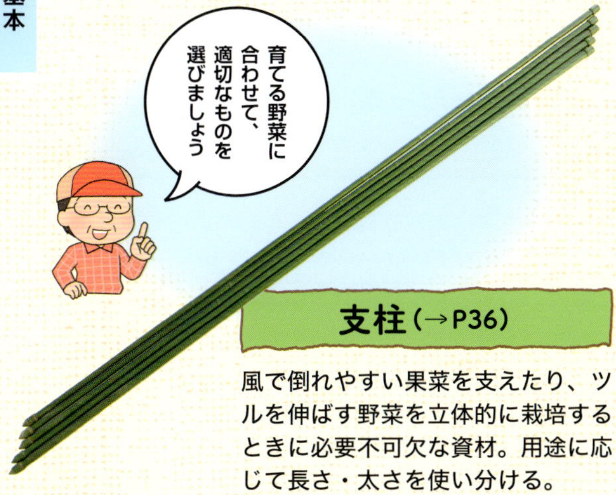
育てる野菜に合わせて、適切なものを選びましょう

支柱（→P36）

風で倒れやすい果菜を支えたり、ツルを伸ばす野菜を立体的に栽培するときに必要不可欠な資材。用途に応じて長さ・太さを使い分ける。

片手で持てるくらいのサイズでかまいません

板

畝のでこぼこを平らにならしたり、タネと土を密着させるために上から押さえるときに使う。薄くてかるいものが扱いやすい。

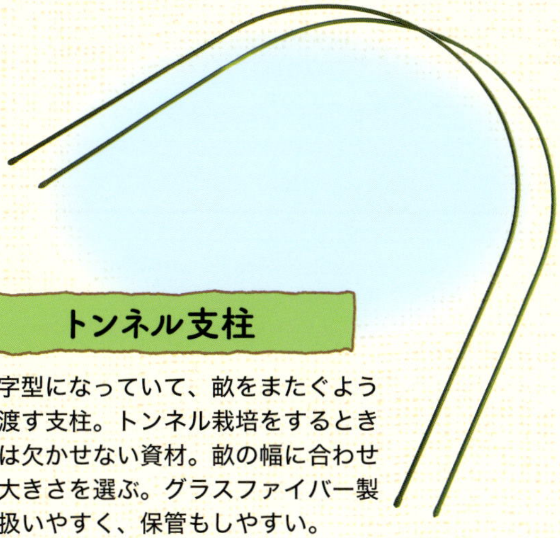

トンネル支柱

U字型になっていて、畝をまたぐように渡す支柱。トンネル栽培をするときには欠かせない資材。畝の幅に合わせて大きさを選ぶ。グラスファイバー製が扱いやすく、保管もしやすい。

防虫防鳥ネット（→P34）

タネまき、植え付け後に畝を覆って、害虫、害鳥の侵入を防ぐための資材。トンネル支柱とセットで使うことで無農薬栽培も可能。

③ 栽培プランを立てましょう

どこに何の野菜を植えるか、長期的な計画が必要です。

野菜の「科」を意識する

ナス科、アブラナ科、マメ科など、野菜には植物分類上のさまざまな科があります。同じ科の野菜を同じ場所で連続して栽培すると、次第に収穫量が減っていき、病気にかかりやすくなります。これを連作障害といいます。同じ科の野菜をつくり続けていると、土壌中の栄養分や微生物群のバランスが崩れることがその原因です。

連作障害を回避するためには、菜園スペースを科の種類ごとに区画分けし、季節ごとにローテーションさせる必要があります（これを輪作という）。野菜のなかにはある程度の期間を空けないと連作障害が出るものもあるため、どのスペースに何を植えたらよいのか長期的な栽培プランを立てておくことが重要になってきます。

連作障害が出やすい野菜

科	空ける期間		
	1年	2年	3～5年
アブラナ科	コマツナ、チンゲンサイ、キャベツ、カブ、ラディッシュなど	ハクサイ、ブロッコリーなど	
ナス科		ジャガイモなど	トマト、ピーマン、シシトウ、ナスなど
マメ科		エダマメなど	インゲン、スナップエンドウなど
その他の科	タマネギ、ゴーヤ、ニンジン、ホウレンソウ、シュンギク、リーフレタスなど	キュウリ、イチゴ、ニラなど	クウシンサイ、サトイモ、ショウガなど

菜園スペースを4つにわけて
季節ごとにローテーションをする！

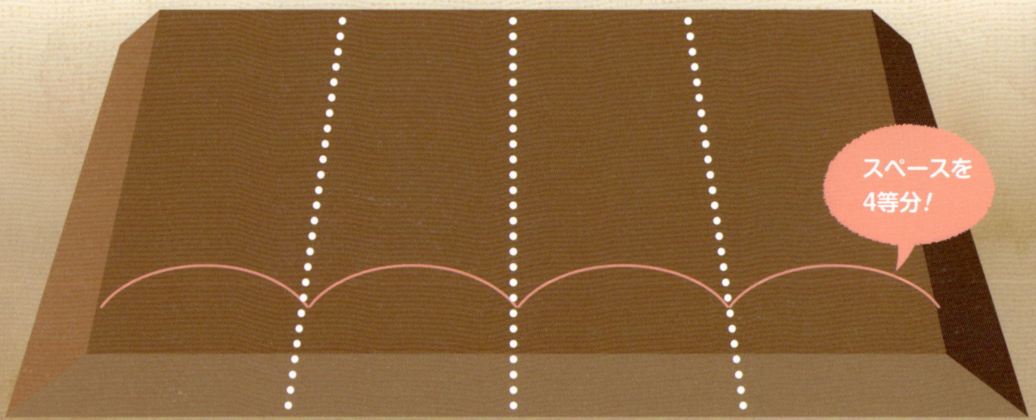

育てられる野菜の種類が多いアブラナ科、その他の科は2つのスペースで運用する。サツマイモを育てる場合は1年同じ場所を使う。

栽培プランを立てる

まず菜園スペースを4等分し、スペースごとに育てる野菜をわりふります。秋・冬の「アブラナ科」は種類が豊富なため2つ分のスペースを使うとよいでしょう。

ローテーションは、春・夏（3月）と秋・冬（9月）の2つのタイミングでおこないます。またナス科は秋・冬にまくものがないので、その他の科を増やします。

左の一覧が実際に加藤農園でおこなっている、連作障害を防ぐ4年間の栽培プランです。4年間ローテーションさせたらまた1年目に戻ります。

これで連作障害を防ぎ、年間約30種類の野菜を育てることができます。

等分の仕方は
スペースに合わせて
横でも2×2列など
でもかまいません
モデルプランを
ベースに
考えてみます

モデル栽培プラン

1年目 春・夏	サトイモ・サツマイモ	その他の科	マメ科	ナス科
1年目 秋・冬	サトイモ・サツマイモ	アブラナ科	その他の科	アブラナ科
2年目 春・夏	その他の科	マメ科	ナス科	サトイモ・サツマイモ
2年目 秋・冬	アブラナ科	その他の科	アブラナ科	サトイモ・サツマイモ
3年目 春・夏	マメ科	ナス科	サトイモ・サツマイモ	その他の科
3年目 秋・冬	その他の科	アブラナ科	サトイモ・サツマイモ	アブラナ科
4年目 春・夏	ナス科	サトイモ・サツマイモ	その他の科	マメ科
4年目 秋・冬	アブラナ科	サトイモ・サツマイモ	アブラナ科	その他の科

④ 大切な土づくり

おいしい野菜をつくるためには、よい土をつくります。

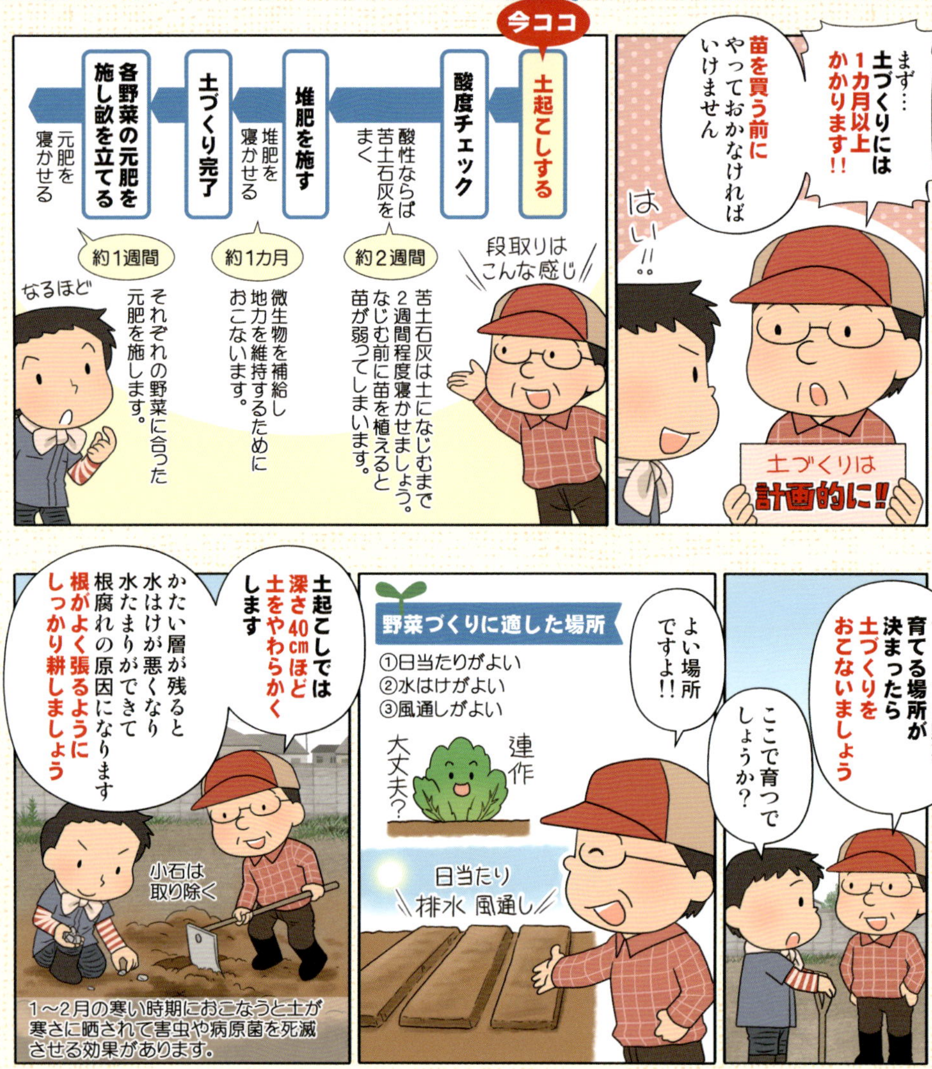

まず…土づくりには1カ月以上かかります!!
苗を買う前にやっておかなければいけません
はい!!
土づくりは計画的に!!
段取りはこんな感じ
今ココ
土起こしする
酸度チェック
酸性ならば苦土石灰をまく
約2週間
苦土石灰は土になじむまで2週間程度寝かせましょう。なじむ前に苗を植えると苗が弱ってしまいます。
堆肥を施す
堆肥を寝かせる
約1カ月
微生物を補給し地力を維持するためにおこないます。
土づくり完了
各野菜の元肥を施し畝を立てる
元肥を寝かせる
約1週間
それぞれの野菜に合った元肥を施します。
なるほど
つくりたい野菜と育てる場所が決まったら土づくりをおこないましょう
ここで育つでしょうか?
よい場所ですよ!!
野菜づくりに適した場所
①日当たりがよい
②水はけがよい
③風通しがよい
連作
大丈夫?
日当たり
排水 風通し
土起こしでは深さ40cmほど土をやわらかくします
かたい層が残ると水はけが悪くなり水たまりができて根腐れの原因になります
根がよく張るようにしっかり耕しましょう
小石は取り除く
1～2月の寒い時期におこなうと土が寒さに晒されて害虫や病原菌を死滅させる効果があります。

土づくりとは？

土があればすぐに野菜を育てられるわけではありません。野菜を育てるのに適した土へと変える作業が必要になります。それが土づくりです。おおまかな土づくりから植え付けの流れはこのようになります。

❶かたくしまった土をふかふかに耕す
❷土の酸度をチェックして苦土石灰で中和する
❸2週間後、堆肥を施す
❹1カ月後、野菜ごとの元肥を施す
❺植え付け

苦土石灰のまき方

酸性の土壌では、土からアルミニウムが溶け出し、根に吸収されてしまいます。野菜にとってアルミニウムは毒で、根から養分が吸収できなくなり育ちにくくなるため、野菜の種類ごとに適した酸度に調整(中和)する必要があります。1年に1回、最初の土づくりの際にpHメーターを使って土の酸度をチェックしましょう。とくに市民農園などは以前の施肥状

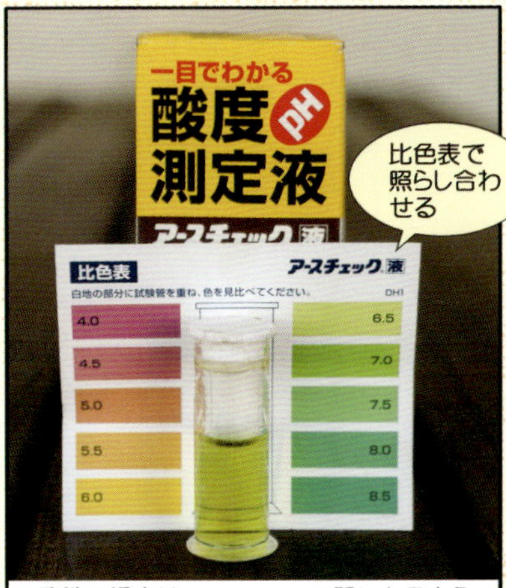
一目でわかる
酸度 pH 測定液
アースチェック液
比色表で照らし合わせる
比色表
アースチェック液
4.0
4.5
5.0
5.5
6.0
6.5
7.0
7.5
8.0
8.5
酸性の場合は、pH6.0～6.5の間になるよう苦土石灰で土の酸度を整えます。

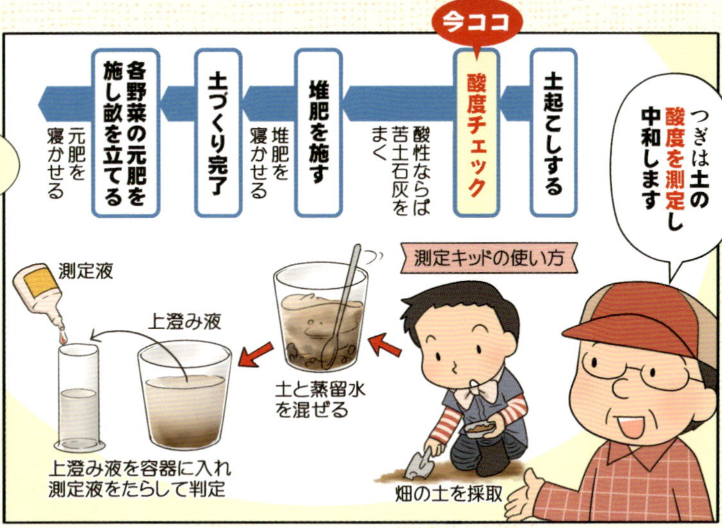
つぎは土の酸度を測定し中和します
土起こしする
今ココ
酸度チェック
酸性ならば苦土石灰をまく
堆肥を施す
堆肥を寝かせる
土づくり完了
各野菜の元肥を施し畝を立てる
元肥を寝かせる
測定キッドの使い方
畑の土を採取
土と蒸留水を混ぜる
上澄み液
測定液
上澄み液を容器に入れ測定液をたらして判定

苦土石灰をまいた2週間後
苦土石灰は野菜を植えるたびにまくのですか？
毎回ではないです 1年に1回酸度をチェックして調整しましょう
苦土石灰
多くの野菜はpH6.0～6.5でよく育ちます。
つぎは堆肥のすき込みです
土起こしする
酸度チェック
酸性ならば苦土石灰をまく
今ココ
堆肥を施す
堆肥を寝かせる
土づくり完了
各野菜の元肥を施し畝を立てる
元肥を寝かせる
混ぜた堆肥と土が馴染むには1カ月ほどかかります
落ち葉堆肥や腐葉土は土をふかふかにする効果も大きいのでおすすめです。
堆肥
土壌は除々に改良されるので毎年おこなうとよいですよ
1カ月寝かせます

況が分からないため必ず測定します。

測定結果が酸性だった場合はpH6～6.5になるように苦土石灰をまいて調整します。目安として、1㎡あたり100～200gの苦土石灰でpHが1上がります。まき過ぎると土はアルカリ性に傾き、養分が溶けにくくなるため注意が必要です。

■堆肥のまき方

堆肥には家畜のフンなどからできた栄養堆肥や、腐葉土など落ち葉からできた植物系堆肥があります。

どちらの堆肥でも1㎡あたり1kgを目安に、菜園全面に施し、よく耕します。堆肥を畑にすき込むことによって、水はけ、水もち、肥料もち、通気性を改善させます。堆肥は微生物を補給し、同時にその働きを活性化する効果があります。

微生物によってゆっくりと分解される堆肥は窒素、リン酸、カリなど野菜の成長に必要な肥料成分を供給します。土づくりの際には忘れずに堆肥を施しましょう。

⑤ 元肥を効果的にまく

野菜に必要な栄養素をあらかじめまくのが元肥です。

肥料の分量はしっかり計って施しましょう。与え過ぎると野菜は軟弱に育ち、病害虫に負けてしまいます。

溝を掘って施す	畝や畝間にすき込む
生育期間が長い果菜など深く根を張らせる野菜に向く	栽培期間が短い葉菜や根が浅く張る野菜に向く
トマト、ナス、カボチャ、スイカ、ピーマン、サトイモなど	ルッコラ、サラダナ、コマツナ、ホウレンソウ、トウモロコシ、キュウリ、オクラ、タマネギ、インゲン、エダマメなど

元肥の肥料	堆肥の肥料
野菜の成長を促進するのが目的	土壌の質と微生物の改善が目的
堆肥 ＋ 化学肥料 有機肥料	落ち葉、家畜フン、わら、おがくず、もみがら、培養土、バーク堆肥
	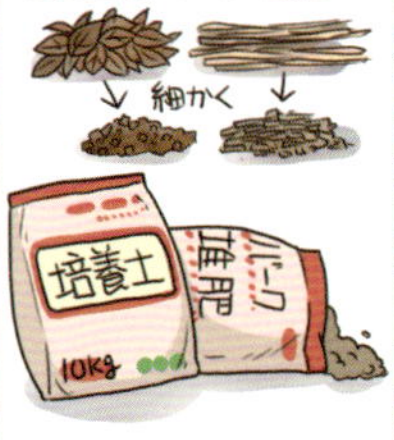
栄養成分のバランスがよく、吸収しやすい効能の肥料が適します。	混ぜて使用するのもよい。肥料成分が低く緩効性のものが適します。

※詳しい施肥方法は各野菜のページをご参照ください。

肥料成分と種類

野菜の成長に必要な三大栄養分は、窒素（N）、リン酸（P）、カリ（K）です。そのほかにもカルシウム、マグネシウム、鉄、マンガン、亜鉛などのミネラル分もおいしい野菜をつくるためには欠かせません。肥料には、畑にこれらの養分をバランスよく補給する役割があります。

肥料は大きく分けると、動植物由来の有機質肥料と、化学的に製造された化学肥料（無機質肥料）があります。有機質肥料は微生物によって分解されながら緩やかに効く緩行性《かんこうせい》肥料です。一方、化学肥料はすぐに効き目が現れる速効性肥料です。そのなかで、窒素、リン酸、カリのうち2成分以上を含むように化学的に製造されたものを「化成肥料」と呼びます。

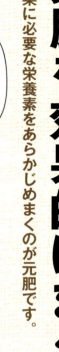

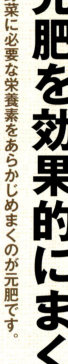

■元肥のまき方

苗の植え付けやタネまきの前に、その野菜に合わせてあらかじめ畑に

畝全面施肥のやり方

畝を立てる場所全体にまんべんなくすき込みます

畝の範囲全体にまいた後、クワを使って20cmほどの深さまで元肥と土をしっかりと混ぜ合わせます。

溝施肥のやり方

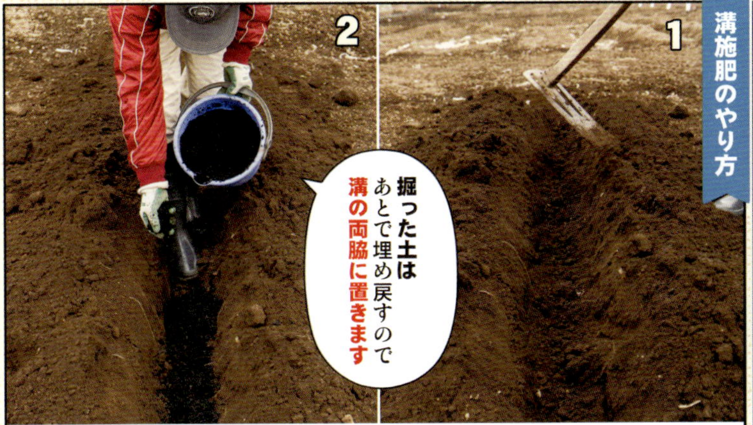
1
2
掘った土はあとで埋め戻すので溝の両脇に置きます

1 畝を立てる場所の中央に、深さ20～30cmの溝を掘ります。

2 溝の中に元肥をまいて両脇の土を埋め戻します。このとき化成肥料は半量を溝の中に入れ、残りの半量は両脇の土にまきます。

化成肥料はなぜ分けるのですか？
長い生育期間でバランスよく肥料が吸収できるようにするためですよ
成長後
あっ肥料だ!!
畝に混ぜ込む
化成肥料は半分に分けて
溝に施す
元肥の施し方は野菜によってやり方を工夫するとよく育ちます
横にまく
根が横に伸びる野菜は横に置く
通路にまく
根に肥料が当たらないよう畝の横にまく
元肥
あとは野菜の成長を促す追肥も大事です
とくに弱ったときは即効性に優れた液体状の肥料をあげるといいです
追肥もあるんですねわかりました

畝に混ぜ込んだ肥料は、植え付け直後の苗の根に吸収されます。溝に施した肥料は、時期が経って根が溝まで成長した頃に届き、長期間無駄なく肥料を吸収できます。

まいておく肥料を「元肥（もとごえ）」といいます。一方、生育途中に必要に応じてまく肥料は「追肥（ついひ）」といいます。元肥のまき方には、畝全面にまく「畝全面施肥」と、畝に溝を掘って肥料を投入する「溝《みぞ》施《せ》肥《ひ》」の2種類があります。短期間で育つ葉菜や根が浅く張る野菜には畝全面施肥、果菜など長期間栽培で根を深く張らせたい野菜には「溝施肥」というように、野菜の種類に応じてまき方を変えるのがポイントです。

主要な元肥

化成肥料
窒素、リン酸、カリのうち2成分以上を含んだ化学肥料。家庭菜園では最も標準的な肥料。

堆肥
肥料成分は少なく土壌改良を目的として使われる。完熟したものを選ぶ。

熔《よう》リン
実を大きくするためのリン酸分を多く含む肥料。

野菜ごとの元肥の配合とまき方は各野菜のページで説明します！

実寸で確認！

覚えておくと便利な肥料の目ばかり

本書ではすべて1㎡あたりの肥料を記載しています。自分のスペースに必要な量を換算して施してください。スコップを使った目を覚えておくと畑で便利です。

スコップの中央のくぼみにちょうど収まる程度の量

指で4、5つまみした程度の量

指で2、3つまみした程度の量

念のため

$1m^2$のおさらい

1 m^2は 1m 四方のスペース

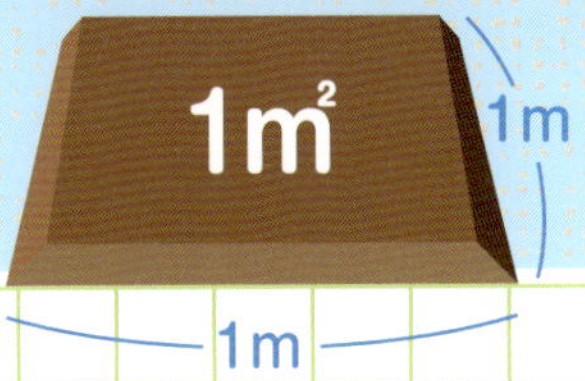

1 畳くらいなら 1 m^2の約 1.6 倍

スコップでなみなみすくったときの量

スコップの淵から肥料までを1㎝程度離したときの量

⑥ 畝の上手なつくり方

野菜によって畝の高さや形を変えます。

畝の高さや形は畑の土質と植える野菜によって変わります
畝を上手につくると手入れがしやすく根張りもよくなります
かまぼこ型（高畝）
上面がかまぼこ状
通気性・排水力がよい加湿に弱い野菜向き。
定植後に台風シーズンを迎えるブロッコリー、キャベツ、水気を嫌うサツマイモが適します。
平畝
上面が平ら
排水力が弱いので砂地などの水はけのよい土地に適する。
葉菜やカブなど、根が浅く張る野菜に適します。
畝を使い分けるのは大事なんですね
はい
畝の向きは日当たりを考えて決めます
畝の向き
風の強い地域は季節による風の影響も考慮しましょう。
南
東
西
また通路は雨が降ると水路にもなります高低差を考えて排水性を高めましょう
通路について
通路は30cmあれば人は通れますが植物同士が密集しないようなるべく広くとりましょう。
高
低
雨水の通り道に

畝の役割

畝とはクワなどを使って畑の土を盛り上げたもので、水はけをよくして通気性を確保するためにつくる目的があります。

野菜の根は、水分や養分とともに土壌中の酸素を取り込んで呼吸しています。水はけや通気性が悪い畑では、土壌中の酸素が欠乏して根は窒息し、根腐れを起こして水分や養分を吸収することができません。ひどい場合は株が枯れてしまいます。

つくる野菜によって畝の高さや幅が異なり、葉菜などは高さ10㎝ほどの平らな畝に、サツマイモなど乾燥を好む野菜は高さ20㎝以上のかまぼこ型の畝にします。

畝と畝の間（畝間）が狭いと日当たりや風通しが悪くなりますし、その後の作業を円滑におこなうためにも60㎝以上あけるのが望ましいでしょう。

また、畝の表面がでこぼこしていると発芽がそろわないため、板などを使って平らにならしておきます。

では平畝のつくり方を説明します
必要なもの
メジャー
肥料
クワ
つくりたい野菜の元肥
あると便利なもの
板など（畝の表面をならすためのもの）
支柱4本

畝の場所を決め寸法を測ります
畝立てする4隅に支柱を立てて目印にすると作業しやすいです。

元肥を施して必要な高さまで土を盛ります
一般的な畝幅は約60～70cmですが野菜の種類や菜園の広さに合わせて調整します。

※元肥の施し方は前ページを参照してください。

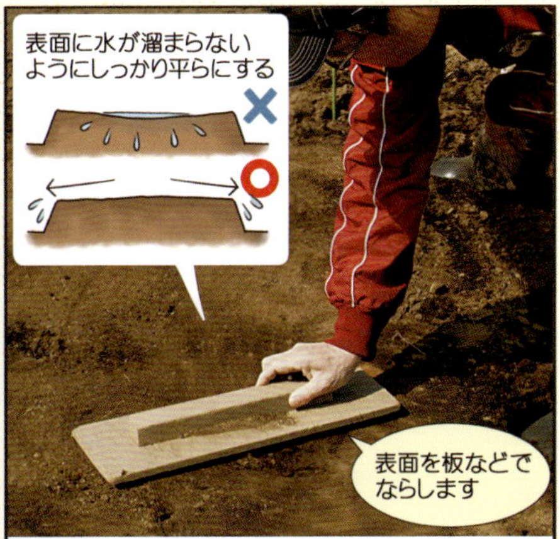
表面に水が溜まらないようにしっかり平らにする
×
○
表面を板などでならします
表面がでこぼこしていると、タネの発芽にばらつきが出て生育が不ぞろいになるので、表面の仕上げはていねいに平らにならしましょう。

側面が崩れないようクワで畝の傾斜を整えて周囲をならしたら完成です
クワの背を畝の側面にあて、力をこめてしっかりと土をかためます。そうすることで雨や風による土の崩れを防ぎます。

かまぼこ型の畝も同じ要領で高めに土を盛って上面を丸く整えます
きれいなかまぼこ型でなく台形型にしても通気性はよくなります。

■平らな畝

葉菜など土に直接タネをまいて育てる野菜は、高さ10㎝ほどの平らな畝にします。ベッド畝ともいわれ、幅60～70㎝ほどのベッドのような形に仕上げます。畝の傾斜がないため雨や風に強く、タネも流されにくくなります。平らな畝が向く野菜は、コマツナ、タマネギ、ニンジン、エダマメなどがあります。

■かまぼこ型の畝

過湿に弱い野菜や、水はけの悪い畑ではかまぼこ型の高畝にします。畝間が狭いと盛り上げる土がなくなるため、畝間を広めにとっておきます。傾斜が急だと雨で流されやすくなるため、かまぼこのようになだらかな形に仕上げましょう。かまぼこ型の畝が向く野菜は、サツマイモ、キャベツ、ブロッコリーなどがあります。

⑦ マルチシートの敷き方

土の保湿や保温、雑草防止の役割があります。

マルチシートを敷くと収穫量がグンとアップするのでおすすめです
くわしく教えてください!!

冬場や春先に地温を上げたいときは透明マルチがよいです

透明なので太陽熱を蓄えビニールハウスのような働きをします。真夏に敷くと地温が40℃を越えるため野菜には適しません。

黒マルチは雑草を抑えて保温効果を上げたいときに使います

光を通さないため土に散らばっている雑草のタネの発芽や成長を抑えます。透明マルチよりも温度は上がりにくいですが、保温効果も十分にあります。

害虫がつきやすい植物の栽培はシルバーが適しています

アブラムシはキラキラ光るものが苦手なので効果的。表がシルバーで裏が黒のダブルマルチというものもありますが、これは光を通さないため雑草抑制効果もよいです。

色によって効果が違うので野菜にあわせて選びましょう
なるほど!!

マルチシートの特長

	地温上昇	雑草の抑制	害虫の対策
透明	◎		
黒	○	◎	
シルバー	○	○	◎

すべての色に共通して、肥料流出の防止、土の跳ね上がり防止、乾燥を防ぐ保湿効果があります。

敷きわら、敷き草、など自然のもので乾燥を防いで保湿する方法もあります。
雑草を再利用して敷く場合はタネつきのものを避け若い草にします。タネがこぼれると雑草を増やす原因になるので注意しましょう。

マルチシートはなぜ必要？

人が暑さ、寒さなどを衣服で調節、保護するのと同様に、マルチシートを敷くことは、低温、乾燥、多雨など厳しい自然環境から野菜を保護する働きがあります。

例えば、冬場など低温期には地温を上げて野菜の生育を促したり、梅雨の時期は長く続く雨によって肥料が流れてしまうことを防ぎます。

マルチシートを敷く目的を整理すると次のようになります。

❶低温期に地温を上げる
❷乾燥期に土の湿度を保つ
❸雨による泥はねや肥料の流出防止
❹雑草の生育を抑制する（黒マルチ）

いろいろなマルチシート

マルチシートの色は透明、黒、シルバーなどがあり、使用目的に応じて使い分けます。

寒い時期の栽培には地温を上げる効果が高い透明マルチ。雑草が多くなる時期には、日光をさえぎり、雑草の生育を抑制する黒マルチ。アブ

マルチシートの敷き方

幅に合わせマルチシートを置き、土をかけてシートを押さえます。

ところどころ土をかぶせて仮止めしながら、マルチシートを伸ばします。

畝全体を覆ったら片側にだけ土をかけます。

土をかけていない方のマルチシートを踏みつけて引っ張りながらクワで土をかけます。

マルチシートがピンと張ったら成功です

隙間ができないようにピンと張ること。隙間があると強風ではがれやすくなります。

マルチに穴をあける専用のカッターもありますよ
うわぁ便利だ!!

最初から穴が空いている、穴あきマルチシートもあります。

ラムシなどキラキラ光るものが苦手な害虫を防ぐためには、日光を反射しやすいシルバーマルチが有効です。

また、あらかじめ穴があいたタイプのものを選べば植え穴をあける手間もかかりません。

しっかり敷いて効果を出す

わざわざマルチシートを敷くのは面倒に感じるかもしれませんが、結果的には、栽培中の手間や失敗が減って楽です。目的にあったマルチシートを選んでしっかり敷くことをおすすめします。

敷くときには、強い風ではがれないようにピンと張ることが秘訣。マルチシートがゆるむと地温が下がったり、乾燥しやすくなり、マルチシートを敷く効果が弱くなるので注意してください。

マルチシートは家庭菜園に必須のアイテムです!

⑧ タネまきの基本

3パターンのタネまきを使い分け育成します。

タネのまき方は3種類あります
発芽後の作業効率を見据えて選びましょう
・ばらまき
・すじまき
・点まき
ばらまきはその名のとおり畝全体にパラパラとまくやり方です
狭い畑で生育期間の短い葉菜に向いています
ばらまき
一面にたくさんまくのでタネがたくさん必要。間引き菜がたくさん採れるが間引きが遅れるとすぐに徒長してしまいます。また込み合いがちなので通気性が悪くなりやすくなります。
すじまきは1列のまき溝にタネをまくやり方です
整列されているので間引きや追肥などの栽培管理がしやすいのが特長です
コマツナ、ルッコラ、ホウレンソウなどが向いています。
ばらまきするよりタネまきの手間はかかりますが後々管理するのは断然ラクです
すじまき
まっすぐまくのが難しそうですね…
芽が１列に並んでいるので間引きや追肥などの管理がラク。ばらまきほど密集はしないが間引きが遅れると徒長します。
大丈夫ですよコツを教えます

いろいろなタネのまき方

タネのまき方には3通りの方法があり、まき方を変えることで、発芽後の間引きや追肥などの作業のしやすさが変わってきます。つくる野菜や栽培スペースの広さに合わせてまき方を選択します。

■ ばらまき

畝全面に均一にパラパラとタネをまく方法です。まき方としては最も簡単ですが、次々に間引いていかないと株同士がぶつかり窮屈になってしまいます。また広い場所では間引きや追肥作業がしにくいという欠点もあります。間引きながら収穫できる野菜を、狭いスペースでつくる場合に適したまき方です。

■ すじまき

支柱などを利用して1列の浅い溝をつくってまく方法です。すじまきは列がそろっているため、間引きや

1
支柱を定規にして土に置き一筋の跡をつけて目印にすると簡単にできます
ほら
タネをまくための深さもとれて一石二鳥ですね!!
ならした土の表面にそっと支柱を押し当て跡をつけます
2
まっすぐタネまきできます
支柱を使って筋をつくるなんていいアイデアですね～
スゴイ
さいごは点まきです これは1箇所に数粒ずつタネをまく方法です
株間が広く必要で大きく成長する野菜に向いています
トウモロコシ、カブ、ダイコンなどが向いています。
点まき
タネの量が少量のため無駄がありません。1粒ずつの距離があるので間引きがおこないやすくほかのまき方よりも徒長しにくくなります。
タネをまいた後
タネをまいたら土をかぶせて手で軽く押さえます
そっと
野菜の種類によって覆い土の量が違うので注意しましょう。
最後にタネが流れないようにやさしく水やりします

追肥がしやすいという利点があります。間引きながら株を大きく育てるコマツナ、ホウレンソウ、ラディッシュなどに適したまき方です。

■点まき

株間を広く空けて大きく育てる野菜は、あらかじめ一定間隔で株間をあけて数粒ずつ「点まき」にします。点まきにすることで間引き作業を大幅に減らせ、タネも無駄になりません。株を大きく育てるトウモロコシ、カブ、ダイコンなどに向いたまき方です。

覆い土のコツ

タネをまいたらタネの厚みの2～3倍の土をかぶせます。ニンジンやレタス類など発芽に多くの光を必要とする好光性種子の場合は、タネが見え隠れする程度に薄く土をかぶせます。土をかぶせたら、土とタネが密着するように手のひらで押さえます。こうすることで、水やりのときにタネが流されにくくなります。

⑨ 正しい苗の植え方

タネまきよりも育成がカンタンで時短になります。

購入苗を植える場合は一にも二にも苗選びが重要です
しっかり見極めてよい苗を選びましょう

悪い苗
×葉が小さく色が薄い
×ひょろりと細長く元気がなさそう（徒長している）
×虫がついている葉に病気がある
×根が鉢底で巻く（成長しすぎ）
よい苗
○葉が大きく緑が濃い
○葉にツヤがあり元気そう
○茎が太くしっかりしている
○根が偏らずに生えている

接ぎ木苗ってなんですか？
病気や連作に強い苗の根と育てたい品種苗の芽をつなぎ合わせたものです
あとコレ大切です「売られている＝植え付けOK」ではないので気をつけましょう
園芸店では植え付けの適期より早い時期に苗が出回ります
植えるときは風のない午前中などにおこなうとよいです
苗は温室育ちなので植え付け時期は気温や地温が十分上がってくる頃を選んでくださいね
ハイ!!

普通の苗より少し高価ですがおすすめです。

気温が低いうちに植えると、根づかずに枯れてしまうこともあります。適期までは室内の暖かいところで管理しましょう。

よい苗選びのコツ

タネを発芽させるのが難しい野菜や、発芽しても苗を育てることが難しい野菜は、購入した苗を植えます。時期になると園芸店に家庭菜園向けの野菜の苗が出回ります。そこで重要になってくるのが苗選びです。苗のよし悪しは、その後の生育を大きく左右するからです。

野菜の種類に関わらず茎がしっかりと丈夫で、葉が大きく緑が濃いものはよい苗。反対に、ひょろひょろと茎が伸び、葉が小さく緑が薄いものは悪い苗です。

病気にかかりやすいキュウリや連作に弱いナスなどは、接《つ》ぎ木《き》苗《なえ》を選ぶのがおすすめです。接ぎ木苗とは、病気や連作に強い性質を持った台木を接ぎ木してつくった苗です。

苗が出回るのは、植え付け適期よりも1カ月〜1カ月半ほど早いことが普通。買ってきてすぐ植えると気温が低すぎて生育に支障がでることもあります。事前に野菜ごとの植え付け適期を調べたうえで苗を購入し

苗の植え方

必要なもの
では苗の植え方を説明します
シャベル
水を張ったバケツ
ジョウロ

1
野菜によってはバケツの中にポットごと沈めて、苗にたっぷりと水を吸わせます。

2
マルチシートの穴にポットと同じくらいの大きさの植え穴を掘ります。

3
指で押す
指ではさむ
根鉢を崩さないように苗をやさしく取り出します。特にキュウリは根を痛めてしまうと順調に育たなくなってしまうので注意しましょう。

4
植え穴に苗を置き、土を戻して苗が土と密着するように軽く押さえます。

5
ハスロを使ってやさしく
これで上手に植えられる!!
苗をバケツに浸けた場合はかるく水をまき、バケツに浸けなかった苗にはたっぷりと水をあげます。

ましょう。

苗を植え付ける

購入苗は温室育ちのため非常にデリケート。日差しや風が強すぎないおだやかなくもりの日を選び、苗を植え付ける際には慎重に扱います。

水やりをし過ぎると、急激に地温が低下し、苗にストレスがかかって生育に支障をきたします。夕方に植え付ける場合は水やりを控えめに。

苗をバケツに浸ける野菜

トマト、ナス、ピーマン、キュウリ、ゴーヤ、シシトウ、トウガラシ

● **苗をバケツに浸ける理由**

根の中心部までしっかり水分を届かせたいのでバケツにつけて水を吸わせます。その後、植え付けたらかるく水をあげ、3日間は水を断ちます。そうすることで、根が水分を求めて深く伸びていきます。

⑩ 防虫ネットのかけ方

野菜を守るのために欠かせないアイテムです。

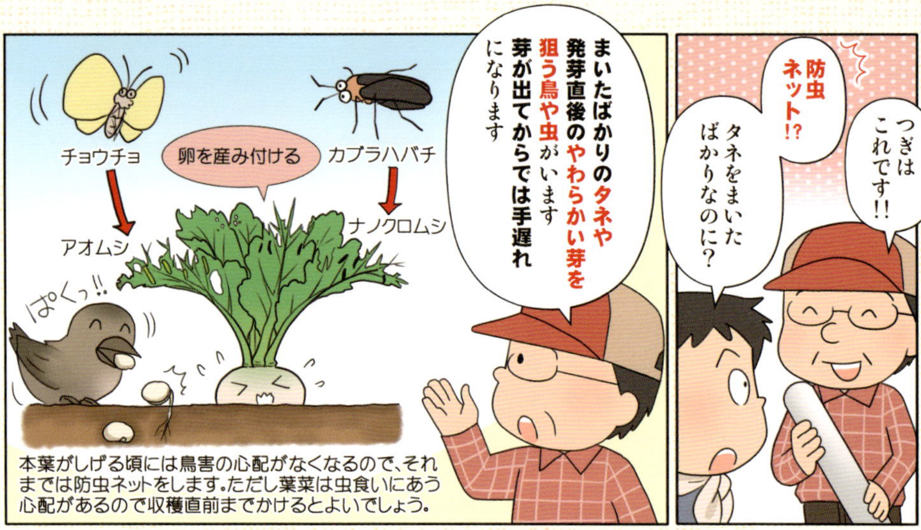

つぎはこれです!!
防虫ネット!?
タネをまいたばかりなのに?
まいたばかりのタネや発芽直後のやわらかい芽を狙う鳥や虫がいます 芽が出てからでは手遅れになります
チョウチョ
卵を産み付ける
カブラハバチ
アオムシ
ナノクロムシ
ぱくっ!!
本葉がしげる頃には鳥害の心配がなくなるので、それまでは防虫ネットをします。ただし葉菜は虫食いにあう心配があるので収穫直前までかけるとよいでしょう。

トンネルがけのかけ方

1

畝をまたぐようにトンネル支柱を土に挿し込みます。

2

支柱に防虫ネットをかぶせ、両サイドの余った部分を縛り、U字のペグなどで固定するか、土をのせます。風で飛ばないようにしましょう。

3
水やりはネット越しにあげてください

防虫ネットのすそを足で踏みながらクワで土をのせ埋めていきます。隙間があると害虫が侵入するのでしっかりと土に埋めます。

防虫ネットをかけて病害虫対策

まき終えたばかりのタネや植え付け直後の苗を狙う鳥や病害虫を防ぐため、タネをまいた後に防虫ネットをかけます。防虫ネットはタネをまいたらできるだけ早くかけましょう。遅くなればなるほど鳥や害虫の被害にあう可能性が高まります。

防虫ネットは繊維がメッシュ状に編みこまれたもので風や水も通せるようになっています。網目が細いほど防虫効果が高くなる一方、通気性は悪くなります。

防虫ネットのかけ方は「トンネルがけ」「べたがけ」の2種類があります。

■トンネルがけ

畝全体を覆うようにトンネル状にネットをかける方法です。トンネルの内部に空間があるので収穫期まで害虫を防ぎながら育てることも可能です。葉菜などの無農薬栽培にも適しています。

防虫ネットの代わりに不織布《ふしょくふ》や寒冷紗《かんれいしゃ》は使えますか？
寒冷紗は防虫効果はありますが防虫ネットより遮光性もあるため日照がやや妨げられます
防虫ネットは透光率が高くつくられています。

不織布は軽くて芽を痛めないので「べたがけ」に適しています
ニンジンなどタネまき後に乾燥を嫌う植物はべたがけをすると断然発芽がそろいます!!
保水
保温
土の表面との密着性が高いので防虫効果はもちろん保湿や防寒効果も期待できます。

べたがけのかけ方
タネをまいた畝全体をべたがけシート（不織布）で直接覆います。風でなびかないよう四辺は土に埋めます。

ただしべたがけはネットと土の隙間が狭いので発芽後の成長には向きません
乾燥期や低温期にタネまきから発芽までは「べたがけ」それ以外は「トンネルがけ」にするのが効果的です

ネットの種類はたくさんあるので効果を絞り込んで選ぶとよいでしょう
なるほど

いろいろなネットの効果

色によって効果が変化します。白色は光を通すので防寒性が高くなります。黒色は逆に遮光性が高くなります。防虫効果はネットの網目の粗さによって効果が変わります。

	用途	防虫	防寒	保湿	透光	遮光
防虫ネット	防虫	◎	○	○	○	
遮光ネット	遮光	○				◎
不織布	保湿	◎	○	◎		
寒冷紗	防寒	○	○	○		黒◎
ビニール	保温		◎		◎	

防虫ネットは不織布よりも高価ですが強度があるので繰り返し使えます。
寒冷紗は商品によって遮光率が大きく変わります。

トンネルがけのかけ方は次のとおりです。

❶**畝をまたぐようにしてトンネル支柱を立てる。**
❷**支柱の上に防虫ネットをかぶせる。**
❸**両端の余った部分はU字ペグなどで固定するか土をのせる。**
❹**両脇のすそに土をのせて固定。**

■ べたがけ

べたがけシート（不織布）で直接畝を覆う方法です。シートと土の密着性が高いため防虫効果だけでなく、保湿、保温効果にも優れます。発芽に多くの水分が必要なニンジンや、ハモグリバエなどの対策にはべたがけが有効です。

かけ方は次のとおりです。

❶**片端に土をのせて固定。**
❷**畝全面を覆うように広げる。**
❸**もう一方の端にも土をのせて固定。**
❹**両脇のすそにも土をのせて固定。**

11

頑丈な支柱の立て方

野菜が風にあおられて倒れないように、大切な支えです。

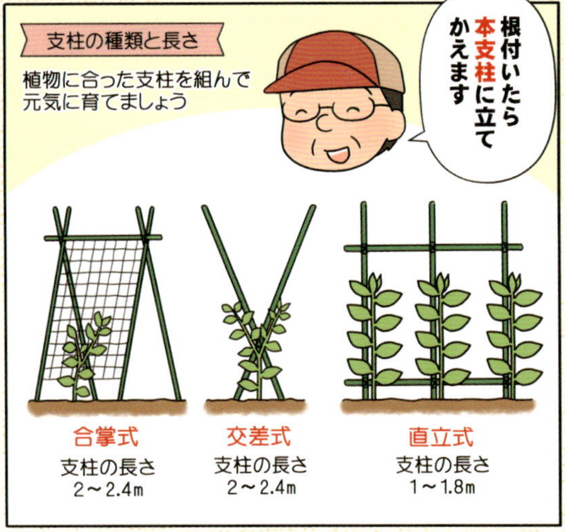
支柱の種類と長さ
植物に合った支柱を組んで元気に育てましょう
根付いたら本支柱に立てかえます
合掌式
支柱の長さ 2～2.4m
交差式
支柱の長さ 2～2.4m
直立式
支柱の長さ 1～1.8m

まず植えつけ直後の苗には仮支柱を立てます
小さな苗は斜めに挿すと安定します
50cm程度の棒を使用。根を傷つけないように支柱は斜めに挿し、8の字に結びます。

交差式支柱
支柱を交差させて交差点を紐で結ぶ
重みがあるナスなどの枝を支えるのに適しています。

直立式で枝が垂れ下がる場合は交差式にします
交差式
直立式

直立式支柱
茎に寄り添いまっすぐ立てる
ピーマンなどの背の低い野菜に向きます。突風など横からの風に弱いので倒れないよう深く挿します。

植え付け直後は仮支柱 成長したら本支柱

植え付けたばかりの苗は根がしっかりと張っていないため仮支柱を立てて支えます。

根がしっかり張り、苗がある程度成長したら、仮支柱を引き抜き、その野菜に合った本支柱を立てます。

支柱の立て方は3種類ありますが、いずれの立て方でも支柱がぐらつかないようにしっかりと土に挿し込むことがポイントです。また株の成長とともに茎が太くなるため、紐はきつくしばらず、少しゆるめに「8」の字になるように結びます。

■直立式支柱

1本の支柱を株の主枝に寄り添うように垂直に立てるのが直立式支柱です。草丈が1mほどに成長するピーマンなどに適しています。

❶長さ2～2.4mの支柱を準備。

❷株から5～10㎝ほど離れた位置に、主枝と並行にしてぐらぐらしない

最後に合掌式です
トマトやキュウリなど果実が重く高く伸びる野菜は倒れやすいので合掌式で支えましょう
合掌式支柱
1
2
3

2列植えした畝の両側に向かい合うようにして斜めに支柱を立て上部で交差させます。

交差した上に支柱を横に設置し動かないように紐でしっかり結び固定します。

交差したすべての箇所を結んでしっかりと固定します。

4
U字ペグ
しっかり固定する
完成

畝の端にある支柱に紐を結び、その先にU字ペグを設置して土に挿し込み支柱が倒れないように固定します。

支柱と茎の結び方
株の成長に合わせて茎はすぐに太くなります。成長にあわせて結びなおしましょう。
1
立てた支柱に紐を結ぶ
紐は麻紐などの茎を傷つけないやわらかい素材のものがよいです
2
茎のほうはゆるく結ぶのがポイントです

ように立てる。

③ところどころ主枝と支柱を結ぶ。

■交差式支柱

わき枝に大きな実がなるナスは、そのわき枝を支えるために、支柱2本を交差させて「X」字になるように立てます。

①長さ1〜1.8mの支柱を準備。
②実がなるわき枝に沿ってX字に支柱を立てる。
③ところどころ主枝と支柱を結ぶ。

■合掌式支柱

背丈が高くなるトマト、キュウリ、ゴーヤなどは、頑丈なつくりの合掌式支柱が適しています。

①長さ2〜2.4mの支柱を準備。
②2列植えした畝の両側に向かい合うように斜めに支柱を立てる。
③支柱を交差させる。
④交差部に支柱を横に通して固定。
⑤両端の支柱に紐を結び、U字ペグ等に結んで土に挿して固定する。

12 欠かせない生育中の管理

植え付け後から収穫までにやるべきことを紹介します。

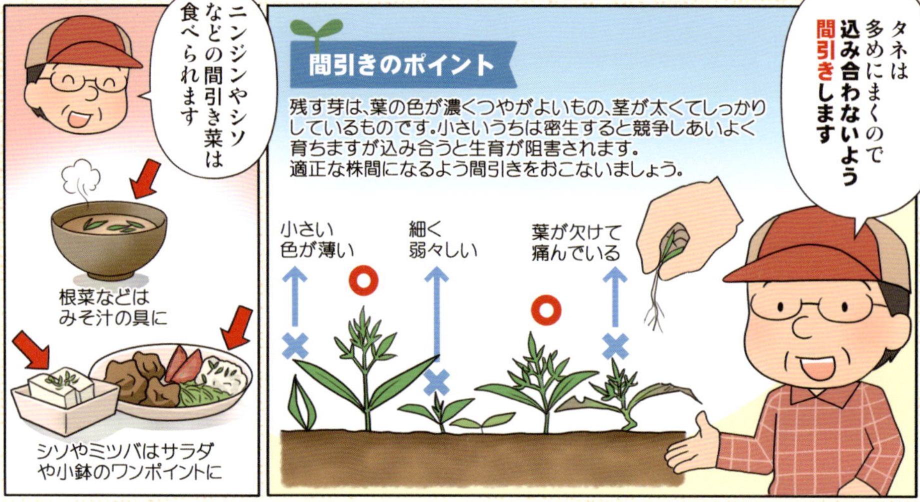
タネは多めにまくので込み合わないよう間引きします
間引きのポイント
残す芽は、葉の色が濃くつやがよいもの、茎が太くてしっかりしているものです。小さいうちは密生すると競争しあいよく育ちますが込み合うと生育が阻害されます。適正な株間になるよう間引きをおこないましょう。
小さい 色が薄い
細く 弱々しい
葉が欠けて 痛んでいる
ニンジンやシソなどの間引き菜は食べられます
根菜などは みそ汁の具に
シソやミツバはサラダや小鉢のワンポイントに

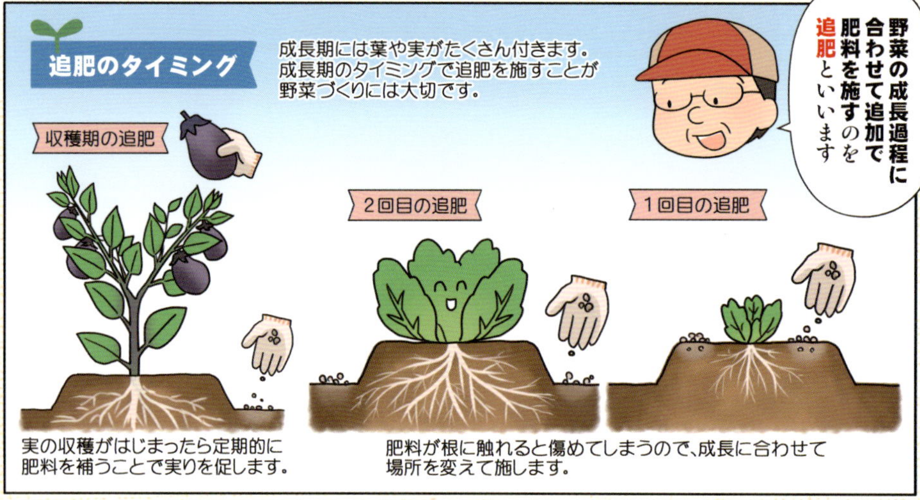
野菜の成長過程に合わせて追加で肥料を施すのを追肥といいます
追肥のタイミング
成長期には葉や実がたくさん付きます。成長期のタイミングで追肥を施すことが野菜づくりには大切です。
収穫期の追肥
2回目の追肥
1回目の追肥
実の収穫がはじまったら定期的に肥料を補うことで実りを促します。
肥料が根に触れると傷めてしまうので、成長に合わせて場所を変えて施します。

元気に育てるために

おいしい野菜を収穫するには「間引き」、「追肥」、「土寄せ」、「中耕」など生育中の管理が不可欠です。

■間引き

まいたタネのすべてが発芽することはなく、また発芽直後はある程度密生しているほうがよく育つ野菜もあるため、一般的にタネは多めにまきます。しかしそのまま成長すると、株同士がぶつかりあって、互いの成長に悪影響を与えます。そこで「間引き」が必要になります。間引きによって、適正な株間に広げてあげることで、株はのびのびと成長することができるようになります。

■追肥

生育期間が長期間にわたる果菜類などは、元肥だけでは肥料が不足します。そこで野菜の生育状態を見ながら「追肥」をおこないます。追肥

中耕の効果
水はけや通気性がよくなり根の成長を促します。
雑草の抑制効果
根を傷つけないよう浅く耕す
雨が降ったり作業をしているうちに、畝や通路はかたくしまり水はけや通気性が悪くなります。月に1度はクワで表面の土をほぐしてふかふかの土にしておきましょう。通路の下にも野菜の根が張っているので、深く耕さないように注意してください。
中耕とは畝や通路の表面を浅く耕すことです

追肥を土に混ぜてなじませるついでに中耕もしましょう
マルチシートを敷いている場合はシートのきわにまくのが一般的です。まいた後はクワで少し耕して土となじませます。

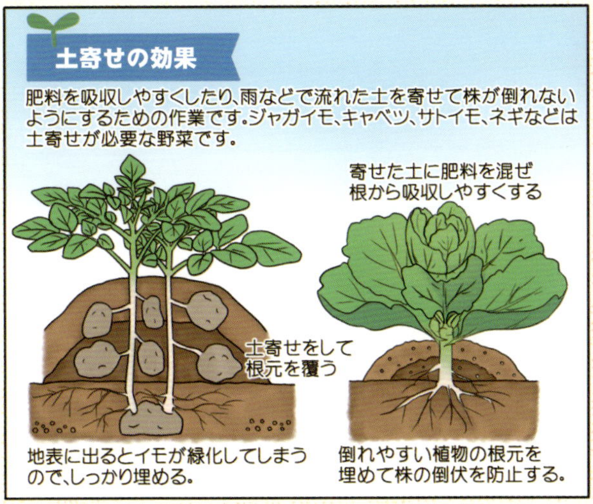
土寄せの効果
肥料を吸収しやすくしたり、雨などで流れた土を寄せて株が倒れないようにするための作業です。ジャガイモ、キャベツ、サトイモ、ネギなどは土寄せが必要な野菜です。
寄せた土に肥料を混ぜ根から吸収しやすくする
土寄せをして根元を覆う
地表に出るとイモが緑化してしまうので、しっかり埋める。
倒れやすい植物の根元を埋めて株の倒伏を防止する。

ネギの土寄せです
ネギの茎は、地中に埋め日に当てずに育てることで白く軟化します。

野菜によっては成長に合わせて株元に土を寄せる必要があります
これを土寄せといいます

は、効き目がすぐに現れる化成肥料を根が伸びた先や畝間にまきます。マルチシートを敷いた場合はシートのきわにまきます。まいた後は、クワで土とかるく混ぜ合わせます。

■土寄せ

間引きや追肥したタイミングで株元に土を寄せるのが「土寄せ」です。土寄せすることによって、肥料の吸収を促したり、雨によって流れた土を寄せて株が倒れないようにします。

■中耕

作業するときに歩く通路（畝間）は時間が経つとだんだんと土がかたくしまってきます。そうなると、その下に伸びる野菜の根に酸素が行きわたりにくくなるため、定期的に通路の表面を耕す必要があります。これを「中耕」といいます。深く耕しすぎると根を傷めるので、除草もかねて表面をかるくほぐす程度にします。

⑬ 病害虫や鳥の対策

予防が大切！　害虫は見つけ次第すばやく除去しましょう。

防虫ネットをしてるのに虫にやられた!!
ヨトウムシですフンがあります
虫は見つけたら即捕殺です
老齢虫は土中に居る場合が多いので土の浅いところや地表にある葉の裏を探して駆除します。
虫の対処法
アブラムシ
光るものを嫌う性質があるため
シルバーのマルチシートを敷いたり
銀色テープを吊るすとよい。
見つけたら
濡れたスポンジ
などで優しく
こすり落とす。
粘着テープに
吸着して駆除
しても。
ナメクジ
湿った場所を好むため
雑草をこまめに刈り取り
落ち葉や小石を除去する。
蝶や蛾の幼虫
チョウやガが飛来しない
ように防虫ネットをかける。

防鳥対策
半分に切ったペットボトル
をかぶせて苗を守る。
防鳥用テグス糸を張ると
カラスの侵入防止になる。
銀色テープは鳥避けにもなるんですね
鳥はタネや双葉トマトなどの果実も狙うのでしっかりと対策をしましょう

防虫アイテム
←粘着の黄色シート
を吊るして虫を捕獲。
↓銀色のテープを
吊るしてアブラムシ
を防ぐ。防鳥効果も。

予防と早期発見がポイント

鳥や病害虫を防ぐコツは、それらをできるだけ寄せ付けないように予防することです。株間を広くとって通気性をよくしたり、防虫ネットをかけて侵入できないようにしたり、病気に強い接ぎ木苗を選ぶことなどです。

次に重要なことは、野菜の状態を観察して害虫を早期発見することです。キャベツの葉にフンがあれば、葉を食害するアオムシやヨトウムシがいるサイン。レタスの葉にヌメっとしたあとがあれば葉の奥にナメクジが潜んでいたりします。そのまま知らずに放置していると、あっという間に葉は無残な姿になってしまいますので見つけ次第捕殺します。

■ 害虫対策

野菜に寄ってくる代表的害虫別に、対策を紹介します。

■**アオムシなどチョウやガの幼虫／**防虫ネットで予防する。

■**アブラムシ／**キラキラ光るシルバ

キュウリの病気
トマトの病気

野菜を狙う敵は虫や鳥だけではありません
ウイルスや細菌などによる病気は目に見えないぶん発見が遅れがちになるので注意しましょう
うわあ心配

病気にならないためにはどうすればよいですか？
こまめに観察!!
野菜の健康のための5箇条
①水はけ、通気性のよい畑をつくる
②連作を避け、適切な肥料を施す
③病気に強い品種や接ぎ木苗を選ぶ
④こまめに病害虫をチェックする
⑤防虫ネットをかける
この5つをしっかり守りましょう
健康に育てれば病気になる確率も低くなります
日頃からよく観察し早期発見して病気の葉や株を取り除くことで被害の悪化を防げます
日々のお世話が大事なんですね

ーマルチを敷いたり、シルバーテープを吊るす。

■**ナメクジ／**隠れ家になるような落ち葉や小石、雑草を除去する。

■防鳥対策

鳥は、まいたばかりのタネや発芽したての子葉を狙います。特にマメ類などは狙われやすいので、タネまき後すぐに防鳥ネットやべたがけシートをかけて予防します。また収穫直前のトウモロコシやトマトなどもよく狙われます。畝の四隅に支柱を立てて、防鳥用のテグス糸を張れば鳥の侵入を防ぐことができます。

■ウイルスや細菌による病気の対策

梅雨や台風シーズンなど湿度が高くなる時期や、連作を続けている畑ではウイルスや細菌などの病原菌が増殖し病気にかかりやすくなります。もしウイルスにかかっている株を発見したら株ごと抜き取り、それ以上被害が広がらないようにします。

※薬剤についてはP120を参考にしてください。

加藤先生の

菜園マスター講座①

おいしい野菜が育つ土

おいしい野菜をつくるためには、よい土で育てることが大切です。野菜づくりに適したよい土とは、通気性、排水性に富み、保水力、保肥力《ほひりょく》がある土のことをいいます。土を顕微鏡でのぞいてみると、小さな粒子がくっ付いてできていることがわかります。この小さい粒子が「単粒《たんりゅう》」、小さい粒子同士がくっ付き大きなかたまりになったものを「団粒《だんりゅう》」と呼びます。

単粒構造の土（単粒だけでできた土）は、まとまりがないため、雨が降ると流れやすく、乾燥するとガチガチにかたまってしまいます。粒子同士の隙間が狭いため、野菜は根を張りにくく、水分、養分の吸収が悪くなります。

団粒構造の土（団粒同士がまとまった土）は空気や水が入りこむ隙間がたくさんあってふかふかしています。通気性、排水性、保水力、保肥力に富んでいるため、野菜は根を張りやすく、水分や養分の吸収もしやすくなります。

団粒構造の土をつくるために必要なのが、腐葉土や堆肥などの有機物です。有機物はミミズなどの小動物や多様な微生物のエサとなり、それらの生物が有機物を分解します。有機物が分解されたもの（腐植）は接着剤のような働きをして、土の粒子がくっ付き合いそれが団粒構造の土へと変化していきます。

単粒構造（たんりゅうこうぞう）

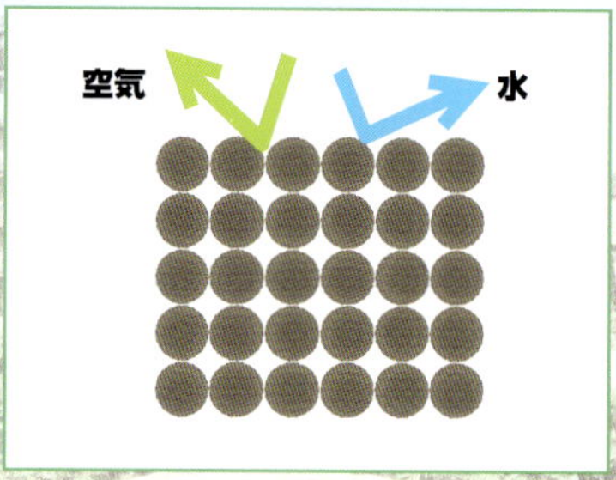

細かい粒子が隙間なく並んでいる構造。このような土には、砂や粘土質の土が当てはまる。通気性や排水性が悪いため、野菜を育てるには有機物を多く入れて、土を改良する必要がある。

団粒構造（だんりゅうこうぞう）

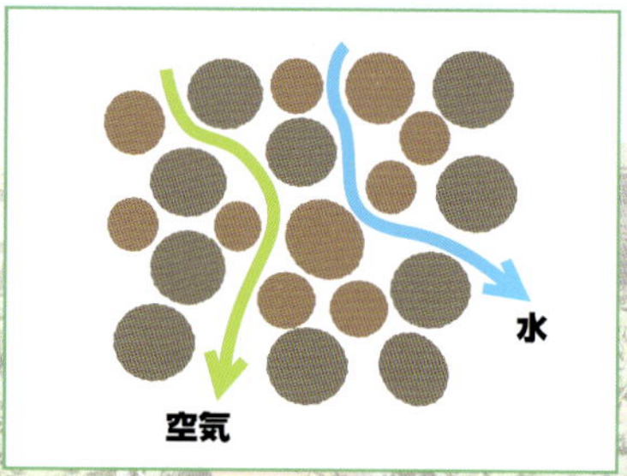

単粒構造の粒子よりも大きな粒子が団子状に集まった構造。粒子と粒子の間に隙間ができるため、通気性や排水性に富む。野菜の育成に好ましい。

2章 絶対つくりたい人気野菜10

人気ランキング

トマト（ミニトマト）

人気ランキング 1位

レベル ふつう

家庭菜園で大人気のトマト。真っ赤な色素をつくるリコピンは抗酸化作用が高く健康野菜としても重宝します。元肥をしっかり施し根を深く這わせることが育成のポイントです。

- 果菜類
- ナス科

連作障害

3～4年は空ける

必要な資材

支柱、マルチシート、トンネル支柱、防虫ネット

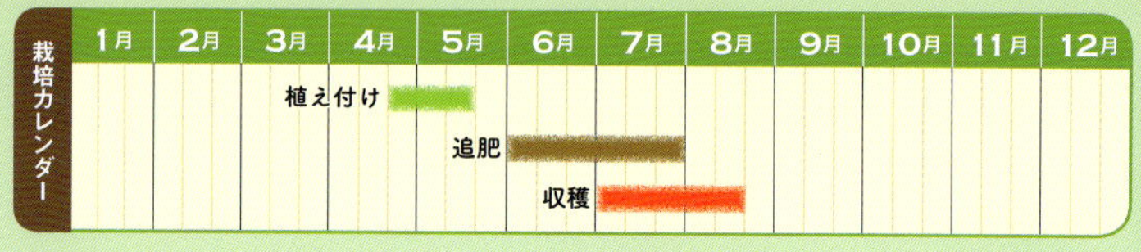

栽培カレンダー
1月
2月
3月
4月
5月
6月
7月
8月
9月
10月
11月
12月
植え付け
追肥
収穫

1 畑の準備

ナス科の野菜を3～4年つくっていない場所を選ぶ

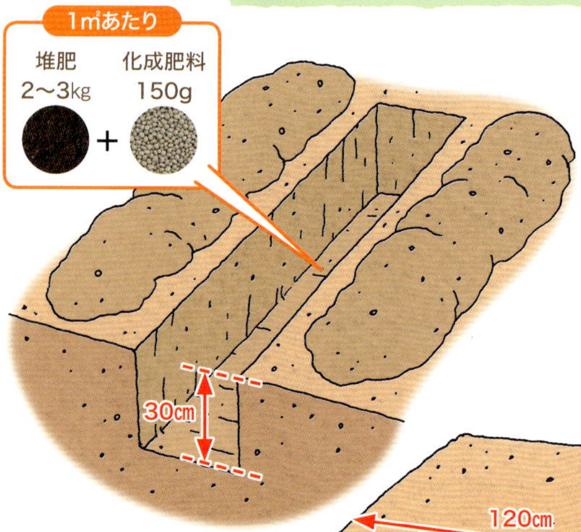

1㎡あたり
堆肥
2～3kg
化成肥料
150g
30cm

① 植え付け1週間前、畝の中央に深さ30cmの溝を掘り、その中に1㎡あたり堆肥2～3kgと化成肥料150gを順に投入します。

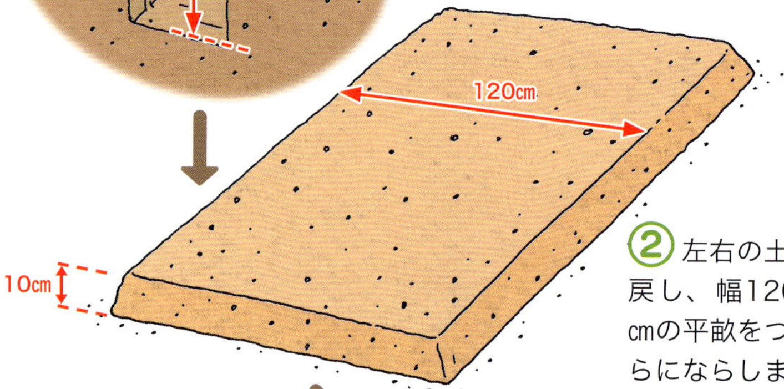

120cm
10cm

② 左右の土手の土を埋め戻し、幅120cm、高さ10cmの平畝をつくり上部を平らにならします。

③ 地温を上昇させると同時に湿度を保つためにマルチシートを敷きます。

プロのコツ 元肥は溝を掘って施す

トマトは元肥がポイントですよ～!! 溝を掘って施すんです!!
溝?
全面まきじゃないの!?
肥
溝の底に肥料を施し根から離して植え付けます
30cm
元肥
30cm
こうすると少し成長した頃に根が肥料に届きます
根を深く誘導することで夏の暑さにも対処できます
根が深く張ると吸水力が上がる
元肥
定植後すぐに肥料を多く吸収すると茎や葉ばかり茂り実が付かなくなることがあるため、根から離して肥料を置きます。

2 苗選び

がっちりとした緑の濃いものを選ぶ

「一番花」とは

「いちばんか」と読み、名前のとおりその株で１番最初に咲いた花を指します。

茎葉の緑色が濃く節間が短くがっちりしているものを選びましょう。またすでに一番花が咲いていれば、その後の成長がスムーズにいきやすいので理想的です。見るからに元気がなく、葉が縮れていたり葉先がめくれ上がっているものは避けましょう。

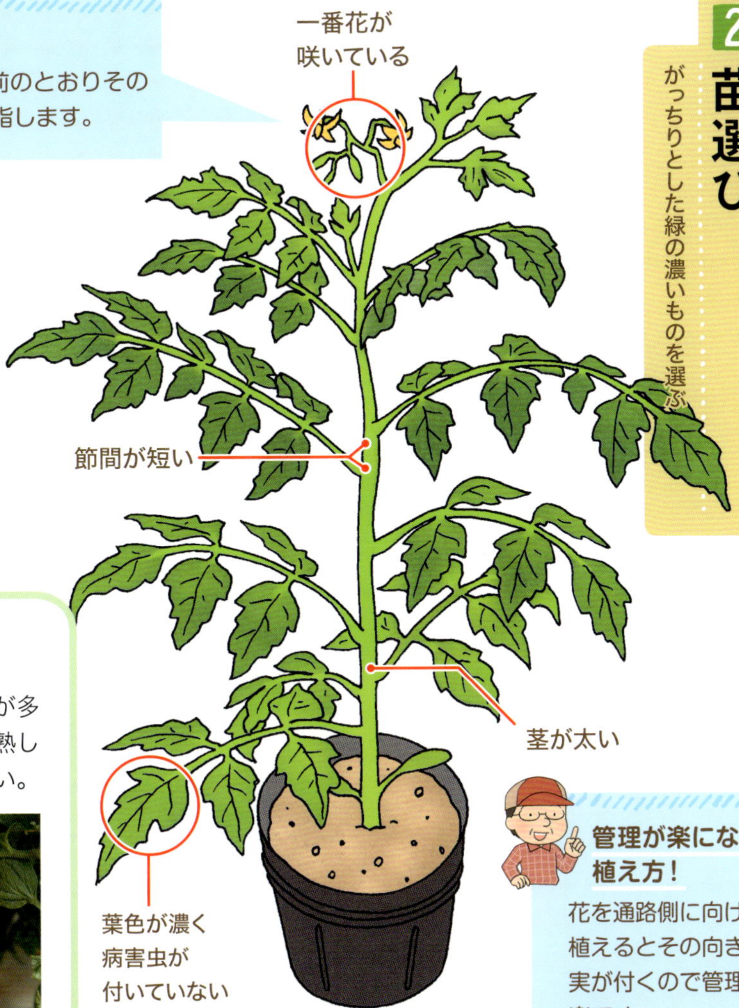
一番花が咲いている
節間が短い
茎が太い
葉色が濃く病害虫が付いていない

管理が楽になる植え方！

花を通路側に向けて植えるとその向きに実が付くので管理が楽です。

おすすめ品種

麗夏（レイカ）

露地野菜には最適の品種。雨が多くても裂果が少なく真っ赤に熟してから収穫できるので味がよい。

プロのコツ 苗は一番花が咲いているものを選ぼう

苗コーナー
どの苗がよいのだろう…
ワカラナイ…
葉や茎が丈夫で一番花が咲いている苗がよいですよ!!
一番花がよい理由
第一花房が開花している
鉢底に根がバランスよく張っている
一番花が咲いている方が植え付け後順調に育ちます
花が咲いていない苗はどうすれば…
心配無用!!
日当たりのよい場所で開花するまでポリポットのまま育苗してから植え付けましょう

3 植え付け

早植えはNG。4月下旬～5月中旬に植える

① 遅霜の心配がなくなり、地温が上がる4月下旬～5月中旬に植え付けます。まずは水を張ったバケツにポットごと入れ、苗に十分に水を吸わせます。

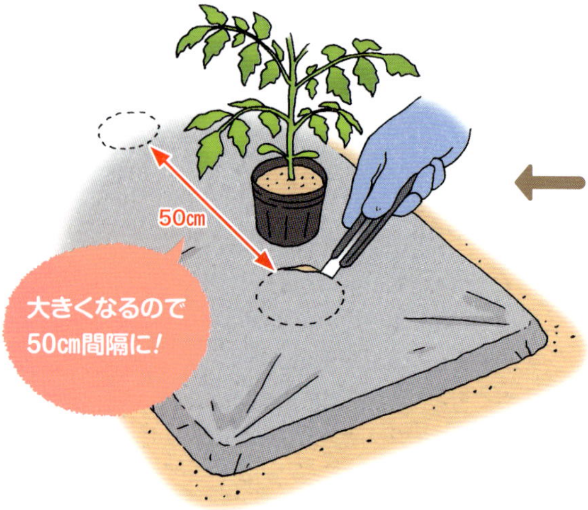

② 畝の上にポット苗を50cm間隔で並べてカッターでマルチシートに穴を空け、根鉢と同じ大きさの植え穴を掘ります。根を伸ばすため植え付け後にかるく水をあげた後、3日間は水をあげないようにします。

③ 根に付いた土のかたまりを崩さないように、やさしくポットから苗を外して穴に置き、土をかぶせます。

④ 風などで苗が倒れないように短めの支柱で仮支柱を立てます。茎が傷付かないように支柱と苗は8の字(→P36)で結びます。

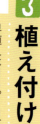

4 水やり

水をあげて防虫ネットをかける

仮支柱を立てたら苗に水をあげて防虫ネットをかけます（→P34）。苗は温室育ちなので、気温低下を防ぐために2週間程度は防虫ネットやビニールなどをかけて徐々に露地に慣らしていきます。

5 本支柱立て

防虫ネットの天井に着くまで成長したら本支柱立て

① 苗がネットの天井に付く頃、ネットを外し、長さが2m以上で太めの支柱を立てます。

短すぎると倒れるので注意!
2m以上

② ひもなどで、茎を支柱に誘引します。茎は成長とともに太くなるため、余裕をもたせて8の字で結びます。

合掌式の支柱で強度アップ

たくさん栽培する場合は苗を2列に植えて合掌式の支柱を立てましょう（→P37）。強度が増すのでおすすめです。

プロのコツ 水は適度にあげる!

水をやり過ぎない方がよいですよ
トマトは乾燥した昼夜の温度差がある南米アンデス山脈の高原地帯が原産といわれてます
アンデス山脈出身
原産地は雨が少なく乾燥した気候
なるほど
品種改良で日本の気候にも合うようになってますが…
高温多湿の日本の梅雨時はトマトにとってはつらい時期です
しとしと
栽培時期の日本は高温多湿
じゃあ
毎日水やりする必要はないんですね!
控え目にね
土の表面が乾いた時にあげましょう

6 わき芽かき

栄養の分散を防ぐためにわき芽をかく

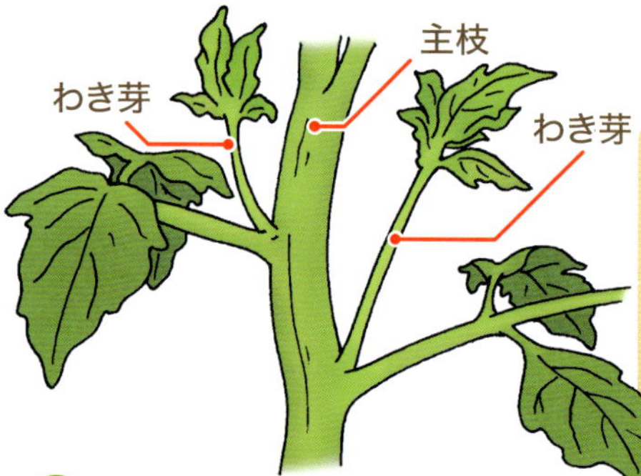

わき芽
主枝
わき芽

① わき芽とは主枝と葉の生える枝の間に生えてくる芽のことを指します。このわき芽を伸ばし放題にしていると、栄養分が分散するため、実が大きく育ちません。

手でポキッと折る!

② わき芽が小さいうちに手でかき取り、主枝のみの1本仕立てで育てます。ハサミで切ると、ハサミに菌が付着していた場合トマトに移ってしまうことがあるので、かならず手でおこないましょう。

7 追肥

栽培期間が長いので成長に合わせて追肥

通路にまく

第1段目の実がピンポン玉の大きさになったら1㎡あたり50gの化成肥料を通路にパラパラとまき、かるく耕します。2回目以後は、2〜3週間おきに化成肥料をまきます。

生育のよいミニトマトは2本仕立てもOK!

生育旺盛なミニトマトは、一番花付近の元気のよいわき芽を1本だけ伸ばした2本仕立てでも育成できます。「Y」字になるように支柱を2本立てましょう。

1本
2本

プロのコツ わき芽を摘んで実を大きくする

どんどん芽が出て茂ってきたなぁ!!
よい成長ですね!! …おや?
ソコわき芽がありますよ!! 摘みましょう
コシコシ
わき芽を摘むと果実に栄養が回り大きい実に育ちます
栄養
わき芽がしげると栄養が分散します。摘むことで果実に栄養分を回りやすくし球が大きくなるようにしむけるのです。
3つの枝の真ん中に伸びる芽がわき芽です。
間違って大切な主枝を切らないよう気をつけてくださいね!
ポキッ

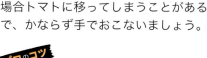

8 摘芯・摘果

栄養を実に回すために主枝の先端を切る

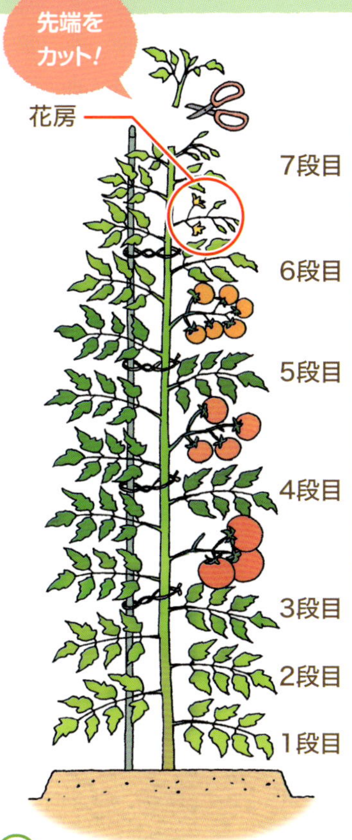
先端をカット!
花房
7段目
6段目
5段目
4段目
3段目
2段目
1段目

①路地栽培では、下から数えて7～8段目まで花房が付いたら、主枝の先端を摘み取ります（摘芯）。摘芯することで栄養を主枝の成長ではなく実へ回すことができます。梅雨が明けたらマルチシートを外します。

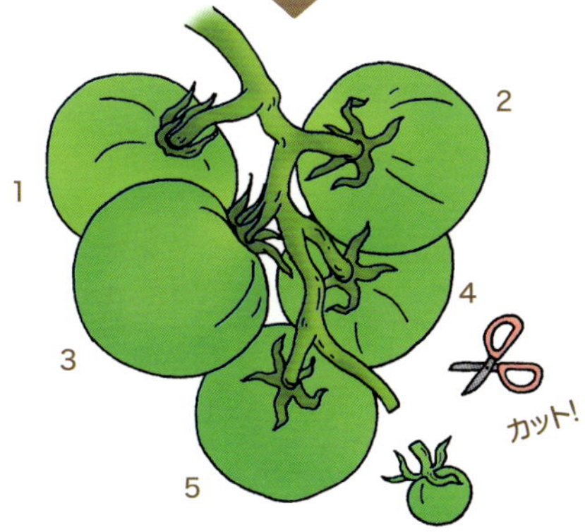
1
2
3
4
5
カット!

②大玉トマトの場合は栄養分がよく回るように、ひと房につき4～5個だけ実を残し、小さい実は摘み取ります（摘果）。ミニトマトは摘果する必要はありません。

9 収穫

ギリギリまで熟したものを収穫する

真っ赤に熟したものから収穫しましょう。家庭菜園であればギリギリまで実を熟させることができます。完熟した甘いトマトを食べられるのが家庭菜園の醍醐味です。

真っ赤に熟したら収穫

トマトの病害虫対策

●**尻腐れ病**

主な原因はカルシウム不足。夏場の過乾燥でカルシウムを吸えずに発症します。発症した果実は取り除き、過乾燥では水をあげカルシウム剤を茎に散布することで発症を軽減できます。

●**ひび割れ**

暑い夏場に晴天が続いて果皮が過乾燥になったり、収穫遅れや大雨が降って果実の肥大に果皮の成長が追いつかなかったりすることが原因。ひび割れに強い品種を購入するのがおすすめ。

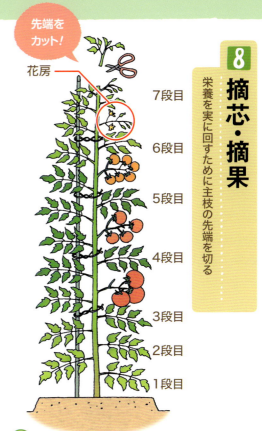

レベル ふつう

人気ランキング 2位

ナス

焼いてよし、揚げてよし、と使い勝手のよいナス。紫の皮の部分にはポリフェノールが含まれ、コレステロール値を下げる効果も。病気に強い接ぎ木苗を選ぶのがポイント。

•果菜類
•ナス科

連作障害
4～5年は空ける

必要な資材
支柱、マルチシート、トンネル支柱、防虫ネット

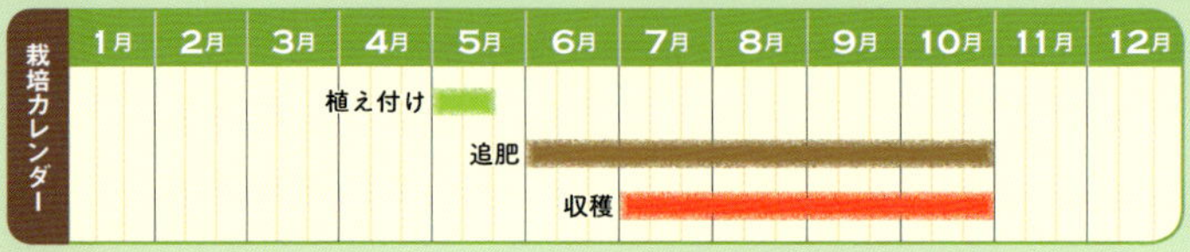
栽培カレンダー
1月
2月
3月
4月
5月
6月
7月
8月
9月
10月
11月
12月
植え付け
追肥
収穫

1 畑の準備

ナス科の野菜を4～5年つくっていない場所を選ぶ

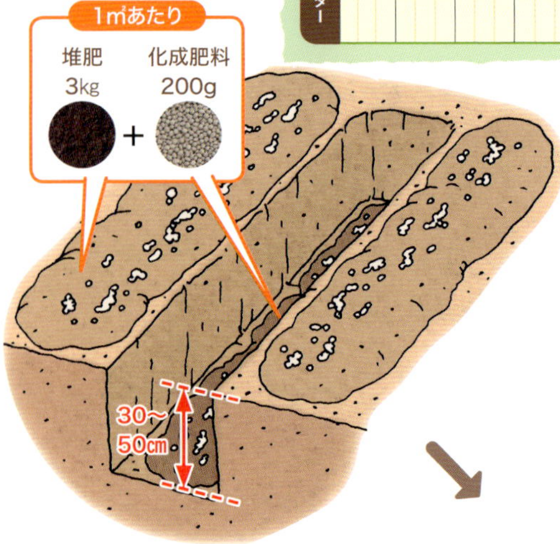
1㎡あたり
堆肥
3kg
化成肥料
200g
+
30～
50㎝

① 植え付け１週間前、畝の中央部の位置に深さ30～50㎝の溝を掘り、元肥として1㎡あたり堆肥3kgと化成肥料200gを半分は溝の中、もう半分は溝の左右にまきます。

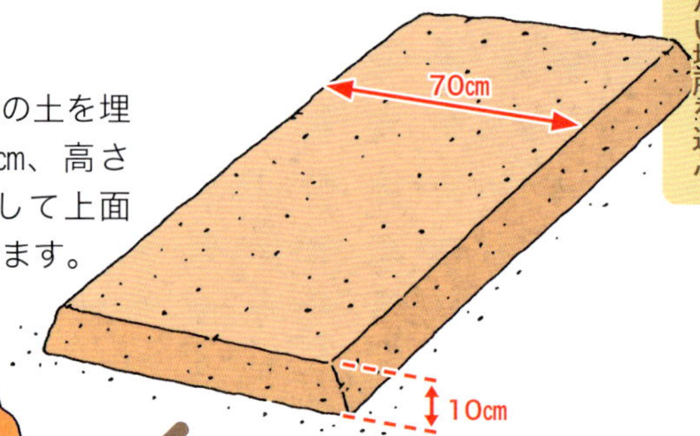
70㎝
10㎝

② 左右の土手の土を埋め戻し、幅70㎝、高さ10㎝の平畝にして上面をならしておきます。

③ 地温を上昇させ、保水効果を高めるためにマルチシートを敷いて準備完了。

プロのコツ

マルチシートで地温を上げる

きれいに敷けましたね
マルチシートはどうして必要なんですか?
地温を上げるためです
地温が安定するシルバーマルチがおすすめです。
温室育ちのナス
ナスの苗は温室で育てられたものなので
露地に植えると急激な環境変化に適応できず株が弱ってしまうんです
ポカポカ
スクスク
定植後のナス
水のあげすぎも土の温度が下がります
気温の低い曇天や夕方の水やりも控えましょう
寒いっ!!
冷たい!!

おすすめ品種

千両2号

家庭菜園では定番品種。病気に強く実の付きがよく育てやすい。味もよく農家でも定番品種。

2 苗選び

緑の濃い丈夫な苗を選ぶ

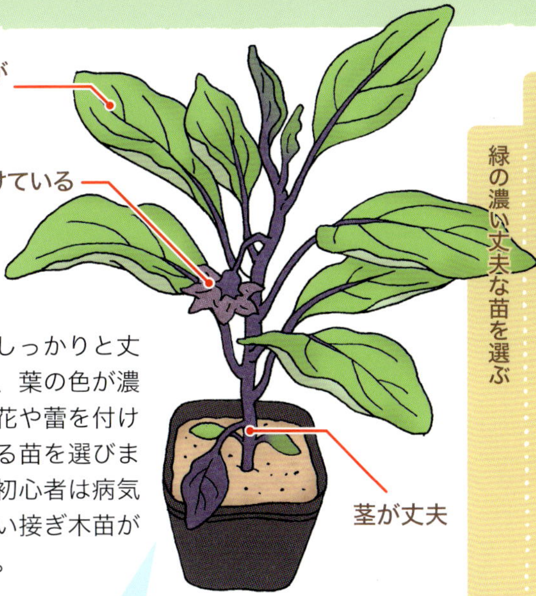

茎がしっかりと丈夫で、葉の色が濃く、花や蕾を付けている苗を選びます。初心者は病気に強い接ぎ木苗が安心。

「接ぎ木苗」とは

2個の植物を切断面で接着させて1つの個体とした苗。通常、台木となる下の植物には病気や連作に強いものを用います。

3 植え付け

地温が上がる5月上旬～中旬におこなう

① 水を張ったバケツにポットごと入れてたっぷりと水を吸わせます。

② 畝の上にポット苗を50～60cm間隔で並べ、カッターでマルチシートに丸く切り込みを入れ、根鉢と同じ大きさの植え穴を掘ります。土が乾燥していれば一回り大きく掘り、たっぷりと水を注ぎます。

③ やさしくポットから苗を取り出し、穴に置いて土を寄せます。根を伸ばすため植え付け後にかるく水をあげた後、3日間は水をあげないようにします。、寒さ予防のために防虫ネットをかけます。天井まで苗が成長したらネットを外します。

4 整枝

枝葉が混んできたら枝を整える

わき芽が伸びてきたら整枝します。主枝と一番花が付いたすぐ下のわき芽だけを伸ばす「V字仕立て」で育てると管理が楽なのでおすすめです。

このわき芽を伸ばす
主枝
一番花

5 支柱立て

2本使って「V」字に立てる

整枝後に、実の重さで主枝と側枝が倒れないように2本の支柱を立て誘引します。それぞれの枝から1本ずつわき芽をさらに伸ばして合計4本にすると、実も大きく、収穫も増えます。

それぞれの枝から勢いのよいわき芽を1本ずつ伸ばして支柱に結ぶ

プロのコツ V字仕立てで株を勢いよく育てる

これだと実を付けた時枝が垂れ下がってしまいますね…
えっ…
ダメですか?
株の勢いが弱まって果実の生育にも支障をきたします
成長
上に伸びたい
重いっ
自重
根から取り込んだ栄養がまっすぐ先端に向かう「V」字を意識して仕立てるんです
V
これで日当たりと風通しがよくなって株は勢いよく育ちますよ
おお!!

6 追肥

2週間に1回のペースで追肥

第一果がなりはじめた頃に、2週間に1回のペースで1㎡あたり50gの化成肥料をマルチシートの外側（通路）にまき、かるく土と混ぜ合わせます。

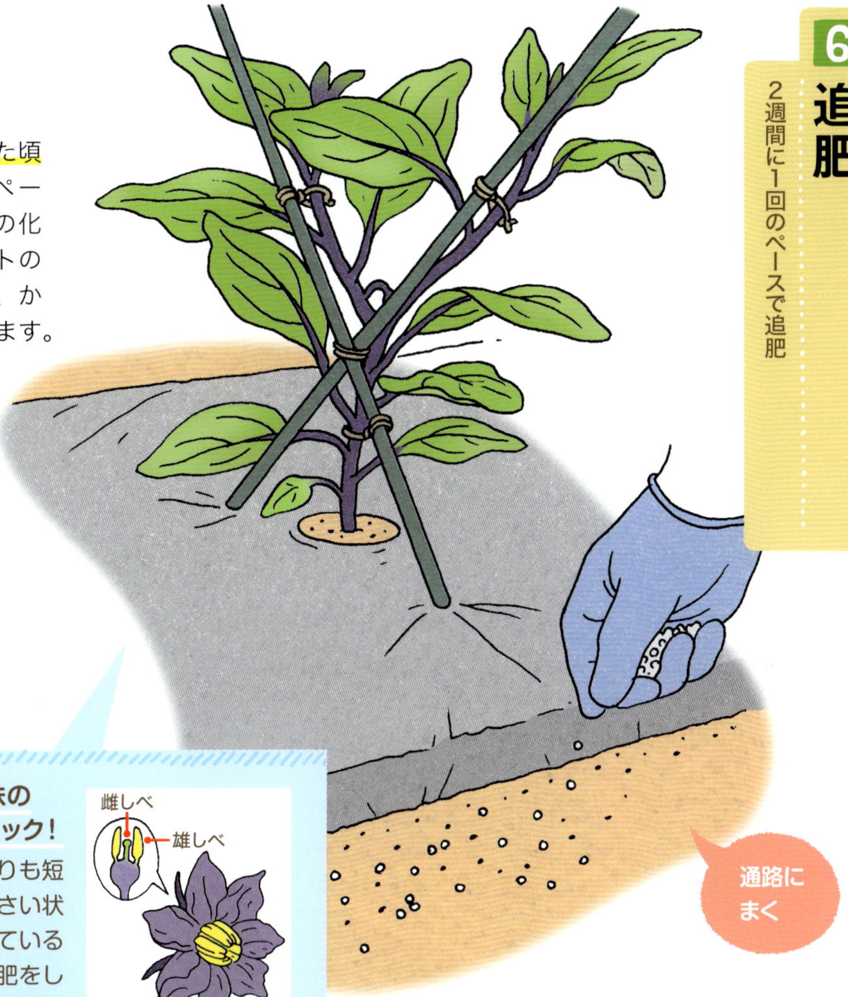
雌しべ
雄しべ
通路にまく

雌しべを見て株の栄養状態をチェック!

雌しべが雄しべよりも短い時や花自体が小さい状態は栄養が不足しているサインなので、追肥をして栄養を与えましょう。

プロのコツ

最初にできた実は小さいうちに摘む

えっ!!
せっかくできた実を
これでよし…と
ちびっ
まだ小さいのに〜!!
どうして取っちゃったの?
本に書いてあったんだよ!
あっ先生
こんにちは
大丈夫!合ってますよ花のうちから摘んでもいいくらいです
最初の実を大きくするために栄養が使われると株の勢いが弱まってしまいます
しかし小さいうちに摘み取ると株が充実して大きく育つんです
なるほど!
大きく育てて大収穫を目指すぞ!!

7 収穫・摘芯

株が疲れないように早採りを心がける

早めに収穫!

① 伸ばした4本の枝から、次々にわき芽が出てきます。そのわき芽に実が付いたら、その実の上の葉1枚を残して、摘芯します。

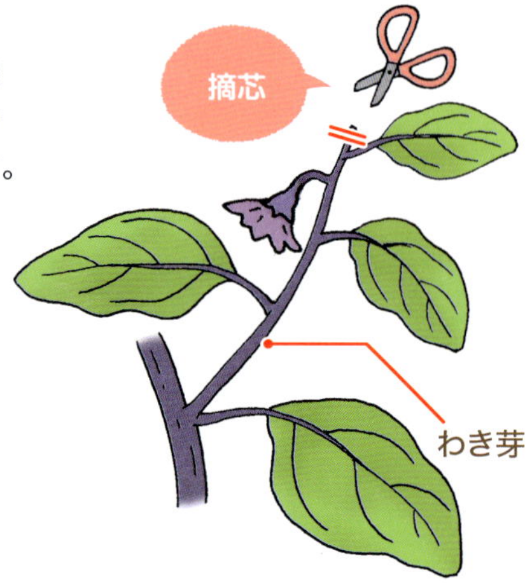

摘芯
わき芽

② 実がなったらほどよい大きさでハサミで切り収穫します。

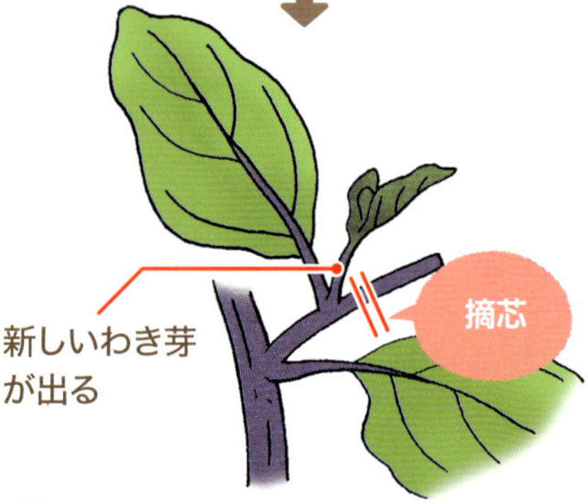

新しいわき芽が出る
摘芯

③ 収穫後は、その実を付けたわき芽の根元に近い葉1枚だけを残して摘芯します。こうすることで、残した葉とわき芽の枝の間に再びわき芽が出て実を付けます。枝はきわで落とすようにしましょう。

主枝に近いところで実をならせる

上手に摘芯をして、できるだけ主枝に近いところで実をならせることで、みずみずしいナスができます。

夏場の乾燥したかたい土でもすぐにできる追肥方法

夏場暑い日が続くと、土はカラカラに乾燥してかたくなります。かたい土は耕しにくく、乾燥しているため化成肥料も浸透しづらいです。下記のように支柱を使っておこなうと、かたい土でも簡単に追肥できます。耕す必要もないのでおすすめです。

上から水をまくことで土に化成肥料を浸透させます

1 支柱で土に3~5cmほど穴を空ける

2 化成肥料を穴に投入

各野菜の追肥量に従って均等になるよう投入します

3 土をかぶせる

4 水をまく

8 更新剪定

7の摘芯がうまくいっていれば必要ない

実の付きが悪くなったり枝が弱った場合は、株をリフレッシュするために各枝の葉っぱを2～3枚残して枝を大きく切り戻します。そうすることで、新しい枝が伸びて、「おいしい秋ナス」を収穫できます。

更新剪定は絶対必要というわけではない

更新剪定をした場合、新たな枝が生えてきて収穫できるようになるまで1カ月はかかります。しっかりと摘芯をして株が元気な状態をキープできていれば、更新剪定は必要ありません。

ナスの病害虫対策

● **半身萎凋病** (はんしんいちょうびょう)
葉が青いのに急激にしおれてしまう病気。葉の半身が萎縮するのでこの名がついた。連作を避け、接ぎ木苗を植えることで予防できる。根元に殺菌剤 (ベンレート) をしみ込ませると回復する。

プロのコツ 枝を更新して秋ナスを楽しむ

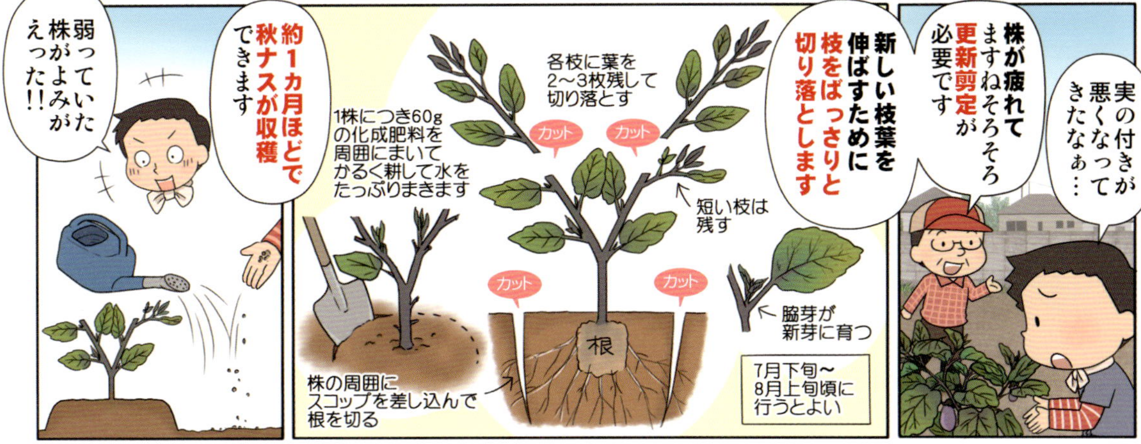
実の付きが悪くなってきたなぁ…
株が疲れてますねそろそろ更新剪定が必要です
新しい枝葉を伸ばすために枝をばっさりと切り落とします
各枝に葉を2～3枚残して切り落とす
カット
カット
短い枝は残す
カット
カット
根
脇芽が新芽に育つ
7月下旬～8月上旬頃に行うとよい
1株につき60gの化成肥料を周囲にまいてかるく耕して水をたっぷりまきます
株の周囲にスコップを差し込んで根を切る
約1カ月ほどで秋ナスが収穫できます
弱っていた株がよみがえった!!

レベル かんたん

ピーマン（パプリカ）

ビタミンA、Cを多く含み、夏バテ予防、美肌効果が期待できる夏野菜。加熱によって苦味も和らぎ、栄養の吸収率もアップ。定期的に追肥すれば長期間収穫も可能です。

・果菜類
・ナス科

連作障害
3年は空ける

必要な資材
支柱、マルチシート、トンネル支柱、防虫ネット

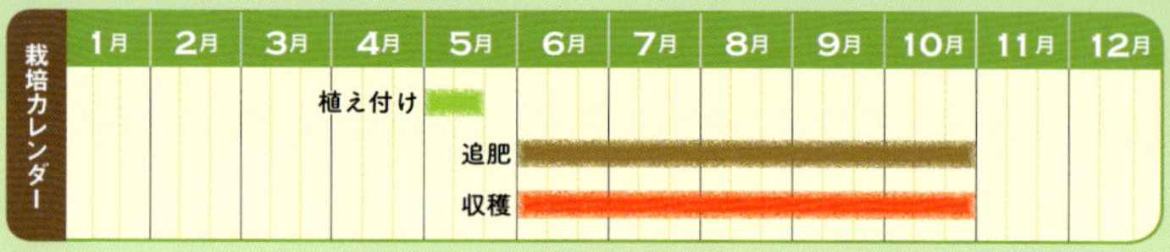

1 畑の準備

ナス科の野菜を3～4年つくっていない場所を選ぶ

① 植え付け１週間前、畝の中央部の位置に深さ30㎝の溝を掘り、元肥として1㎡あたり堆肥2～3kgと化成肥料100gを溝の中へ、化成肥料100gを左右の土にまきます。

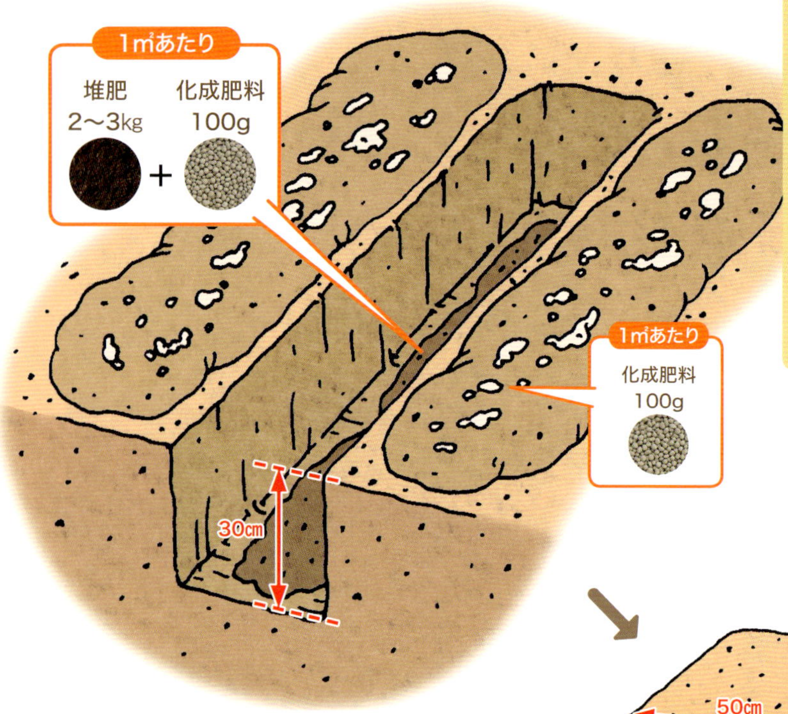

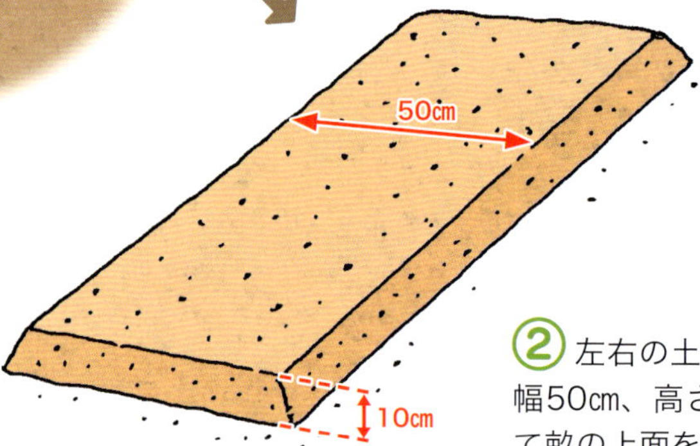

② 左右の土手の土を埋め戻し、幅50㎝、高さ10㎝の平畝にして畝の上面を平らにならします。

③ 保温、保湿のためのマルチシートを敷いて準備完了。

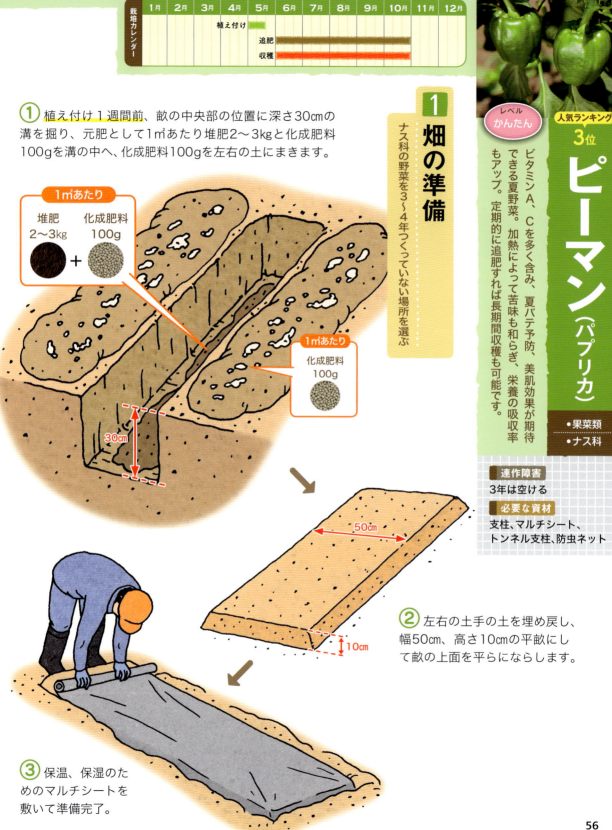

おすすめ品種

京波

中型ピーマンの代表格。実の付きは非常によく初心者もつくりやすい品種です。

白くて小さなピーマンの花。花が咲き終えた後、そこに実がなる。

2 苗選び

茎が太くて丈夫な苗を選ぶ

ピーマンはタネから育てることが難しいため、苗を植え付けます。１株にたくさんの実が付くため、茎が太く丈夫で、葉数は10枚ほど、花やつぼみを付けているしっかりした苗を選びましょう。

葉数
10枚程度
花を付けている
茎が太い

プロのコツ 早植えは禁物

植え付けには少し早いですよ？
まだ4月…
えっ!?
売られていたのでてっきり時期がきたのかと…
苗が出回るのは植え付け適期よりも早い時期なんですよ
買った苗は室内で育てるとよいでしょう
5月上旬〜中旬の十分地温が上がったころに植え付けるとよく育ちます
ピーマンは、寒さが苦手なので早植えすると生育が悪くなります。
購入後は、室内の窓際など日当たりのよい場所でポット苗のまま育ててください。

3 植え付け

5月上旬以降に苗を植える

① 地温が十分に上がった5月上旬～中旬に植えます。まず、水を張ったバケツにポットごと入れてたっぷりと水を吸わせます。

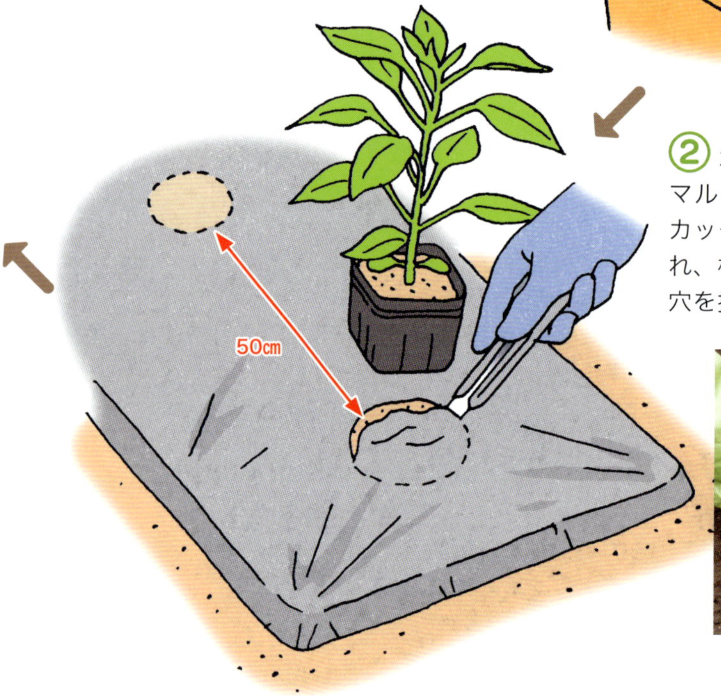

50㎝

② ポット苗を50㎝間隔でマルチシートの上面に並べ、カッターで丸く切り込みを入れ、根鉢と同じ大きさの植え穴を掘ります。

土が乾燥していれば一回り大きく掘って、水を注ぎます。

プロのコツ 多湿と乾燥、両方に注意

ピーマンは毎日水やりしたら根腐れしちゃいますよ～
えっ
でも乾燥に弱いはずじゃ？
ピーマンは乾燥に弱いからねぇ～
だねぇ
乾燥に弱い一方で多湿にも弱いんです
水に浸かった状態が続くと根が窒息して腐ってしまうことがあります
土の表面が乾燥したらたっぷり水をあげましょう
水はけの悪い畑の場合は畝を高くするとよいですよ
敷きわらで保温・保湿
マルチで保温・保湿
畝を立てて排水よく
10㎝
（水はけの悪い畑では20㎝）

③ポットから苗を取り出して植え付け、風などで苗が倒れないように茎から5㎝ほど離して仮支柱を立てます。

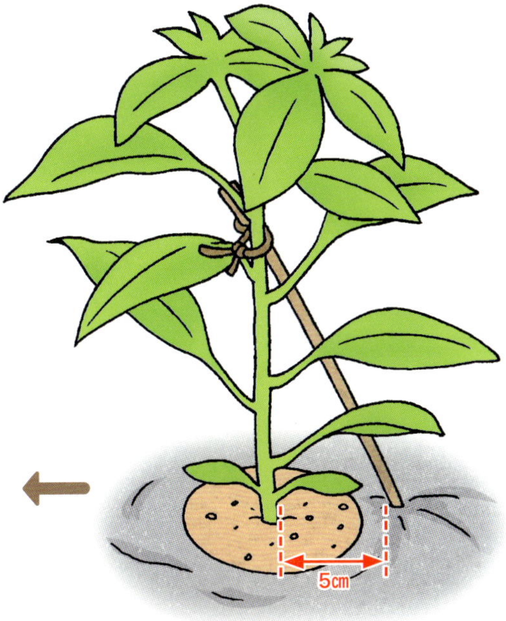

④最後に寒さ予防のために防虫ネットをかけます。

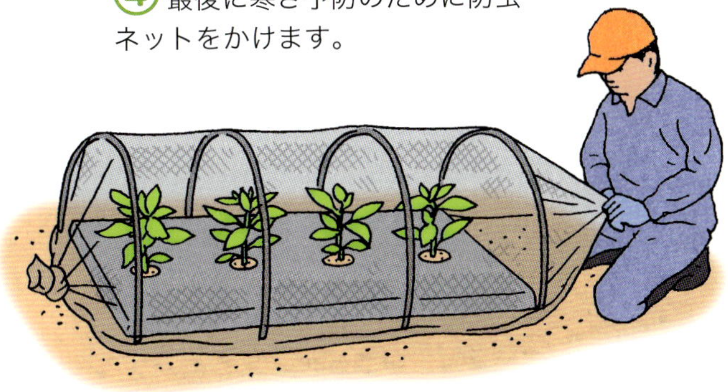

4 支柱立て

植え付け2週間後に支柱を立てる

支柱を立てることで生育をサポート

ピーマンは茎が弱く、実がたくさん付いたり強風が吹いたりすると簡単に折れたり倒れたりしてしまいます。必ず支柱を立てましょう。育ってきたら支柱を2、3本立てて、枝ごとに支えてもかまいません。

植え付けの２週間後に、茎と支柱は、8の字になるようにして、ひもをゆるめに結びます。

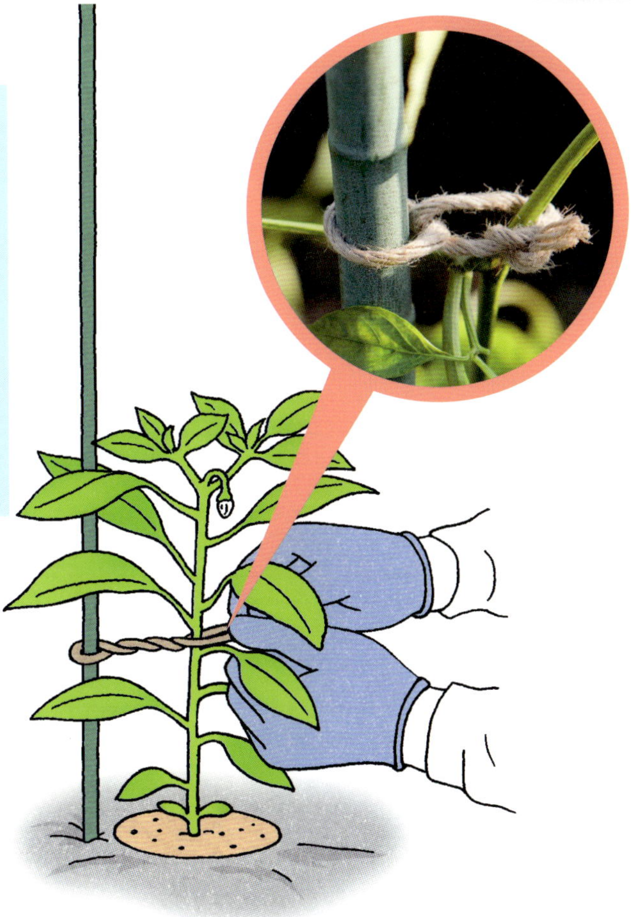

5 整枝

一番花の下のわき芽を摘む

一番花が咲いたら、そのすぐ下の強く分かれた枝より下にあるわき芽はすべて摘み取ります。こうすることで栄養を主枝の成長に回すことができます。

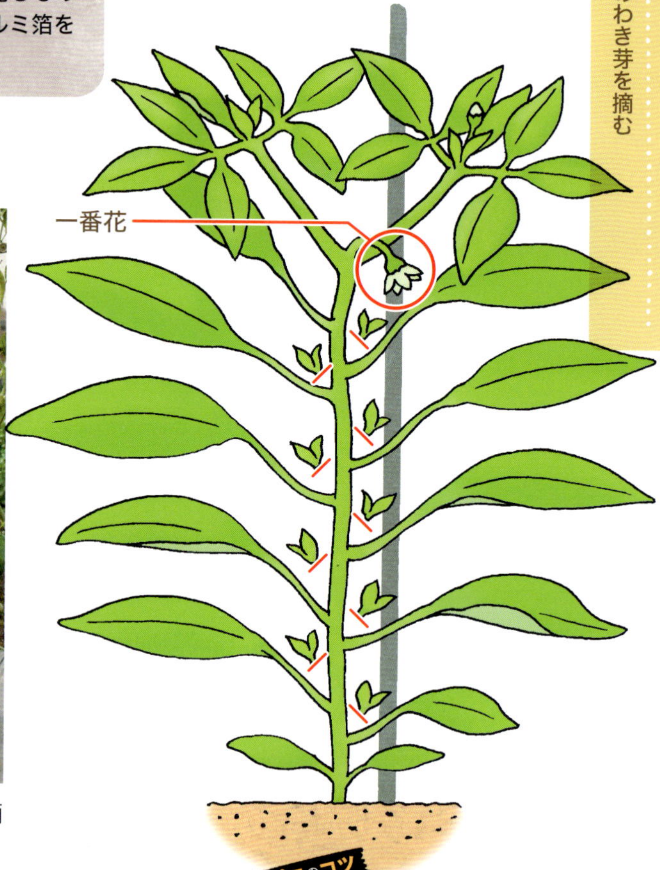

一番花

ピーマンの病害虫対策

●モザイク病

アブラムシによって伝染するウイルス病で、葉が黄変、縮れによってモザイク状になります。アブラムシはキラキラ光るものを嫌うため、シルバーマルチやアルミ箔を株元に敷くと飛来を軽減できます。

枝分かれした下のわき芽はすべて摘んである。

プロのコツ わき芽を取って実付きをよくする

花が咲きましたね
1番最初に咲いた花より下にあるわき芽を摘むと実付きがよくなりますよ!!
花
脇芽を摘む
花より上のわき芽は?
そのまま育てれば大丈夫です
なるほど
一番花近くの枝分かれしている枝を伸ばせば株の勢いが持続してたくさん実がなります
伸ばす
花
うまくいけば1株で60個は収穫できますよ
スゴイ!! そんなに食べきれるかなぁ
まだ花が咲いたばかりよ
ウフフ
頑張りましょう

6 追肥

苗を植え付けて1カ月程度から追肥

通路にまく

①植え付けから1カ月程度過ぎたらマルチシートの外側に1㎡あたり50gの化成肥料を施します。

②化成肥料をまいたら土と馴染ませるためにかるく耕します。以後、肥料切れを起こさないように2週間に1回のペースで追肥します。

7 収穫

開花してから20日前後で収穫

株が疲れないように若採りすると秋まで収穫することができます。収穫の目安は開花してから20日前後です。真っ赤に熟す完熟果やパプリカは開花後60日ほどで収穫できます。

苦味を減らしたいなら真っ赤に完熟させよう

普段私たちが食べる緑ピーマンは完熟する前の未熟果。ピーマンは完熟すると赤ピーマンになり、苦味が減って甘みが強くなり、さらに栄養価もアップします。

プロのコツ 早採りで長期収穫

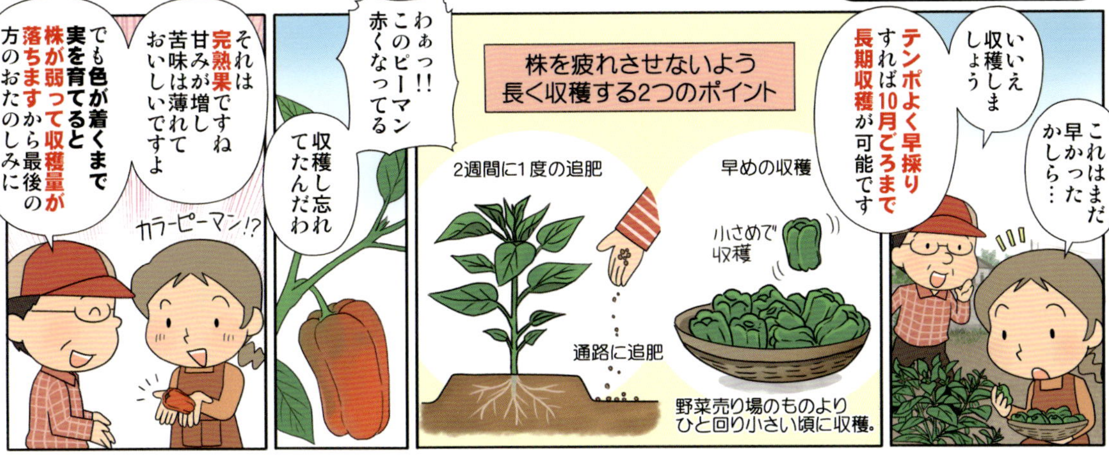
これはまだ早かったかしら…
いいえ収穫しましょう
テンポよく早採りすれば10月ごろまで長期収穫が可能です
株を疲れさせないよう長く収穫する2つのポイント
2週間に1度の追肥
通路に追肥
早めの収穫
小さめで収穫
野菜売り場のものよりひと回り小さい頃に収穫。
わぁっ!! このピーマン赤くなってる
収穫し忘れてたんだわ
それは完熟果ですね 甘みが増し苦味は薄れておいしいですよ
でも色が着くまで実を育てると株が弱って収穫量が落ちますから最後のおたのしみに
カラーピーマン!?

キュウリ

レベル かんたん

人気ランキング 4位

豊富に含まれるカリウムの利尿作用によって、余分なナトリウムや水分を排出し、むくみも解消。夏場の最盛期にはあっという間に実が大きくなるのでこまめに収穫します。

・果菜類
・ウリ科

連作障害
2年は空ける

必要な資材
支柱、マルチシート、トンネル支柱、防虫ネット、キュウリネット

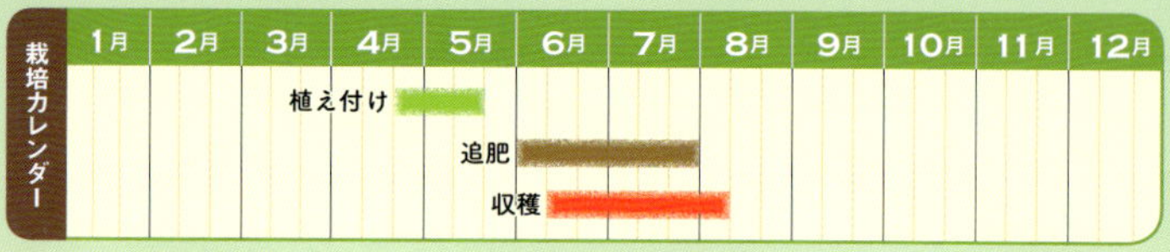

栽培カレンダー
1月
2月
3月
4月
5月
6月
7月
8月
9月
10月
11月
12月
植え付け
追肥
収穫

1 畑の準備

ウリ科の野菜を2〜3年つくっていない場所を選ぶ

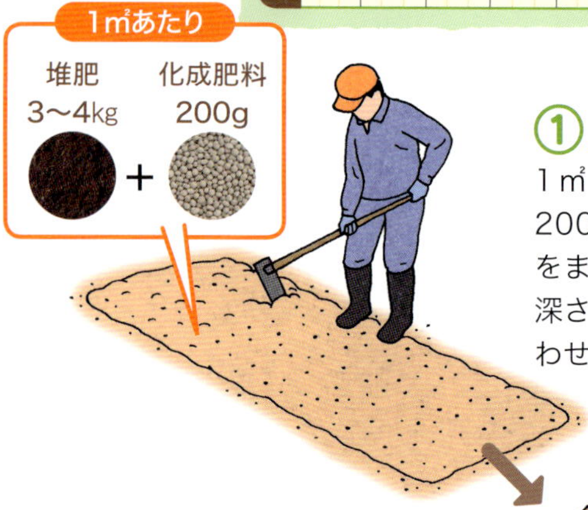

1㎡あたり
堆肥
3〜4kg
化成肥料
200g
+

① 植え付け1週間前、1㎡あたり化成肥料200g、堆肥3〜4kgをまいて、30cm程の深さの土とよく混ぜ合わせます。

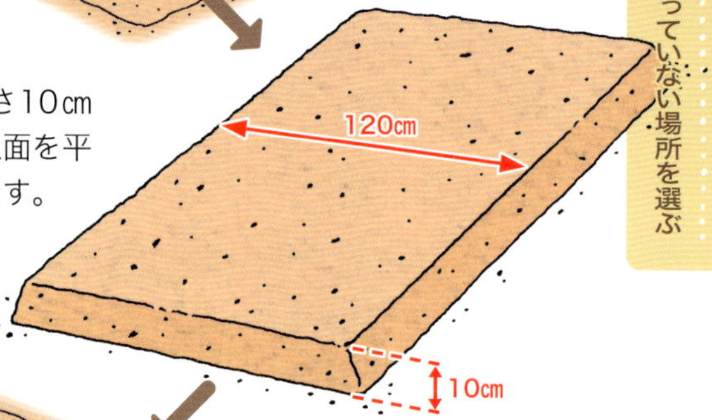

120cm
10cm

② 幅120cm、高さ10cmの平畝にして畝の上面を平らにならしておきます。

③ 保温と乾燥抑制のためのマルチシートを敷いて、準備完了。

マルチシートは雨降り後がチャンス

キュウリは乾燥に弱いためマルチシートは、ひと雨降った後に敷くとさらに効果的です。

プロのコツ 深く耕して根張りをよくする

キュウリは深くしっかり耕すのがポイントですよ
やわらかい土のなか深くまで根を張らせて水分吸収力を上げましょう
また、耕すことで土中の酸素量が増えるためキュウリの根にとてもよいです
地表は乾燥ぎみなので浅い根では給水が弱い。
地表は乾燥ぎみ
深いほど水分豊富
根が浅く横に伸びる性質なので深い部分まで根が張れるようにしっかり耕す。
「深く」ってどれくらいですか?
ひ〜〜
30cmくらいです

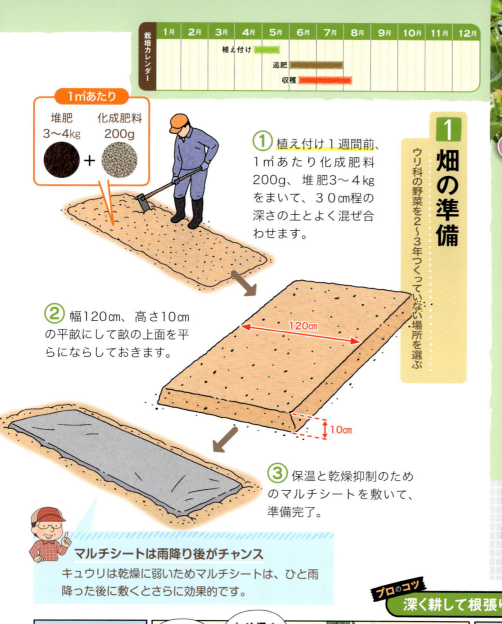

2 苗選び

病気に強い接ぎ木苗がおすすめ

キュウリなどウリ科の野菜は病気にかかりやすいため、抵抗性、耐病性のある品種を選びます。苗は茎が太く、葉がしっかりしていて張りがあるものを選びましょう。接ぎ木苗は病気に強く収穫量も多いのでおすすめです。

おすすめ品種

夏すずみ

ベト病、うどんこ病に強く農薬の散布回数を減らせる。実の付きもよく安定した収量が確保できる。

茎が太い
張りがある

プロのコツ 病気に強い接ぎ木苗を選ぶ

今年は接ぎ木苗でやります!!
接ぎ木苗?
フウ
2種類の苗をつなぎ合わせた苗なんですが
病害虫に強いだけでなく収穫量も増えるそうですよ!!
接ぎ木苗
穂木
おいしい実ができるキュウリ苗
台木
病害虫に強く根の張りのよい別の野菜苗
ちょっと値段が高いんですね~
あ~
ええ…
でもその価値はじゅうぶんにありますよ

3 植え付け

4月下旬以降に植える

① 遅霜の心配がなくなる4月下旬以降に植えます。まずは水を張ったバケツにポットごと入れてたっぷりと水を吸わせます。

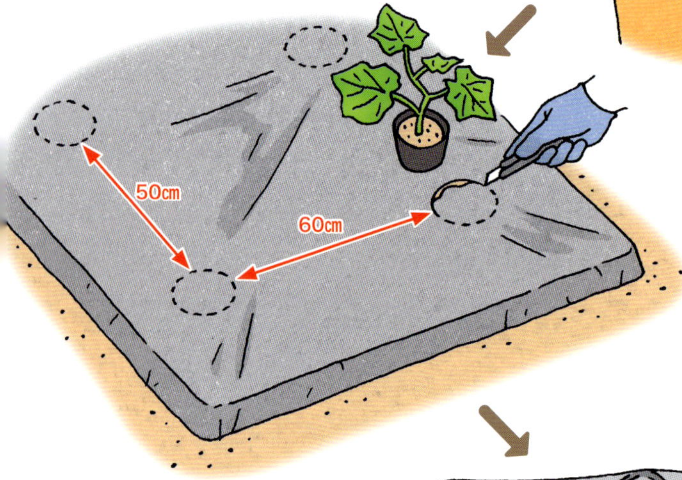

② ポット苗を株間50㎝、条間60㎝の間隔でマルチの上面に2列に並べ、カッターで丸く切り込みを入れ、根鉢と同じ大きさの植え穴を掘ります。土が乾燥していれば植え穴にたっぷり水を注ぎます。

③ 穴の中に苗を置いて植え付け、寒さ予防のために防虫ネットをかけます。根を伸ばすため植え付け後にかるく水をあげた後、3日間は水をあげないようにします。

両サイドの余った部分を縛っておく。

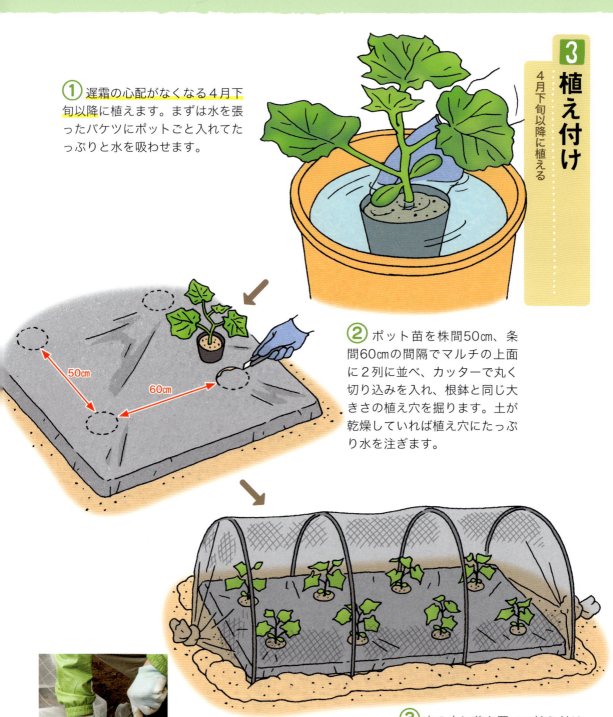

4 支柱立て

植え付け後2～3週間で支柱立て

防虫ネットを外して支柱を立てます。夏には台風が来ることもあるので頑丈な合掌式（→P37）に立て、さらにキュウリネットを張ります。支柱を立てる時期の目安は植え付け後２～３週間です。キュウリネットはホームセンターなどで購入できます。

5 整枝

親ヅルを誘引して伸ばす

親ヅル（主枝）をネットに誘引しながら上まで伸ばしていきます。

ネットを使って手間を省こう！

キュウリは成長が早いので、ネットを使用しない場合は主枝をこまめに支柱に結び付けましょう。ネットを使えばツルが自然に絡むので管理の手間が省けます。

プロのコツ　まっすぐなキュウリを育てるコツ

ハッ
あれ？変形果だ
まさか病気!?
まがり～
水不足や肥料切れが原因ですよ
とりあえず速効性の液肥を施しましょう
はい
キュウリは昼より夜の成長が大きいので夕方に水やりをするとよいです
まっすぐなキュウリにするには
① 2週間に1度の追肥を施す
② 土が乾いたら水やり特に夕方にあげると成長によい

6 摘芯

成長に合わせて2度摘芯する

① ある程度育ったら、株の成長を促すため、5節目までの子ヅル（側枝）は摘み取ります。

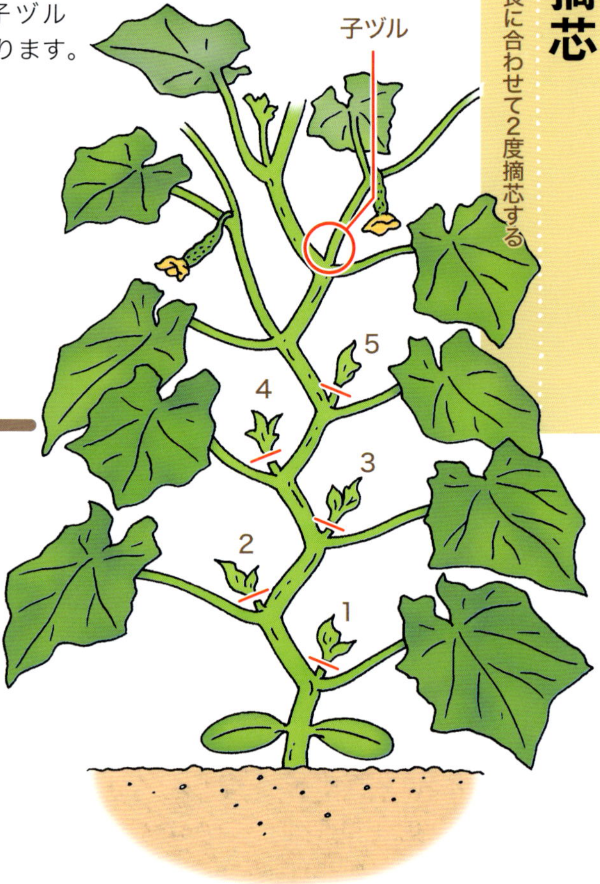
子ヅル
5
4
3
2
1

支柱のてっぺんまで伸びたらカット！

② 親ヅルが支柱のてっぺんまで伸びたら、摘芯して親ヅルの成長を止め、子ヅルや孫ツルの生育を充実させます。

プロのコツ 5段目までの子ヅルや雌花を摘む

キュウリの赤ちゃん!!
ちっちゃい
かわいいねぇ
その雌花子ヅルと一緒に摘み取るほうがよいのですが…
カワイイけどね…
えぇっ
ガーン
5段目までの子ヅルと雌花は摘む
生育初期段階で子ヅルや雌花に栄養が分散すると親ヅルの生育が鈍ります。
早いうちに子ヅルと雌花を摘み取って親ヅルの成長を促しましょう。
①
②
③
④
⑤
分かったパパこれ取ろう!!
そんで大豊作目指そ!!
しっかりしてるな

7 追肥

10日に1回のペースで追肥

実がなりはじめたら、10日に１回のペースで化成肥料を1㎡あたり30gをマルチシートの外側にまき、かるく土と混ぜます。肥料切れを起こすと、変形果が発生しやすくなるので注意。

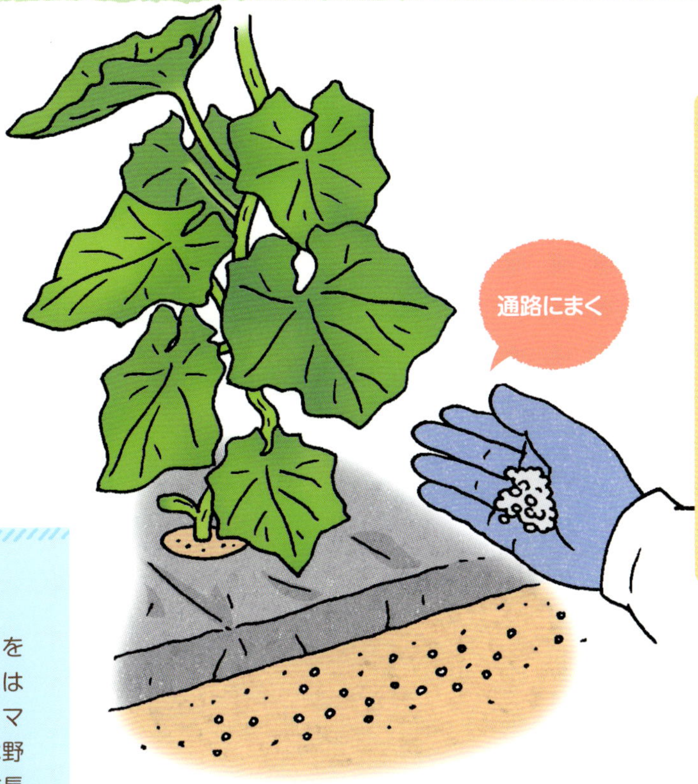

梅雨明けにマルチを外そう！

暑くなり気温が30℃を越えてくると、地温は40℃近くなります。マルチを敷いたままでは野菜が暑さにやられ、成長を止めてしまいます。梅雨が明けたら、マルチシートを外しましょう。

8 収穫

大きくなりすぎないように若採り

キュウリの果実は成長が早く、採り遅れると巨大化してしまいます。長さ18～22㎝くらいに育ったら若採りを心がけ、株が疲れないようにしましょう。夏場の最盛期には朝と夕２回収穫できます。葉陰に隠れている果実を採り忘れないように注意。

キュウリの病害虫対策

●うどんこ病

葉の表面にぽつぽつと白い斑点（カビ）が現れ、次第にうどん粉をまぶしたように葉全体が白くなってしまう病気。葉が込み合っていると伝染しやすいため、風通しをよくし、病葉はすぐに摘み取り薬剤を散布します。

レベル
かんたん
人気ランキング
5位

ホウレンソウ

・葉菜類
・ヒユ科

ビタミン、ミネラル、カロテンが豊富な健康野菜。収穫期にわざと霜に当てる「寒じめ」で甘みやうま味がぐんとアップ。苦土石灰をまいて酸度調整してからタネをまきます。

連作障害
1〜2年は空ける

必要な資材
支柱、トンネル支柱、防虫ネット

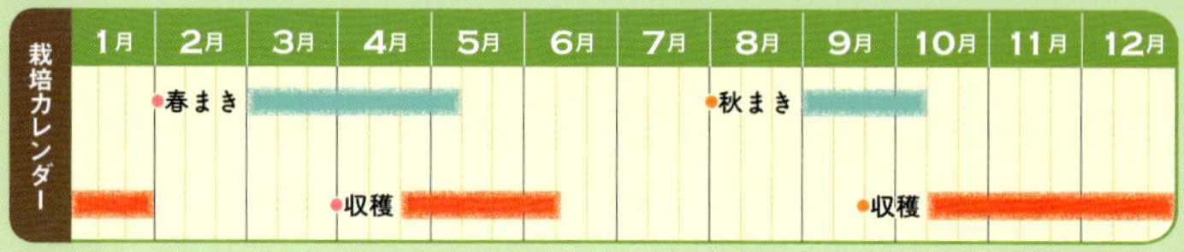

栽培カレンダー
1月
2月
3月
4月
5月
6月
7月
8月
9月
10月
11月
12月
春まき
秋まき
収穫
収穫

1 畑の準備

酸性土壌を嫌うのでpHを6〜7に調整

① タネまきの1週間前に1㎡あたり化成肥料200g、堆肥2〜3kgを全面にまき、しっかりと耕します。連作障害にならないよう、1年は空けましょう。

1㎡あたり
堆肥
2〜3kg
化成肥料
200g
+

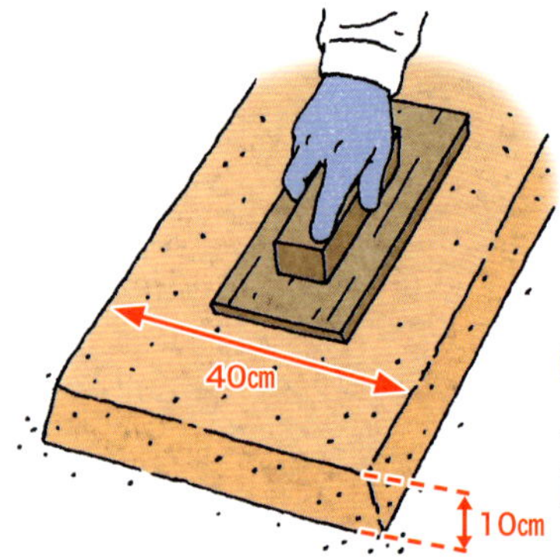

40cm
10cm

② 幅40cm、高さ10cmの平畝をつくり、板などを使い畝の上面を平らにならしておきます。

ホウレンソウの病害虫対策

●アブラムシ
アブラムシは生育初期に発生すると成長が著しく悪くなりウイルス病も媒介します。タネまき後、隙間がないように防虫ネットをかけます。生育途中はよく観察して虫を見つけたら手で捕殺します。

プロのコツ
土は必ず中和する

ホウレンソウは土壌酸度が重要です!!
ズイッ
は…はい!!
弱酸性です中和が必要です!!
石灰をまきましょう!!
pHメーター
酸性に傾くと生育が悪くなり枯れてしまうことがあります。
アルカリ性に傾くとミネラルの吸収が妨げられます。
pH 0
7
14
酸性
中性
アルカリ性
酸性の土壌は石灰をまいて中和しましょう
ワクワク
化学実験みたいでおもしろいですね

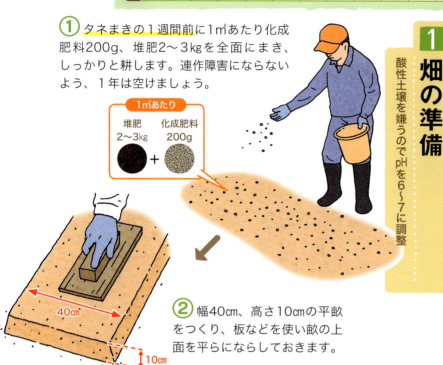

2 タネまき
均等な深さの浅い溝にすじまきをする

支柱を使うとカンタン!

①春まきなら3月上旬〜5月上旬、秋まきなら9月上旬〜10月上旬に、支柱を使い、畝の上面に深さ1cmほどの溝を2本つくります。

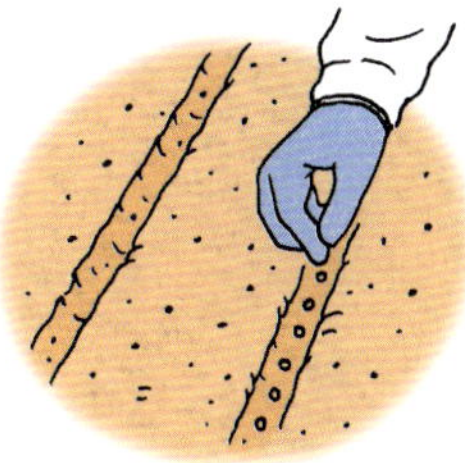

②溝の中に2〜3cm間隔にパラパラとタネをすじまきします。その後、均等に土をかぶせ、板を使って鎮圧します。

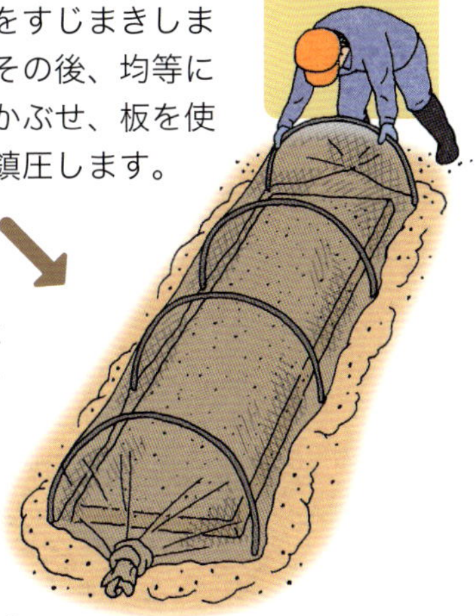

③害虫予防のために防虫ネットをかけておきます。

3 間引き
生育が遅れたものを引き抜く

4〜5cm

本葉が4〜5枚に成長したら、株間4〜5cmあけるように間引きします。生育が遅れたものを引き抜きましょう。

4 追肥
葉に元気がなかったら追肥をする

葉の色が薄かったり元気がない場合には、1m²あたり30gの化成肥料を根元にまいてかるく土をかぶせます。

根元にかるくまく

寒さが甘みを引き出す!
冬が旬のホウレンソウは、寒さに当たることで葉の厚みが増し、甘みが凝縮されてとてもおいしくなりますよ。

5 収穫
1〜2週間前に防虫ネットを外し外気にあてる

株が成長してきたら収穫の1〜2週間前に防虫ネットを外し外気にあてます。草丈20〜25cmになったら株ごと引き抜いて収穫します。

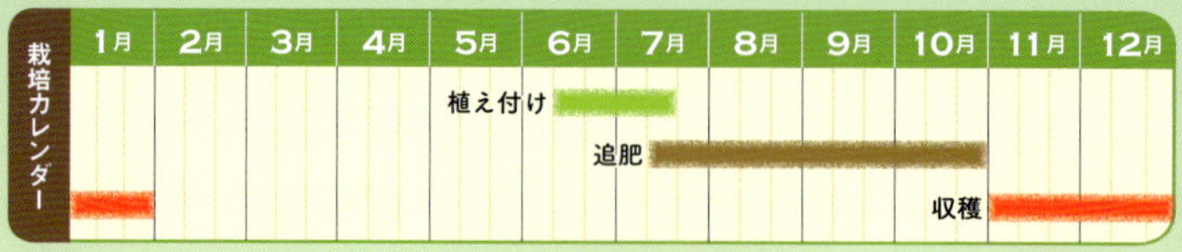

栽培カレンダー
1月
2月
3月
4月
5月
6月
7月
8月
9月
10月
11月
12月
植え付け
追肥
収穫

レベル ふつう

人気ランキング 6位

ネギ

鍋物や薬味など、畑にあれば重宝する長ネギ。「風邪にはネギ」と言われるほど、体の保温効果や強い殺菌作用があります。軟白部分を長く育てるための土寄せがポイント。

•葉菜類
•ユリ科

連作障害
2年は空ける

必要な資材
わら

1 畑の準備

ネギを2年以上つくっていない場所を選ぶ

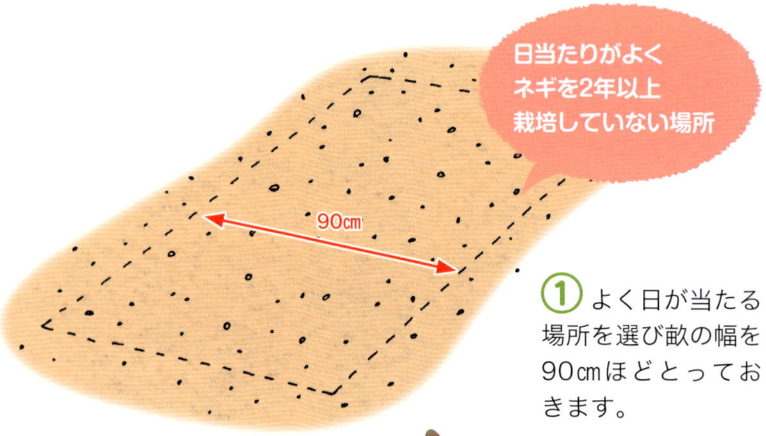

日当たりがよく
ネギを2年以上
栽培していない場所
90㎝

① よく日が当たる場所を選び畝の幅を90㎝ほどとっておきます。

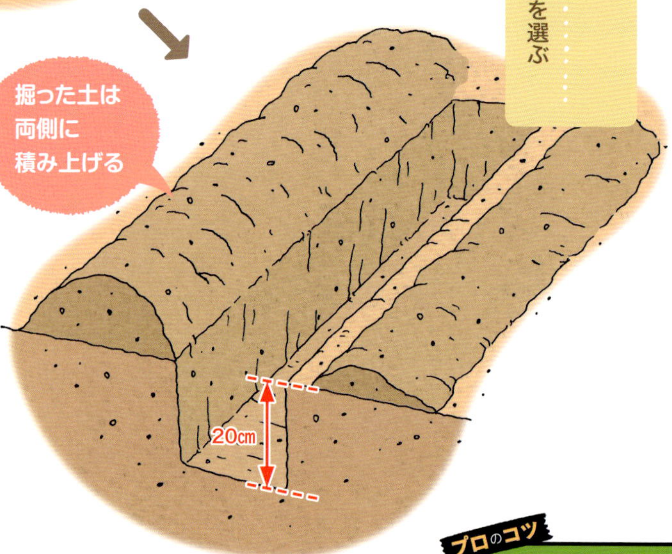

掘った土は
両側に
積み上げる
20㎝

② 苗を植えるための深さ20㎝の溝を掘り、掘った土は両側に積み上げ土手にします。根は上に伸びてくるので元肥は施さずに追肥中心で育てます。

プロのコツ
植え付け前に畑は耕さない!

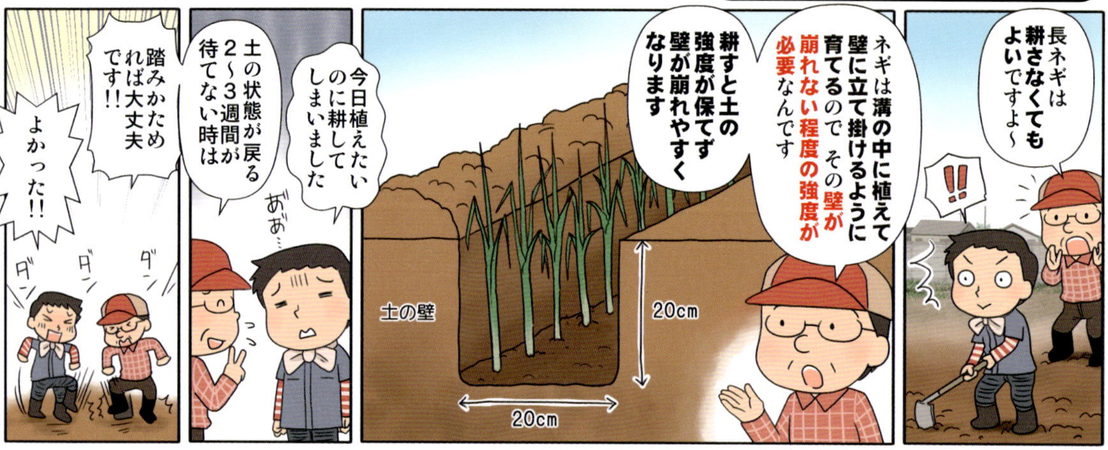

長ネギは耕さなくてもよいですよ~
!!
ネギは溝の中に植えて壁に立て掛けるように育てるので その壁が崩れない程度の強度が必要なんです
耕すと土の強度が保てず壁が崩れやすくなります
土の壁
20cm
20cm
今日植えたいのに耕してしまいました
おぉ…
土の状態が戻る2~3週間が待てない時は
踏みかためれば大丈夫です!!
よかった!!
ダン
ダン
ダン

おすすめ品種

ホワイトスター

生育は旺盛で育てやすい。耐病性があり春まきの秋冬採りに最適。肉質は緻密で繊維が細く、味もよい。

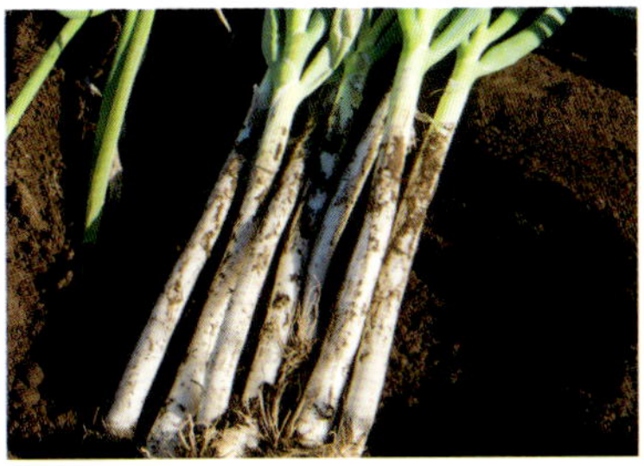

2 苗選び

タネではなく苗からスタート

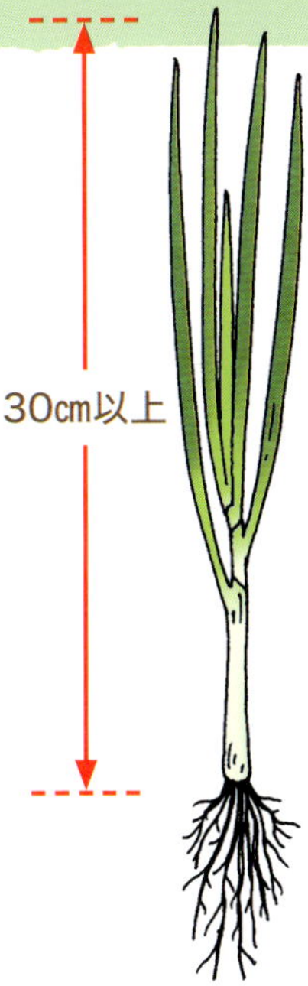

育苗に時間がかかるため、初心者は市販の苗を購入しましょう。苗は長さ30㎝以上、なるべく太いものを選ぶとよいでしょう。

風に負けない植え付け方

夏場の台風などで強い南風が吹くとネギは倒れてしまうことがあるので、北側に立てかけるように植え付けましょう。

3 植え付け

6月中旬〜7月中旬に植え付ける

① 6月中旬〜7月中旬にかけて、苗を溝の土手側に立てかけ、5㎝間隔で並べます。

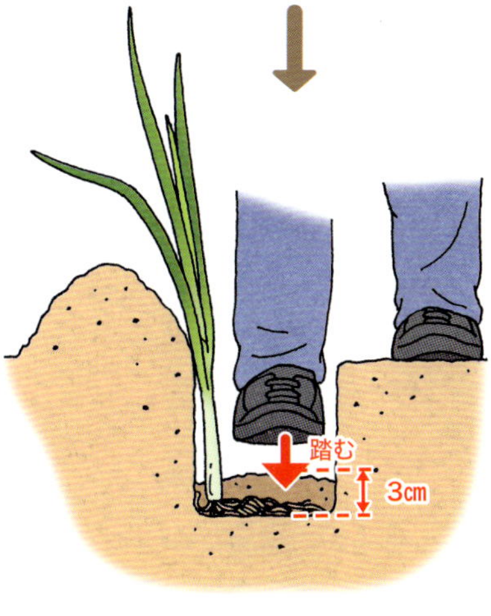

② 根を土手の反対側に伸ばして、3㎝ほど土をかけ、かるく足で踏みます。

③ 溝の隙間には、わらや刈り草などを投入。こうすることで、空気層ができて、根の周辺に酸素を保持して乾燥も防ぎます。

4 追肥・土寄せ

成長に合わせて4回の追肥と土寄せ

① 1回目の追肥は植え付け3～4週間後、溝の中に1㎡あたり化成肥料100g、堆肥1kgをまき、かるく土寄せします。

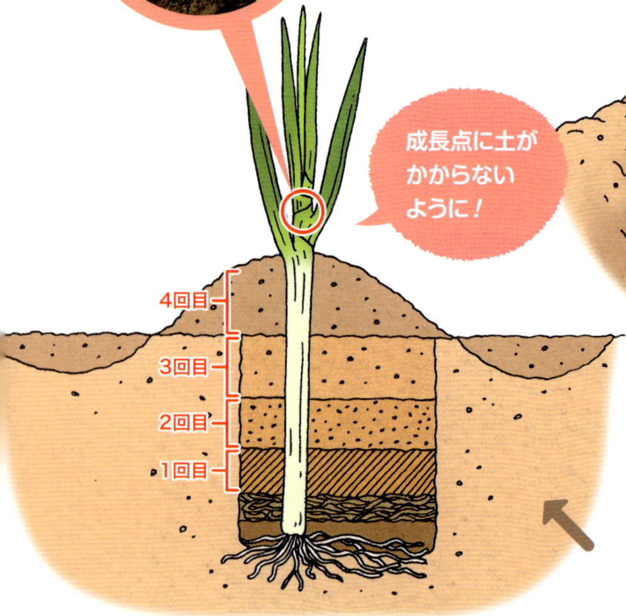

② 2回目以降の追肥は3～4週間ごとに1㎡あたり化成肥料100gをまきます。2回目の土寄せは少なめにして、3、4回目の土寄せは苗の分岐点が隠れない程度にたっぷりと土寄せします。

プロのコツ 分岐している少し下まで土寄せ

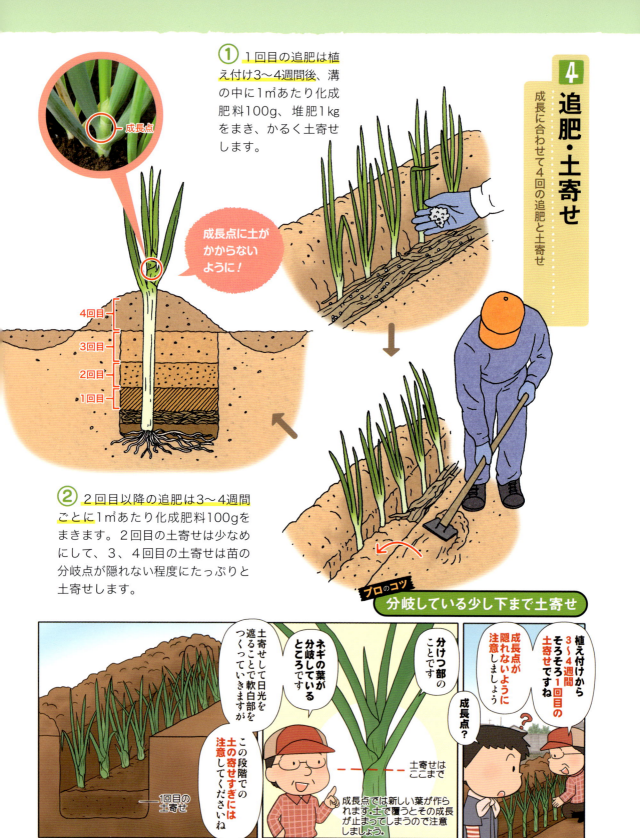

5 収穫

4回目の土寄せから3週間以上で収穫

4回目の土寄せから3週間以上たったら、よく育ったものから順に収穫していきます。そのまま植えておけば1月下旬頃まで収穫することができます。やわらかい畑ではそのまま引き抜くこともできますが、葉の部分がちぎれたり折れてしまうことがあるため、シャベル等で掘り起こします。

掘り起こしのコツ!

シャベルやクワで株元を掘って、根元の土をゆるませ、手で引き抜きます。強引に引っ張ると、ちぎれてしまうので注意しましょう。

プロのコツ 太く長いネギをつくる土寄せのコツ

太くて長いネギにするコツはありますか?
太くて長〜い
成長に合わせて土寄せの量を変えるとよいですよ
前半は横に太く後半は縦に長く育てたいので…
生育前半は少しだけ土寄せして横に太らせ
土は少なめ
横に太らせる
② 追肥
① 追肥
前半
生育後半はたっぷりと土を寄せ縦に長く伸ばします
追肥は3～4週間ごとに4回おこなう
土で覆い
縦に伸ばす
④ 追肥
③ 追肥
② 追肥
① 追肥
後半
合計4回追肥と土寄せをおこないます

エダマメ

レベル ふつう

人気ランキング 7位

家庭菜園でぜひ味わいたい採れたてのエダマメ。マメの甘みや香りが濃くとてもおいしい。窒素過多で実入りが悪くなるため、元肥を少なめにして栽培するのがポイント。

- 果菜類
- マメ科

連作障害
2年は空ける

必要な資材
マルチシート、トンネル支柱、防虫ネット

栽培カレンダー

	1月	2月	3月	4月	5月	6月	7月	8月	9月	10月	11月	12月
タネまき				●	●							
追肥						●						
収穫							●	●				

1 畑の準備

マメ科の野菜を2～3年つくっていない場所を選ぶ

① タネまき1週間前、1㎡あたり化成肥料50g、堆肥1kgを全面にまいて、しっかり耕します。元肥は少なめに施します。

肥料の与えすぎに注意！

マメ科の野菜は根粒菌《こんりゅうきん》と共生し、その根粒菌が窒素分を供給してくれるので、窒素肥料を与え過ぎると、葉や茎ばかり茂る状態になり、実の付きが悪くなってしまいます。

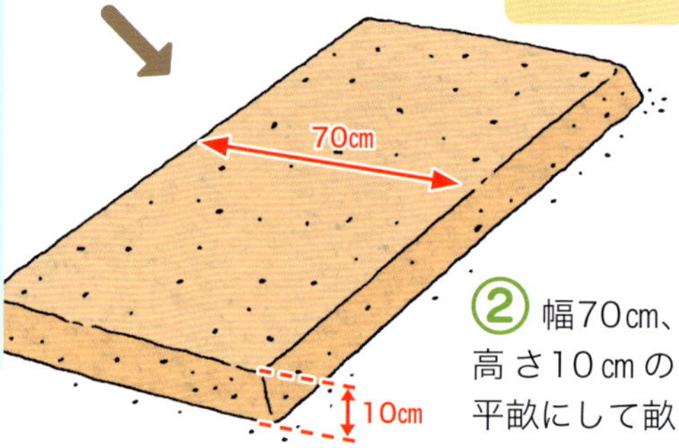

② 幅70㎝、高さ10㎝の平畝にして畝の上面を平らにならします。

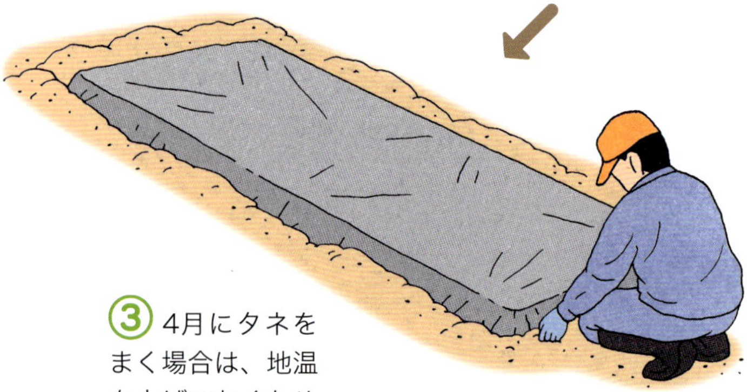

③ 4月にタネをまく場合は、地温を上げておくためマルチシートを敷きます。

※エダマメは苗でも販売していますが、発芽率が高いため、コストパフォーマンス的にもタネを買う方がおすすめです。

おすすめ品種

湯あがり娘

エダマメ特有の甘味と芳香のある品種。育てやすく、ゆでると鮮やかな緑色に。

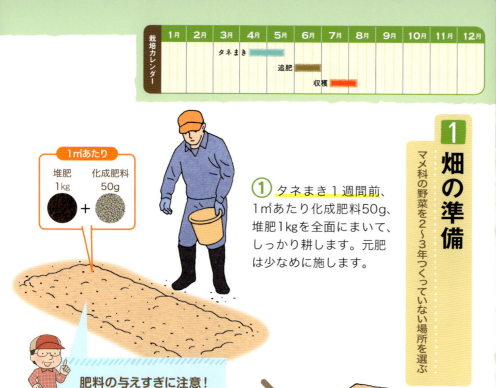

2 タネまき

発芽には25℃以上の温度が必要

① 4月中旬〜5月中旬頃を目安に株間15cmでマルチシートに穴を開けます。

② 人差し指を土に入れてまき穴をつくります。その穴1カ所につき1粒タネをまきます。

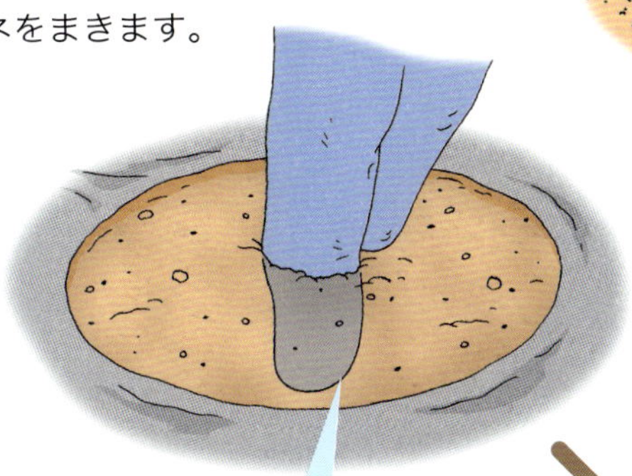

発芽率が高いので1穴につき1粒

エダマメの発芽率はとても高いので1穴につき1粒にします。発芽不良が心配な方は予備としてポット苗にタネをまいて育てておきましょう。もし発芽しないところがあれば、本葉が2枚開く頃までに植え付けます。植え付け時期が遅れると生育が悪くなります。

③ エダマメは鳥の大好物です。タネの段階から狙われるので、タネまき直後から双葉が黄色くなるまで必ず防虫ネットをかけます。

プロのコツ 双葉が枯れるまで防虫ネットをかける

タネまきが終わったらこれも忘れずに
え
芽も出ていないのに?
防虫ネット
じ〜〜〜
エダマメは鳥の大好物
こそっ
タネも狙われるので双葉が枯れるころまでは防虫ネットをかけておいたほうがよいです
土の中まで狙われるとは気が抜けない
必ずや守りきる!!
チッ

3 追肥

肥料のあげすぎにも注意が必要

花が咲きはじめる頃、株の周囲に１㎡あたり50gの化成肥料をまきます。肥料が多すぎると葉ばかりが茂り実の付きが悪くなるため、元肥をしっかり施している場合は追肥は必要ありません。タネから育てた場合は無肥料でもよく育ちます。

収穫量を増やすために主枝を摘芯するのもアリ

これは必ずおこなう必要はありませんが、本葉が5～6枚出た頃に主枝を摘芯するとわき芽の成長を促進させることができます。これによってサヤが多く付くので収穫量を増やすことができます。

苗の植え付け方

エダマメはタネまきがおすすめですが、時間のない方はタネではなく苗を購入するのもよいでしょう。タネから育てるよりも育成期間が短くなるのでその分だけ早く収穫できます。植え付け時期は５月上旬過ぎが安全です。

プロのコツ 摘芯でわき芽の成長を促す

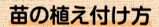

4 収穫

収穫適期は3日程度しかない

株全体のうち８～９割の実がふくらんできたら株ごと引き抜いて収穫します。本当においしい収穫適期は３日程度しかなく、それを過ぎると風味が損なわれ、サヤのツヤが悪くなったりマメがかたくなってしまうので注意が必要です。

株ごと
引き抜く!

うま味は時間を追うごとに逃げていくのですぐに食す

採れたてのエダマメは、スーパーで買うものよりも味が濃くてとてもおいしいです。収穫した直後から味が落ちていくので、採ったらなるべく早く食べないともったいないですよ。

プロのコツ 食べ頃を見分ける方法

下のほうはもう食べ頃のような…
でも全部の実がふくらむまで待った方がいいかしら
迷うなぁ…
中段のふくらんだサヤを試し採りしてください
ぷっくりとしたマメが入っていれば収穫適期ですよ～!!
あっ!!
エダマメは収穫適期が3日ほどなので見極めが大事です
全体の8～9割くらいがふくらんだら収穫しましょう
中段のマメがぷっくりしたら収穫OK
実は、全部がいっしょに太ることはありません。わき芽の成長具合や実付きの良し悪しで太り方が変わるので、全体の8～9割がふくらんだら収穫しましょう。

人気ランキング 8位

レベル かんたん

オクラ

オクラ特有のネバネバに含まれるムチンには、胃粘膜を保護し、胃腸の消化吸収機能をアップさせる効果あり。高温を好むので十分に気温が上がってから植え付けます。

・果菜類
・アオイ科

連作障害
1〜2年は空ける

必要な資材
マルチシート、トンネル支柱、防虫ネット

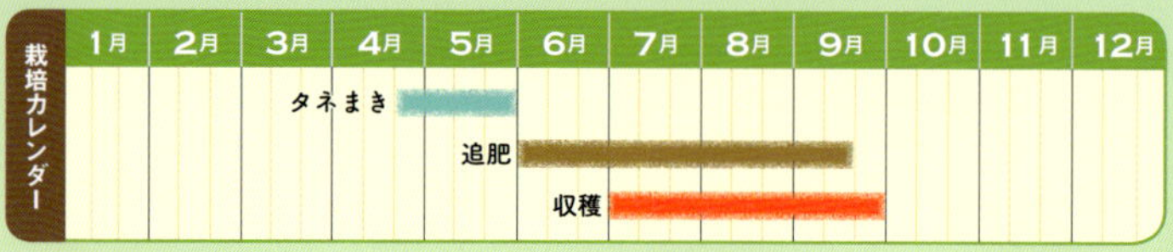

栽培カレンダー
1月
2月
3月
4月
5月
6月
7月
8月
9月
10月
11月
12月
タネまき
追肥
収穫

1 畑の準備

根が真下に伸びるので深くまでよく耕す

1㎡あたり
堆肥
2〜3kg
化成肥料
150g
しっかり耕す!

① タネまき1週間前、1㎡あたり化成肥料150g、堆肥2〜3kgをまいて、深さ30cmくらいまでしっかりと耕します。連作障害にならないよう、1年は空けましょう。

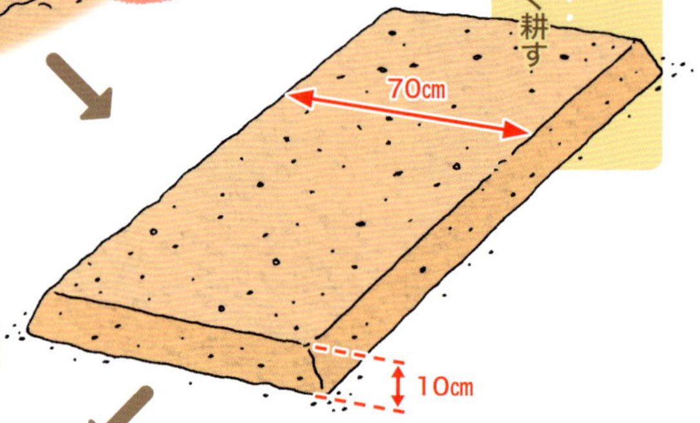

70cm
10cm

② 幅70cm、高さ10cmの平畝にして畝の上面を平らにならしておきます。

③ 高温植物なので地温を上げるためにマルチシートを敷きます。

五角オクラと丸オクラ

オクラは大きくわけて2種類あります。1つは角のある五角オクラです。大きくなると、すじがかたくなってしまいます。もう1つは丸オクラです。すじがないため、やわらかいまま大きく育ちます。

五角オクラ

丸オクラ

おすすめ品種

島オクラ

一般のオクラに比べて丸サヤで大きい。収穫がやや遅れてもやわらかで長期間収穫ができる。草丈は2m。

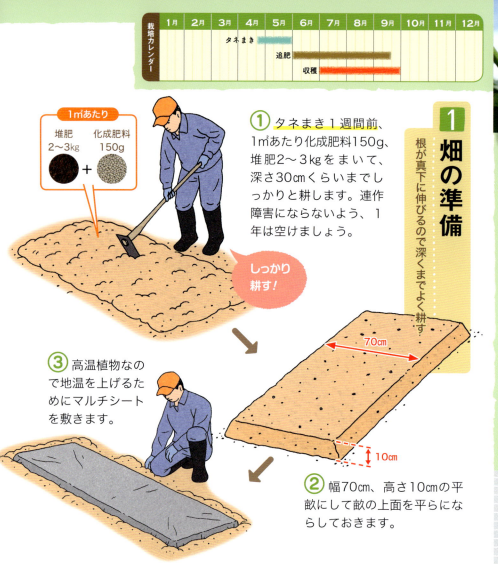

2 タネまき

25℃以上になる4月下旬以降にまく

1～2日
水に浸ける

① 発芽温度が25～30℃のため4月下旬以降にタネをまきます。種皮がかたいので、1～2日程度コップの水に浸けておくと発芽しやすくなります。

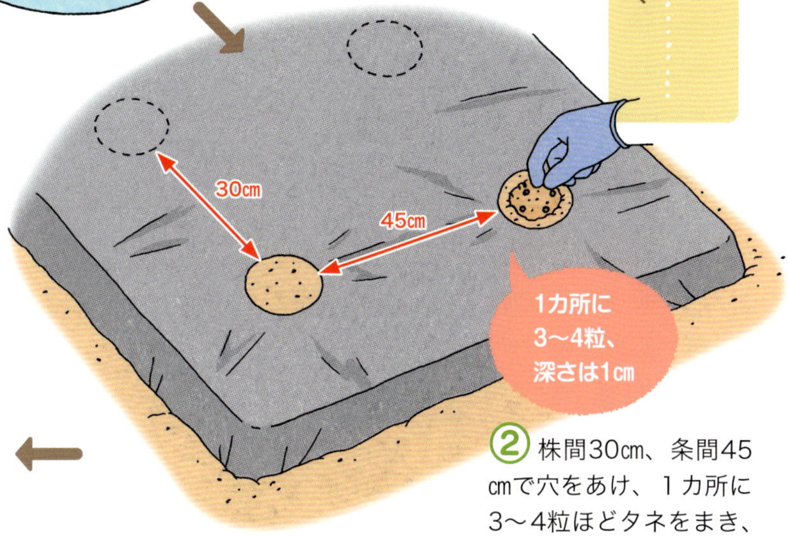
30㎝
45㎝
1カ所に
3～4粒、
深さは1㎝

② 株間30㎝、条間45㎝で穴をあけ、1カ所に3～4粒ほどタネをまき、たっぷり水をまきます。

③ タネまき後、アブラムシや鳥害予防のため、防虫ネットをかけます。

プロのコツ 発芽をそろえて管理を楽にする

オクラは発芽をそろえるため1～2日水に浸してからタネをまきます
タネどうぞ
発芽をそろえる?
発芽がそろわないと水やりや追肥などのタイミングが株ごとに異なり管理が面倒になってしまいます
面倒がらずにこのひと手間をかけることで管理がとてもラクになります
1～2日間水に浸ける
浮いたタネは発芽しにくい場合があります。
オクラのタネはとてもかたいのでそのまま まくと発芽しなかったり発芽するタイミングがバラバラになります。
深くタネをまくと発芽率が下がります 1㎝くらいの深さにまきましょう
1㎝
発芽適温は25～30℃
4月下旬～5月頃が適期

3 間引き

本葉2～3枚が間引きのサイン

本葉が2～3枚になったら、元気のよい苗１本を残して、間引きます。

子葉と違い、オクラの本葉はギザギザに育ちます。

4 追肥

2週間に1回のペースで追肥

観賞用として育てる人もいるほどキレイなオクラの花。

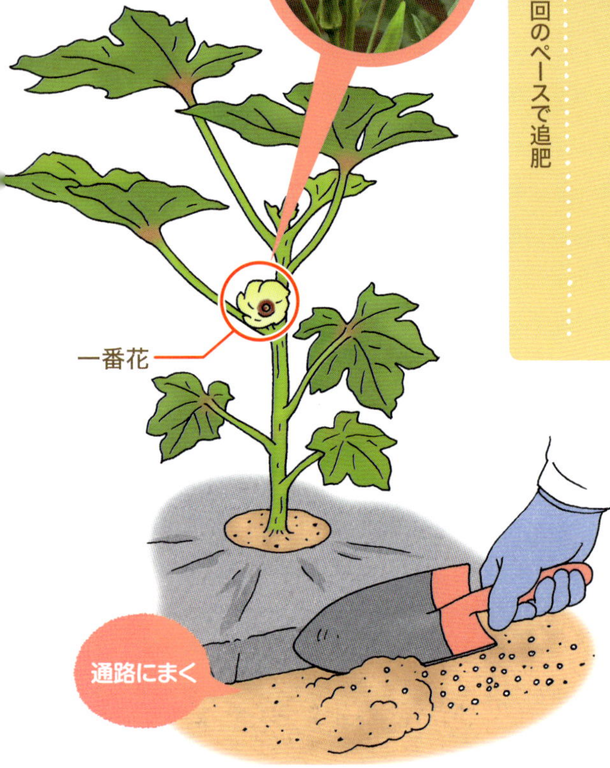
一番花
通路にまく

一番花が開花してから２週間に１回のペースで、化成肥料30gをマルチシートの外側に施し、かるく土と混ぜ合わせます。葉が小さいのは肥料切れのサインです。

プロのコツ 最盛期の採り遅れに注意

なんじゃこりゃー!!
おばけオクラできちゃった!?
でかっ
採り遅れですよ!!
スゴッ!!
この前見たときは小さかったんですよ?
ちびっ
でかっ
かたくて筋だらけ食べられない
はは…
夏場の最盛期は成長がとても早く1日に4～5㎝伸びることがあるんです
1日でそんなに!?
ええ
五角オクラは7㎝くらいになったものからテンポよく収穫していきましょう

5 収穫

大きくなる前に収穫する

収穫した実のすぐ下の1〜2枚を残して葉を落とす

6〜7㎝

① 五角オクラは長さ6〜7㎝、丸オクラは12〜15㎝になったら、あまり大きくせずに収穫します。五角オクラをこれ以上大きくすると繊維がかたくなって食べられなくなります。

② 収穫する際、実のすぐ下の1〜2枚の葉を残して、その下を摘葉すると風通しがよくなりその後の実の付きがよくなります。

わき芽が出たらラッキー！

オクラはわき芽が出ないこともあるので、出たわき芽はぜひ残しておきましょう。そこからも実がなるかもしれません。

プロのコツ 古くなった下葉を摘む

うわっなにあのオクラどうしたの?
ぜんぜん葉が付いてない…枯れたのかな
ヒョロロ〜〜ン
いえいえ
農家さんなど株が密集している場合は風通しをよくするために下葉を落としているんです
家庭菜園では実のすぐ下1〜2枚は残して光合成を促しましょう
老化葉は役目を終えているので切り落とします。

ジャガイモ

レベル かんたん

人気ランキング 9位

家庭菜園で定番人気のジャガイモ。意外にもミカンに匹敵するほどのビタミンCを含み、免疫力アップ、美肌効果もあり。芽かきと土寄せをしっかりおこなうのがポイント。

- 根菜類
- ナス科

連作障害

2年は空ける

必要な資材

不要

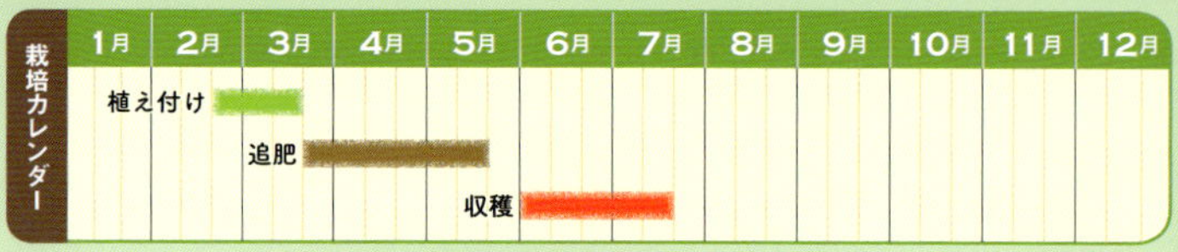

栽培カレンダー
1月
2月
3月
4月
5月
6月
7月
8月
9月
10月
11月
12月
植え付け
追肥
収穫

1 タネイモの準備

園芸店でタネイモを購入

ジャガイモはスーパーなどで売られているイモを植えたりせず、園芸店でタネイモを購入して植えます。タネイモはなるべく大きなものを選びましょう。植え付けの2～3週間前から、タネイモを窓際など日が当たる場所に置いて発芽させておきます。

2 畑の準備

ナス科の野菜を2年以上つくっていない場所を選ぶ

2月下旬～3月中旬までの冬のまだ寒さが残る時期、春一番の作業になります。畝幅を70cmにしてよく耕し、深さ10cmほどの溝を掘ります。掘った土はタネイモを植えた後に埋め戻すので溝の脇に置いておきます。

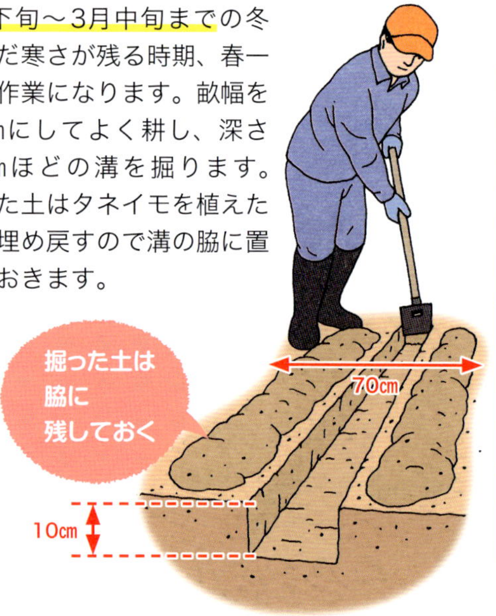

掘った土は脇に残しておく
70cm
10cm

プロのコツ タネイモは浅く植える

タネイモ…20cmくらいの深さで大丈夫かな～
いいえ 深さ10cmくらいに植えてください
向きは切り口を下に
ストン
覆い土は7～8cmほど
10cm
こんなに浅くてよいのですね
深すぎはダメですよ
ハイ
切り口を上向きにすると芽が出るのが遅れます
切り口が上向き
切り口が下向き
スク
スク
地上に早く芽が出ればその分イモの生育も進みます。まずは基本どおりに置いてみましょう。

3 植え付け

畝の溝にタネイモを植える

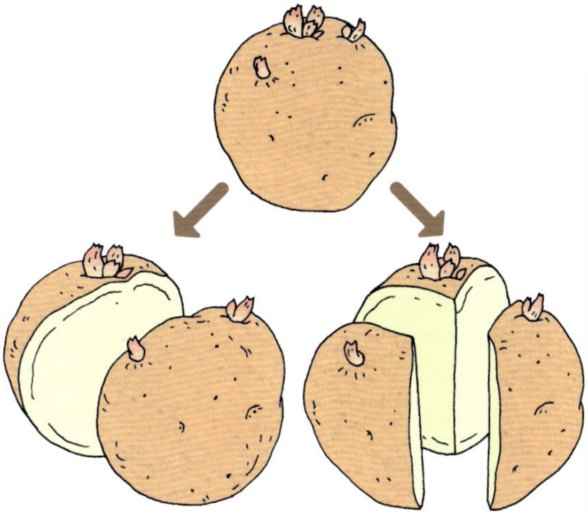

① 2月下旬～3月中旬までの寒い時期に植え付けます。大きいタネイモは半分または3つに、小さいタネイモは半分に切り分けますが、芽が先端に集中しているので、切り分けたそれぞれに均等に含まれるようにしましょう。目安はひとつが50gほどです。

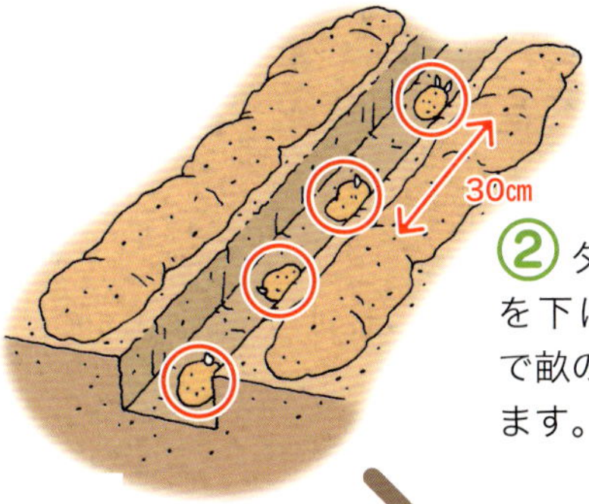

② タネイモの切り口を下にし、株間30㎝で畝の溝に置いていきます。

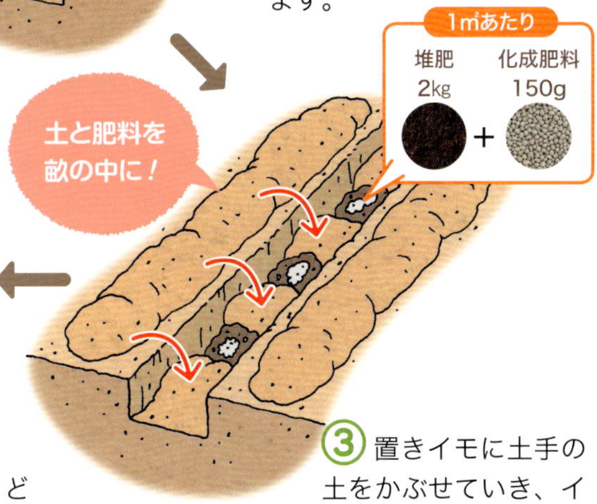

③ 置きイモに土手の土をかぶせていき、イモとイモの間に1㎡あたり、化成肥料150g、堆肥2kgを施します。

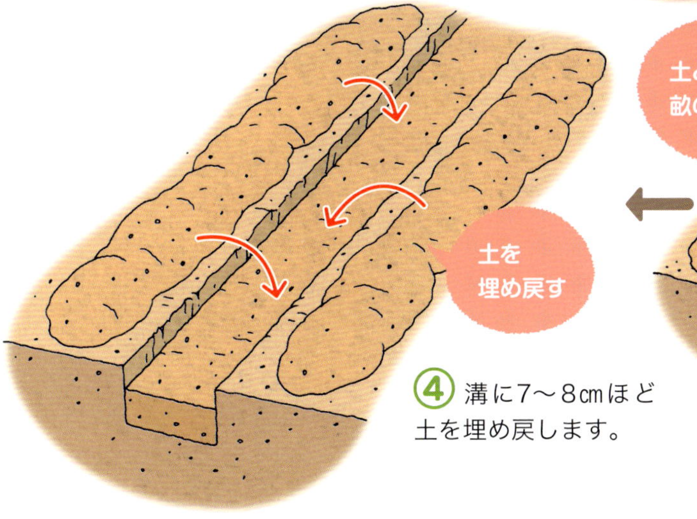

④ 溝に7～8㎝ほど土を埋め戻します。

おすすめ品種

キタアカリ

ダンシャクに比べ1株の収量は多く安定している。サラダやコロッケなどに向くホクホクの食感。

4 芽かき

植え付け30日後が芽かきの目安

植え付け30日後（草丈10㎝ぐらい）、勢いのある芽を２～３本残し、それ以外の芽をかき取ります。ダンシャク、メークイーン、インカのめざめは２本程度。キタアカリは勢いがあるので3～4本残してもOKです。

5 追肥・土寄せ

芽かき後のタイミングで追肥

芽かき後に、1㎡あたり化成肥料50gを畝の肩にまき土寄せします。

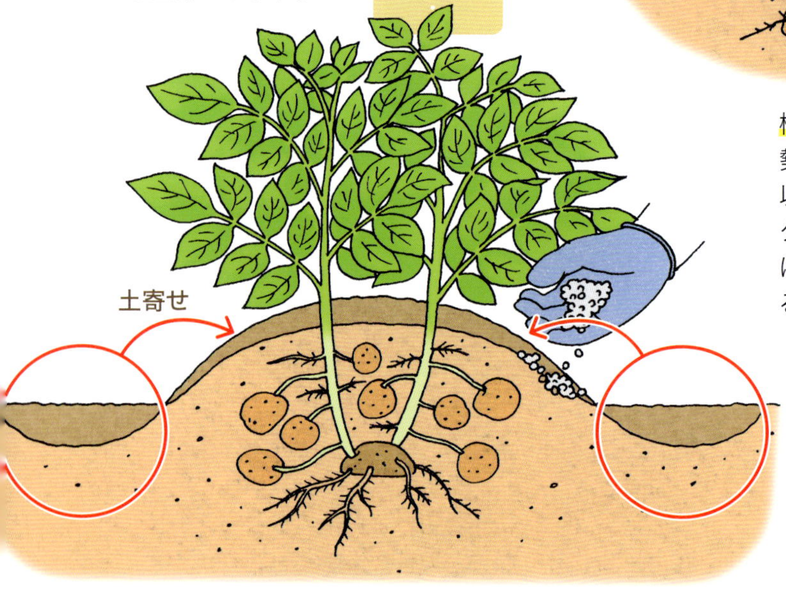

プロのコツ 元肥は混ぜずに“置く”

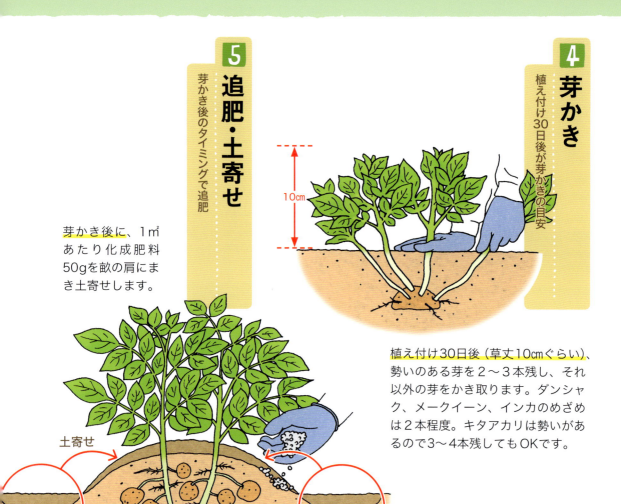

6 収穫

黄色に色づいた茎や葉は収穫のサイン

黄色に色づくと収穫のサイン
晴天が2〜3日続いて土が乾いた状態

植え付け後約100日以降、茎や葉が黄色くなったら収穫します。雨に濡れると傷みやすいので、晴天が2〜3日続き、土が乾いた状態で掘り起こします。収穫後は洗わずに日光の当たらない風通しのよい場所に土付きのまま保存します。

ジャガイモの病害虫対策

● **そうか病**

ジャガイモの表面にかさぶたのような斑点が発生する病気。土壌がアルカリ性に傾くと発生しやすくなります。

プロのコツ 土寄せしてイモの緑化を防ぐ

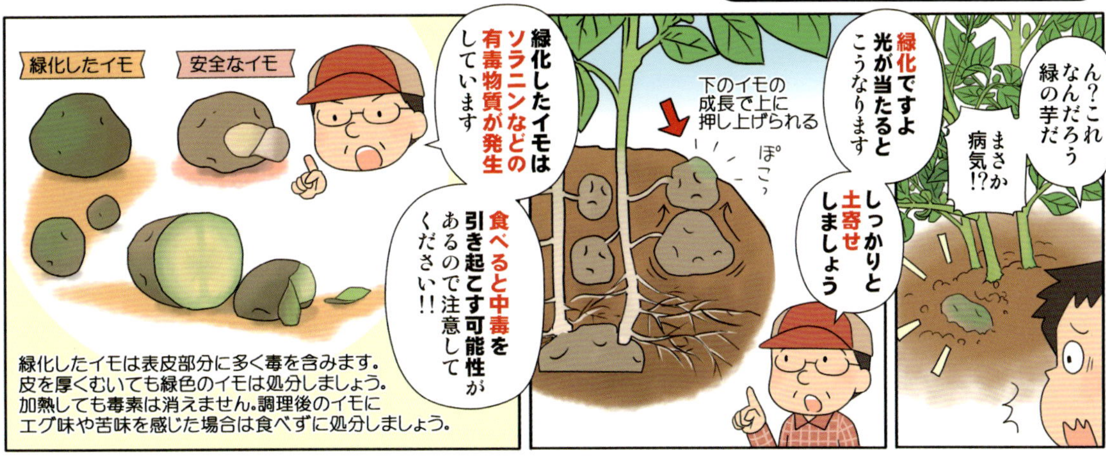
ん?これなんだろう緑の芋だ
まさか病気!?
緑化ですよ光が当たるとこうなります
しっかりと土寄せしましょう
下のイモの成長で上に押し上げられる
ぽこっ
緑化したイモはソラニンなどの有毒物質が発生しています
食べると中毒を引き起こす可能性があるので注意してください!!
緑化したイモ
安全なイモ
緑化したイモは表皮部分に多く毒を含みます。
皮を厚くむいても緑色のイモは処分しましょう。
加熱しても毒素は消えません。調理後のイモに
エグ味や苦味を感じた場合は食べずに処分しましょう。

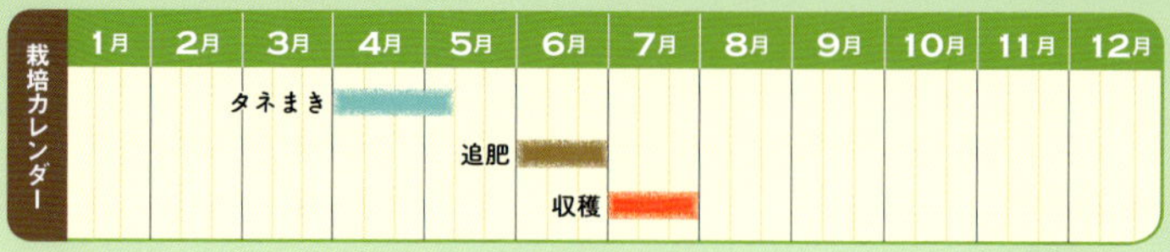

栽培カレンダー
1月
2月
3月
4月
5月
6月
7月
8月
9月
10月
11月
12月
タネまき
追肥
収穫

レベル むずかしい

人気ランキング 10位

トウモロコシ

もぎたてのトウモロコシの甘さに感動。生のヤングコーンを収穫できるのも家庭菜園ならではの楽しみ。風によって受粉がおこなわれるため、2列以上で植えるのがポイント。

・果菜類
・イネ科

連作障害
なし

必要な資材
マルチシート、トンネル支柱、防虫ネット

1 畑の準備

2列以上で植えるための広さを確保

1㎡あたり
堆肥
3～4kg
化成肥料
200g
+
広いスペースを
用意しましょう

① トウモロコシはほかの株を利用して受粉し、実を付ける植物です。そのため、2列以上で植えるための広さを確保し、植え付け1週間前までに1㎡あたり化成肥料200g、堆肥3～4kgを全面にまきます。

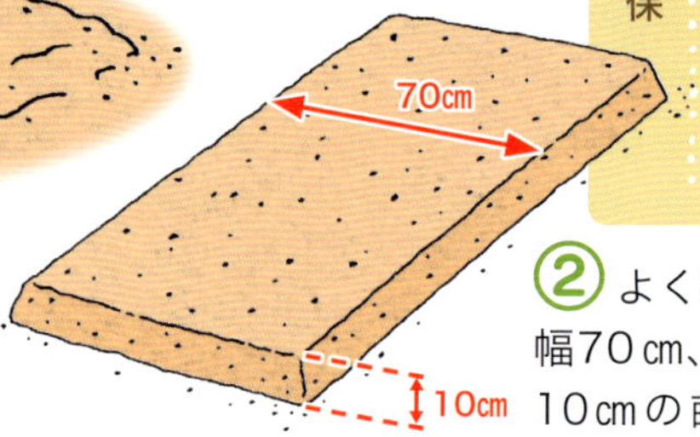

70cm
10cm

② よく耕して幅70cm、高さ10cmの畝を立て、畝の上面を平らにならしておきます。

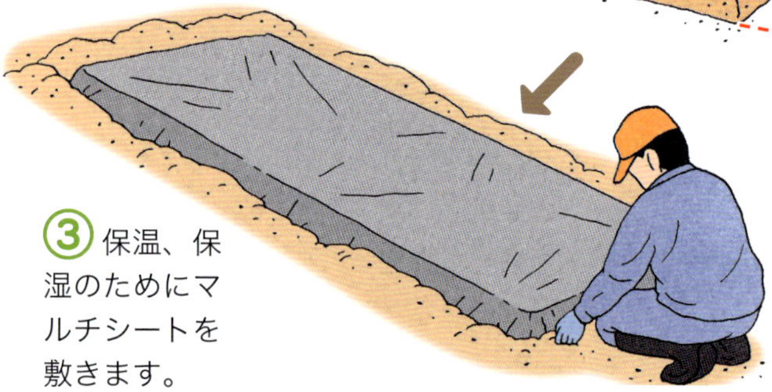

③ 保温、保湿のためにマルチシートを敷きます。

プロのコツ

違う品種を混ぜないようにする

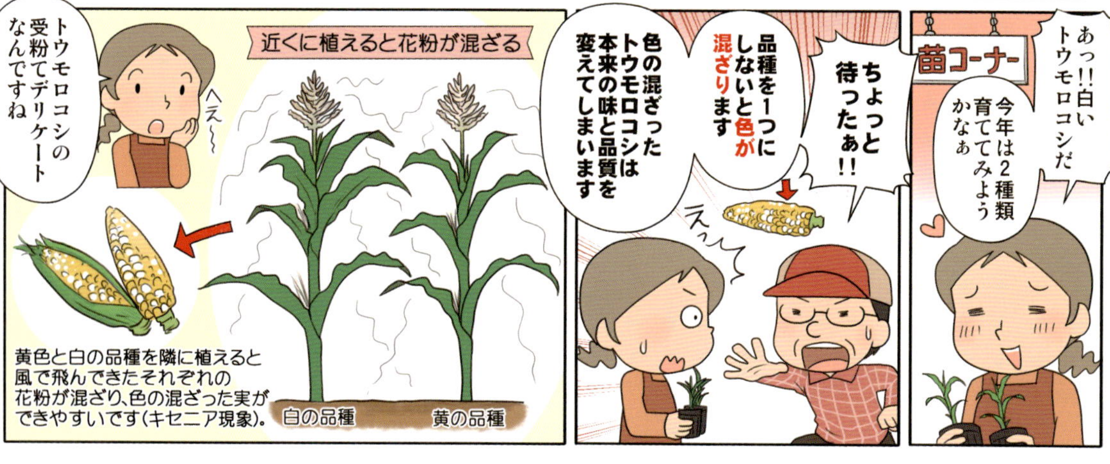

苗コーナー
あっ!!白いトウモロコシだ
今年は2種類育ててみようかなぁ
ちょっと待ったぁ!!
品種を1つにしないと色が混ざります
色の混ざったトウモロコシは本来の味と品質を変えてしまいます
えっ
近くに植えると花粉が混ざる
トウモロコシの受粉てデリケートなんですね
へぇ～
黄色と白の品種を隣に植えると風で飛んできたそれぞれの花粉が混ざり、色の混ざった実ができやすいです(キセニア現象)。
白の品種
黄の品種

2 タネまき

20℃以上になる4月以降にまく

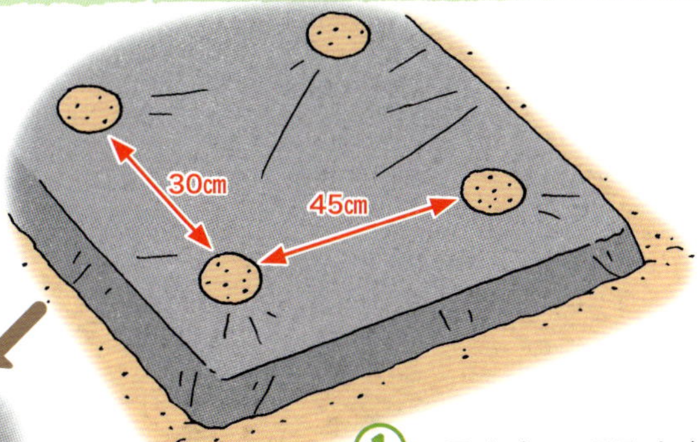

① 4月上旬～5月上旬、株間30cm、条間45cmとって、マルチシートに丸く切り込みを入れておきます。

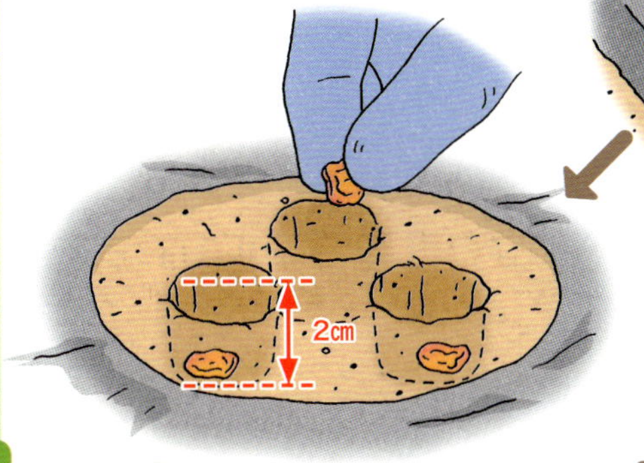

② 指で深さ2cmほどのくぼみをつけてタネを1つ落とします。まき穴１カ所につき2～3粒のタネをまきます。

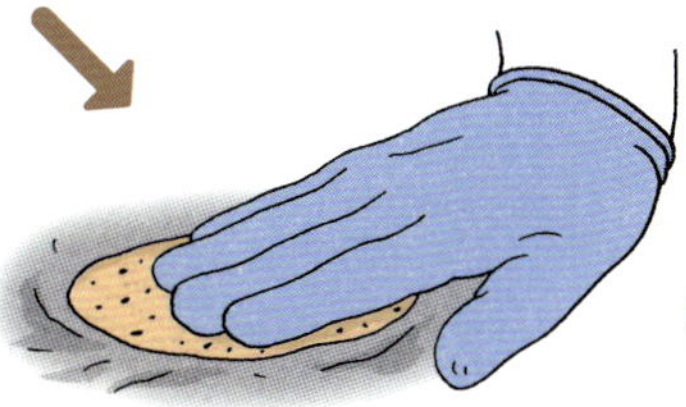

③ 土をかぶせて手のひらで鎮圧し、たっぷり水をやります。

④ ビニールか防虫ネットをかけます。

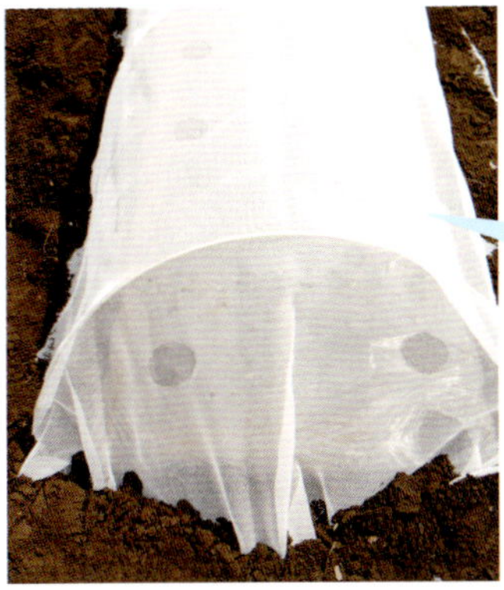

初期生育の保温は大事な作業

発芽温度が20～30℃と比較的高いので、タネまき時はビニールか防虫ネットでしっかり保温します。このひと手間で後の生育に大きな差が出ます。また、鳥よけに不織布をべたがけすると、ハトにボロボロに穴を開けられる事があるので、豆類のタネまきは面倒でもトンネル支柱を使い覆いましょう。

プロのコツ タネまきは2列以上に

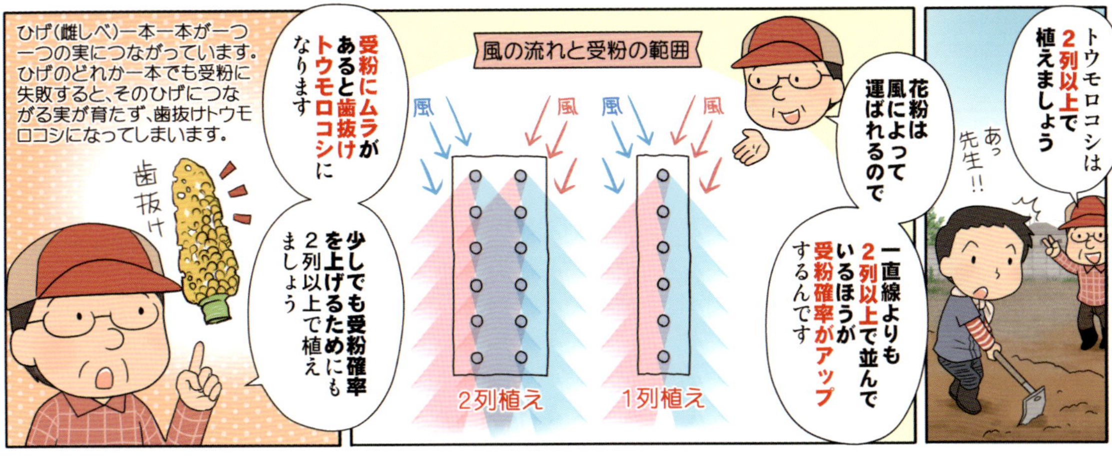

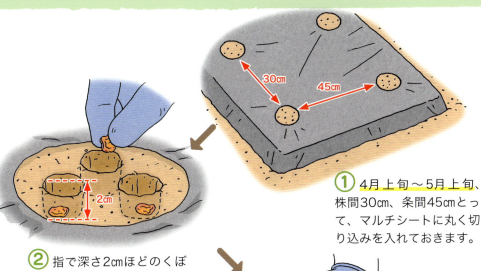

3 間引き

草丈20㎝になったら間引く

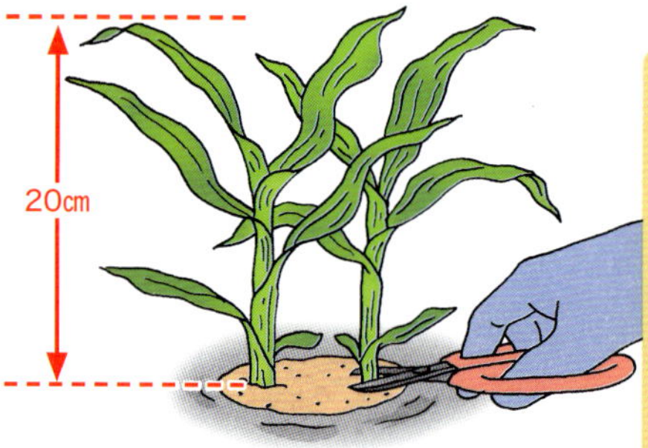
20㎝

茎葉がしっかりとしている苗を1本だけ残すため草丈20㎝になったらハサミでカットしながら間引きます。残す苗の根を傷付けないように注意しましょう。

4 追肥

マルチをはがすタイミングで追肥

① 草丈50㎝になったら防虫ネットとマルチシートを外します。株を傷付けないように丁寧に外しましょう。

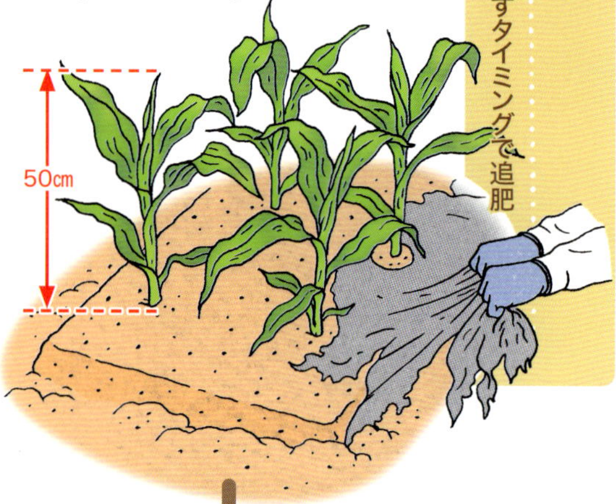
50㎝

② マルチシートを外したときに1㎡あたり化成肥料100gを株の周囲にまき土寄せします。

マルチシートを外すと雨によって土がしまり、株が倒れにくくなります。

プロのコツ わき芽を残して成長促進！

先生これなんですか？
わき芽ですよ
切っちゃった方がよいですよね？
切らなくてよいですよ
かつては主枝の成長が阻害されるという理由でわき芽を切り取るのが主流でしたが最近は切らずに育てます
わき芽の利点
葉数が増える
光合成が活発に
根張りがよくなる
倒伏防止に

※品種によって、わき芽を取り除く場合もあります。

5 受粉

雄穂を切り取り人工受粉

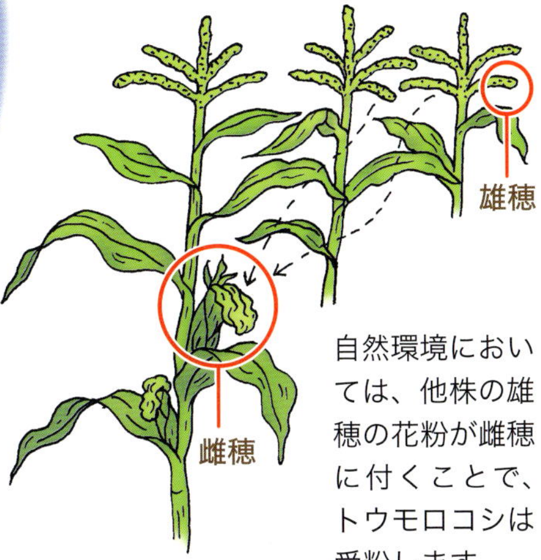

自然環境においては、他株の雄穂の花粉が雌穂に付くことで、トウモロコシは受粉します。

雌穂のヒゲが出たら他株の雄穂を切り取って、雌穂のヒゲに直接花粉を落とすと、確実に受粉します。

6 摘果

下段にできる雌穂を摘み取る

最上段の雌穂に養分を集中させて大きな実にするため、下段にできる雌穂はできるだけ小さいうちに摘み取ります。2本目の雌穂も残して、2本収穫してもかまいません。摘み取ったものはヤングコーンとして食べることができます。

7 収穫

ヒゲが濃い茶色になったら収穫のサイン

ヒゲの色が濃い茶色になった頃に収穫します。トウモロコシは収穫後の鮮度低下が激しい野菜のひとつなので、収穫したら早めに食べましょう。

トウモロコシの病害虫対策

●アワノメイガ

アワノメイガの幼虫はトウモロコシの茎や雌穂先端に侵入して茎の内部や果実を食い荒らす害虫です。無農薬栽培の場合、かなりの確率で被害にあいます。雌穂が出た頃に一度農薬を散布すると害虫の被害は少なくなります。

加藤先生の

菜園マスター講座②

元気に育つ肥料の6大栄養素

野菜が健康的に育つには、17 種類の要素が必要になります。その中でも大量に必要となるのが、窒素 (N)、リン酸 (P)、カリ (K)、カルシウム (Ca)、マグネシウム (Mg)、硫黄 (S) の 6 種類です。次に微量ですが必要となるのは鉄 (Fe)、マンガン (Mn)、亜鉛 (Zn)、銅 (Cu)、ホウ素 (B)、モリブデン (Mo)、ニッケル (Ni)、塩素 (Cl) の 8 種類です。炭素 (C)、水素 (H)、酸素 (O) の 3 種類は自然環境から得ることができます。なかでも「肥料の三要素」と呼ばれる、窒素、リン酸、カリはとても重要な栄養素で、欠乏するとおいしい野菜をつくることはできません。肥料の袋には必ず、「6 － 4 － 3」というように、窒素、リン酸、カリの成分比率が表記されていて、この場合だと 100g 中に窒素が 6g、リン酸が 4g、カリが 3g 含まれていることを表しています。葉菜を育てる場合は窒素の比率、果菜を育てる場合はリン酸の比率を参考にしながら肥料を選定します。また肥料は過剰に与えすぎても、ツルボケや軟《なん》腐《ぷ》病《びょう》などの原因になります。

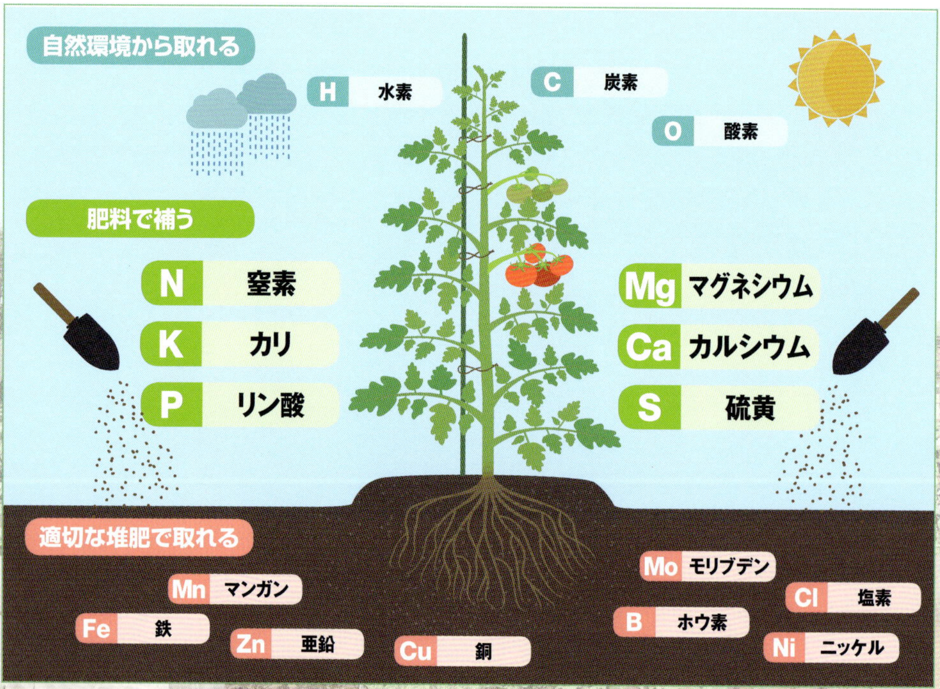

3章 長期間収穫できる野菜

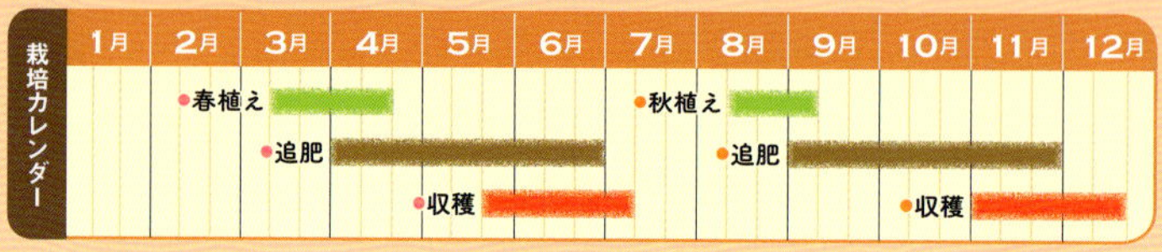

栽培カレンダー
1月
2月
3月
4月
5月
6月
7月
8月
9月
10月
11月
12月
春植え
秋植え
追肥
追肥
収穫
収穫

キャベツ

レベル むずかしい

炒めものやサラダになど使い勝手のよいキャベツ。ビタミンC、キャベジンなどを多く含む健康野菜としても注目されています。うまく結球させるコツは、タイミングよく追肥をおこなうことです。

・葉菜類
・アブラナ科

連作障害

1〜2年は空ける

必要な資材

トンネル支柱、防虫ネット

1 畑の準備

アブラナ科の野菜を1年以上つくっていない場所を選ぶ

① 植え付け1週間前、深さ10〜20㎝の溝を掘ります。1㎡あたり堆肥2〜3kg、化成肥料100gの半分をまきます。

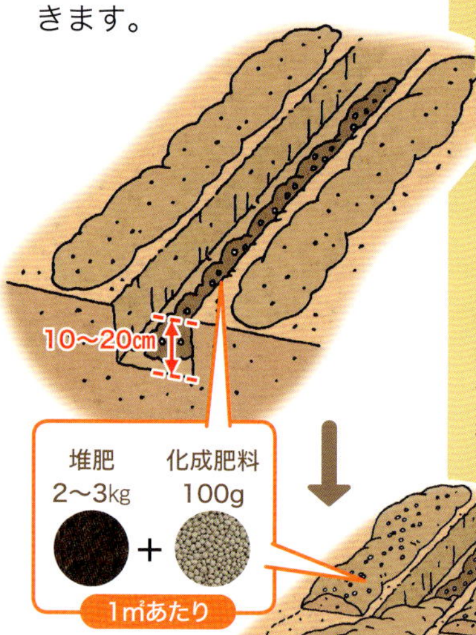

10〜20㎝
堆肥
2〜3kg
化成肥料
100g
1㎡あたり

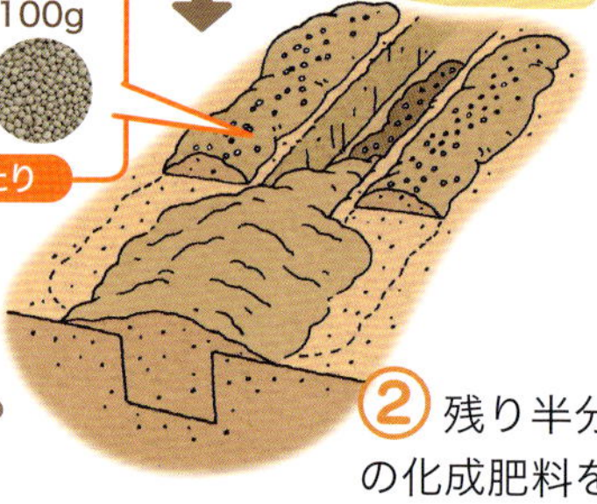

② 残り半分の化成肥料を溝の左右の土にまきます。

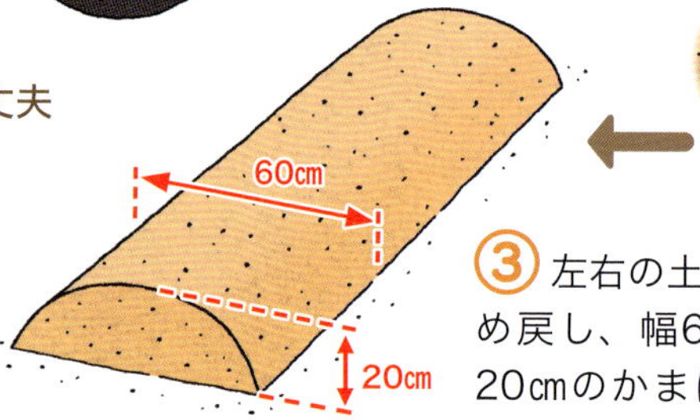

60㎝
20㎝

③ 左右の土手の土を埋め戻し、幅60㎝、高さ20㎝のかまぼこ型畝を立てます。

2 苗選び

茎がしっかりしている丈夫な苗を選ぶ

本葉が4〜6枚付いていて、虫食いあとのない、茎がしっかりとした丈夫そうな苗を選びます。

本葉4〜6枚
茎が丈夫

プロのコツ 高畝にして根腐れを防ぐ

どうして高畝なんですか？
水はけをよくして根腐れを防ぐためです
キャベツは土壌中の湿度が高いと根腐れを起こしやすいので高さ20cmほどの高畝にします
高畝の効果
高畝で水はけよく
湿度に弱い根が守られる
高さ約20cm
肥料
幅約60cm
とくに秋作は台風の被害を受けやすいので高畝なら大雨がふっても安心です
台風や長雨は避けられないので大事ですね
フム

3 植え付け

地温が上がる3月中旬～4月中旬に植え付け

あらかじめ
ポット苗に
水やりしておく

① 春植えなら3月中旬～4月中旬、秋植えなら8月中旬～9月上旬に植え付けます。根鉢が崩れないようにポット苗に水やりしておきます。

くぼみを
つくっておく

② 株間35～40㎝とって、根鉢より一回り大きな穴を掘って苗を植え付けます。秋植えのときは水が溜まるように苗の周囲にすり鉢状のくぼみをつくり、たっぷり水をまきます。

すり鉢状のくぼみに水をたっぷりとあげることで根までしっかりと行き渡ります。

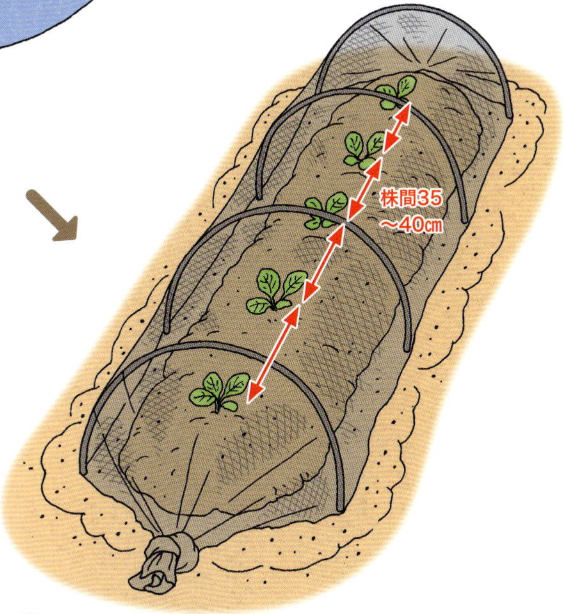
株間35
～40㎝

③ キャベツは害虫の被害にあいやすくあっという間に食べられてしまいますので、トンネル支柱を使い、防虫ネット（→P34）をかけておきます。

4 追肥・土寄せ（1回目）

本葉10枚くらいで1回目の追肥と土寄せ

① 苗を植え付けてから３週間ほど経ち本葉が10枚程度そろってきた頃に、１回目の追肥。化成肥料を1㎡あたり50gを株間にまきます。

② 畝間の土をかるく耕して、肥料と混ぜ合わせながら株元に寄せ、水はけをよくするために高畝にしておきます。

キャベツ成功の秘訣は根をしっかり張らせること

健康なキャベツをつくるためには根をしっかり張らせることが大事。野菜が肥料を必要とする時期に追肥・土寄せをして、ストレス無く育てるのがポイントです。

5 害虫チェック

キャベツは虫食いに要注意

アオムシやヨトウムシの虫食いあとやフンを見つけたら、葉の裏側までチェックして、見つけたら補殺します。放っておくとあっという間に、葉っぱが食べ尽くされてしまいます。

キャベツの病害虫対策

● 根こぶ病

根こぶ病に感染すると根に多数のこぶができ、養分の吸収が阻害されて生育が止まり枯れてしまうこともあります。アブラナ科野菜の連作で発生しやすい病気なので注意しましょう。

6 追肥・土寄せ（2回目）

中心が巻きはじめたら2回目の追肥

中心の葉が巻きはじめ握りこぶしほどの大きさになった頃、２回目の追肥をおこないます。畝の両肩に1m^2あたり50gの化成肥料をまき、かるく耕して株元に土寄せします。

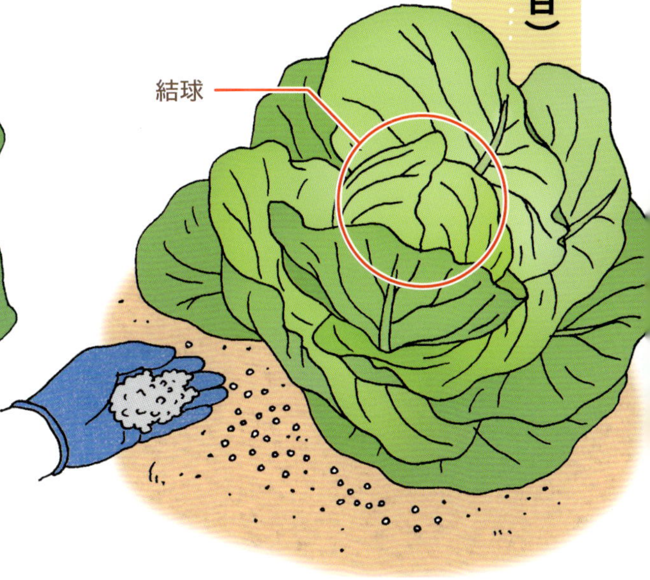
結球

7 収穫

球を押し倒しながら包丁で切る

球が大きくなり、手で押してしっかりしまっていたら収穫のサイン。球を横向きに押し倒しながら付け根を包丁で切って収穫します。

付け根から包丁でカット！

プロのコツ 効果的な追肥で結球促進

球にならないなぁ…失敗？
うーん
キャベツは外葉の数が20枚くらいになったら結球が始まります
そしてうまく結球させるには追肥が重要です
追肥のタイミング
1回目 追肥＋土寄せ
本葉10枚頃
2回目 追肥＋土寄せ
結球し始めの頃
結球前に肥料切れを起こすと外葉の生育が悪くなり結球に失敗することがあるので追肥のタイミングが大事です。
タイミングよく追肥をすることで成長が促進され結球がスムーズに進みます
肥料

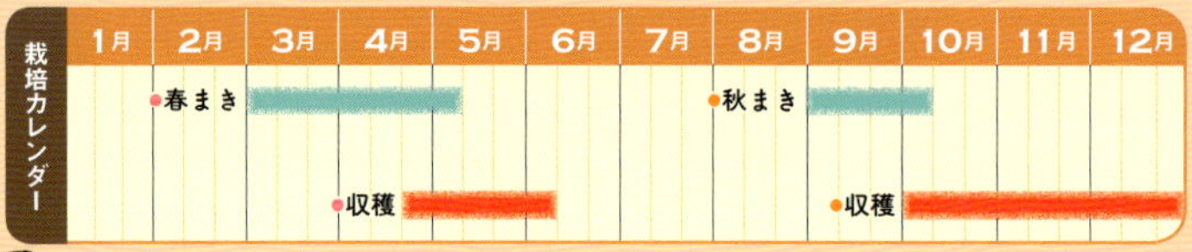

栽培カレンダー
1月
2月
3月
4月
5月
6月
7月
8月
9月
10月
11月
12月
春まき
秋まき
収穫
収穫

コマツナ

レベル かんたん

カルシウム含有量は野菜の中でもトップクラス。暑さ寒さに強く、早いものは1カ月で収穫できるので菜園初心者におすすめ。時期をずらしながらまけば長期間収穫も可能。

・葉菜類
・アブラナ科

連作障害
1〜２年は空ける

必要な資材
支柱、トンネル支柱、防虫ネット

1 畑の準備

アブラナ科の野菜を1年以上つくっていない場所を選ぶ

① 植え付けの１週間前に1㎡あたり化成肥料200g、堆肥2〜３kgを全面にまきます。

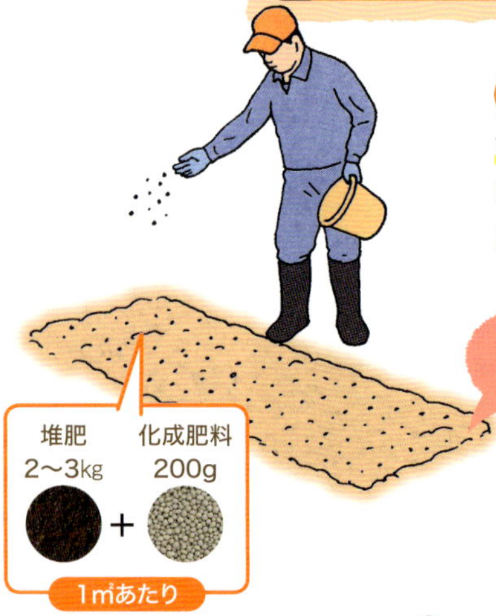

しっかり耕す
堆肥
2〜3kg
化成肥料
200g
+
1㎡あたり

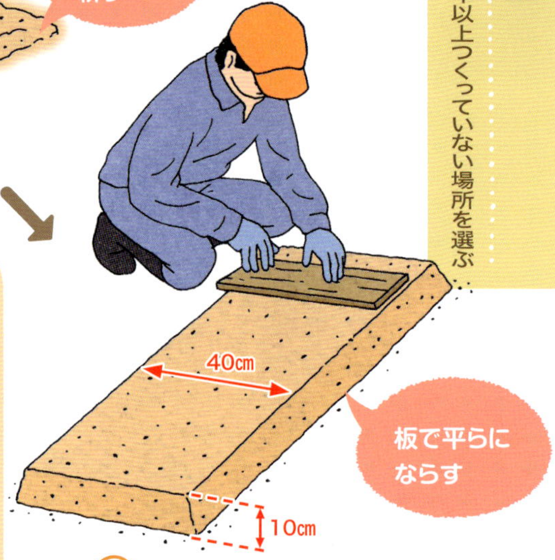

40㎝
板で平らにならす
10㎝

② しっかりと耕した後、幅40㎝、高さ10㎝の畝をつくり、板を使って畝の上面を平らにならしておきます。

おすすめ品種

安藤早生

生でも食べられるほどやわらかくて苦味も少ない品種。葉は淡い緑で新鮮味がある。

プロのコツ 平らにならして発芽をそろえる

畝づくり完了!!
いえいえもう一仕事ありますよ
これで土の表面を平らにならします
平らな板
平らなものならなんでもOK
土の表面がでこぼこした状態でタネをまくと
発芽がそろわず間引きや収穫時期がズレてしまうんです
おぉ!!
表面を平らにすると発芽がそろうので生育の管理がしやすくなります
このひと手間が大事なのですね…!!

2 タネまき

溝の中に2～3cmおきにまく

①春まきなら3月上旬～5月上旬、秋まきなら9月上旬～10月上旬、支柱を利用して、畝の上面に深さ1cmほどの溝を2本つくります。

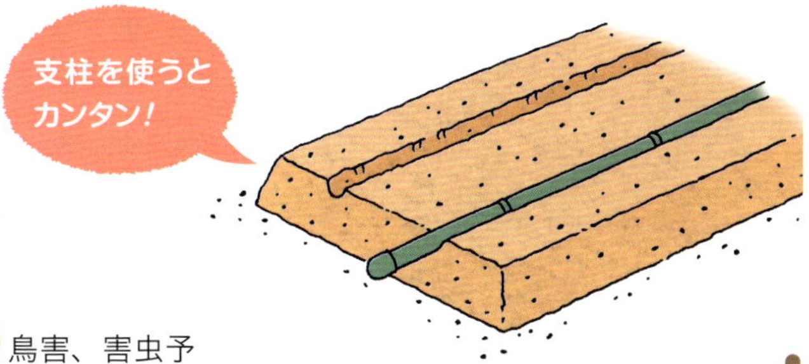
支柱を使うと
カンタン！

②溝の中に2～3cmおきにパラパラとタネをまきます。ふるいで均等に土をかぶせて板で鎮圧し、水をまきます。

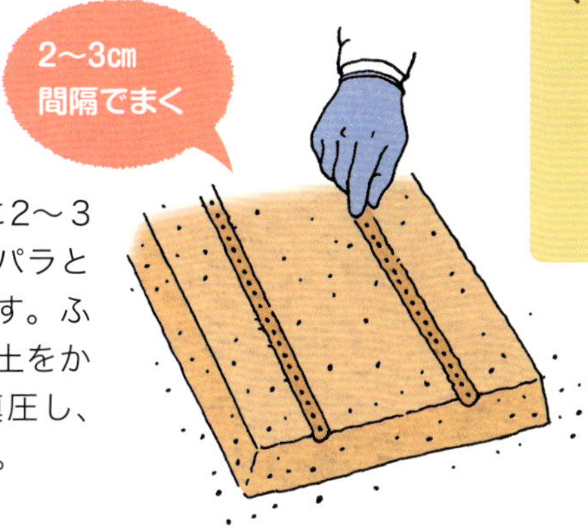
2～3cm
間隔でまく

③鳥害、害虫予防のためトンネル支柱を挿して防虫ネットをかけておきます。

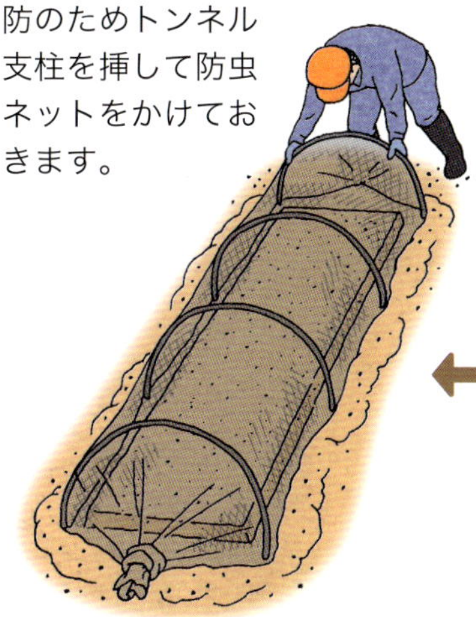

3 間引き

本葉1～2枚のタイミングで間引く

本葉が1～2枚に成長したら、株間3～5cmあけるように間引きします。元気のよいものを残し、生育が悪いものから引き抜きましょう。間引き菜は捨てずにサラダなどにして食べましょう。やわらかくて栄養満点です！

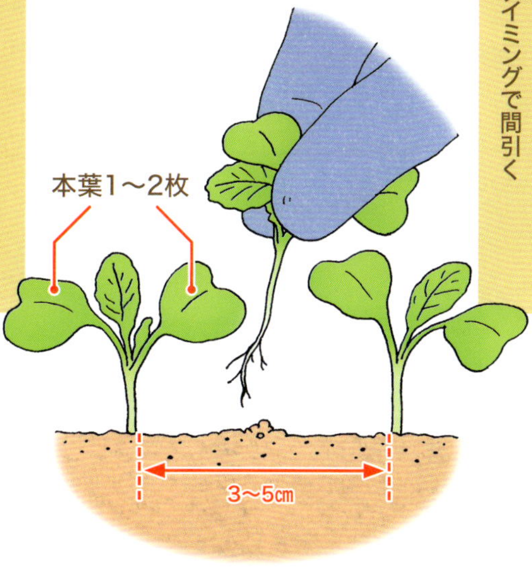
本葉1～2枚
3～5cm

4 収穫

草丈20～25cmが収穫の目安

茎を持って
引き抜く！

草丈20～25cmになったら株ごと引き抜いて収穫します。成長が早い春は取り遅れないように注意。冬場は収穫の少し前に防虫ネットを外します。冷たい外気に当たることで甘みが増します。

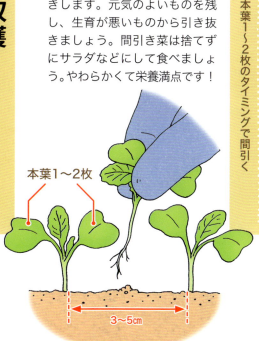

レベル かんたん

サラダナ

料理の付け合わせとしてお皿を彩るサラダナ。レタスより栄養があり、カロテンやミネラルをバランスよく含みます。市販の苗を植えれば、初心者でもより簡単に育てられます。

- 葉菜類
- キク科

連作障害

1〜2年は空ける

必要な資材

マルチシート、ふるい

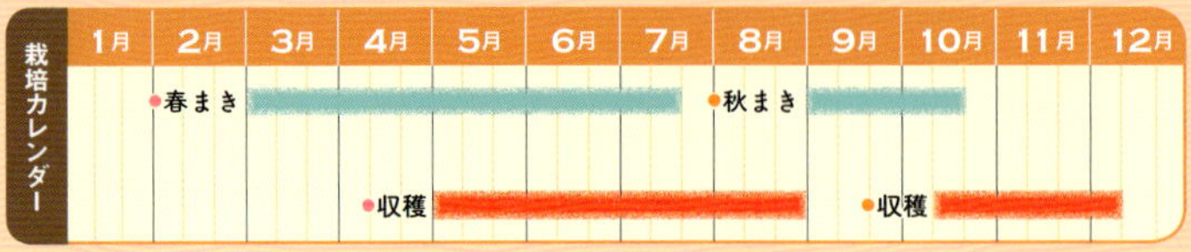

栽培カレンダー
1月
2月
3月
4月
5月
6月
7月
8月
9月
10月
11月
12月
春まき
秋まき
収穫
収穫

1 畑の準備

キク科の野菜を1年以上つくっていない場所を選ぶ

① 植え付けの1週間前、1㎡あたり化成肥料100g、堆肥1〜2kgを全面にまきます。

1㎡あたり
堆肥
1〜2kg
化成肥料
100g

② しっかりと耕したら幅50cm、高さ10cmの平畝をつくり平らにならし、気温が低いときは穴あきマルチシートを敷いておきます。

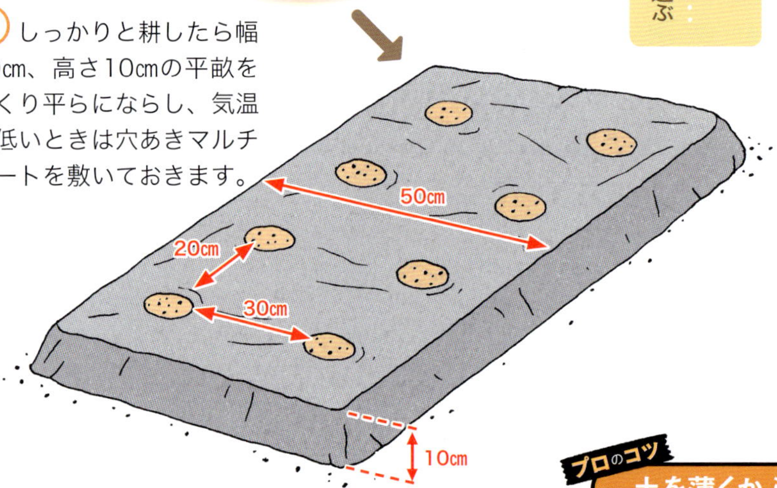

50cm
20cm
30cm
10cm

プロのコツ 土を薄くかぶせて発芽促進

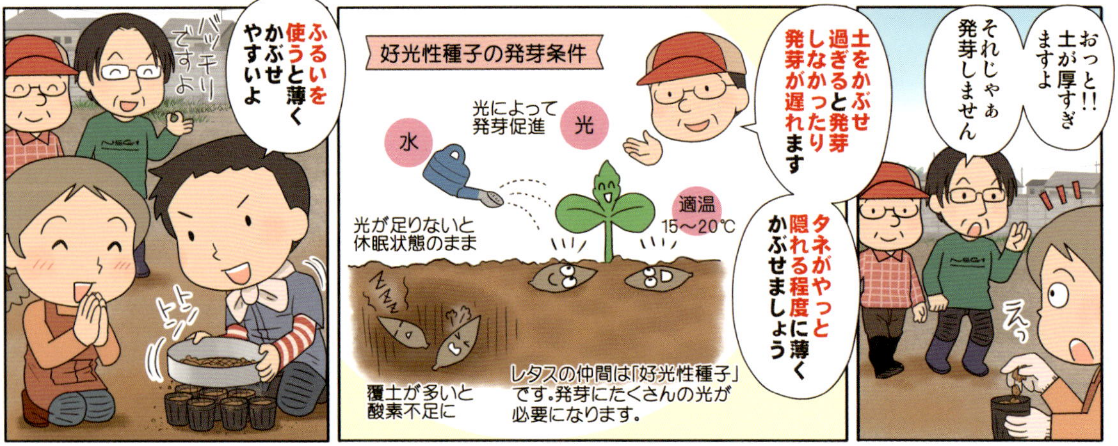

おっと!! 土が厚すぎますよ
それじゃぁ発芽しません
えっ
土をかぶせ過ぎると発芽しなかったり発芽が遅れます
タネがやっと隠れる程度に薄くかぶせましょう
好光性種子の発芽条件
光によって発芽促進
光
水
適温 15〜20℃
光が足りないと休眠状態のまま
覆土が多いと酸素不足に
レタスの仲間は「好光性種子」です。発芽にたくさんの光が必要になります。
ふるいを使うと薄くかぶせやすいよ
バッチリですよ
トントン

2 タネまき

ポットにタネをまき苗を育てる

① 春まきなら3月上旬〜7月中旬、秋まきなら9月上旬〜10月中旬に、ポットに土を入れます。10粒程度タネをまきうっすらと土をかぶせかるく押さえます。

② 土の表面が乾いたら、水を与えます。3〜5日で発芽します。

3 植え付け

本葉が3〜4枚に成長したら植え付ける

本葉が３〜４枚に成長したら１株ずつにばらして、1つの穴に１つずつ、根が土に隠れる程度に植え付けます。

暑い時期の植え付けは涼しくなる夕方をねらう

暑い時期は日中に植え付けることは避けましょう。強い日差しで苗が弱ってしまいます。涼しくなる夕方まで待ってから植え付けし、たっぷりと水を与えましょう。

4 収穫

本葉15枚ほどになったら収穫

本葉が15枚ほどに成長したら株ごと引き抜き、根をハサミで切り落とします。サラダやパンに挟んで食べるなど、栽培だけでなく調理法も手軽なのでとても重宝する野菜です。

シュンギク

レベル ふつう

鍋物や天ぷらにしておいしいシュンギク。β-カロテン、ビタミンC、Eなど美容効果の高い栄養が豊富。しっかりと防寒対策をおこなうことで、長期間の収穫が可能です。

- 葉菜類
- キク科

連作障害
1〜2年は空ける

必要な資材
支柱、トンネル支柱、霜除けのビニール、べたがけシート

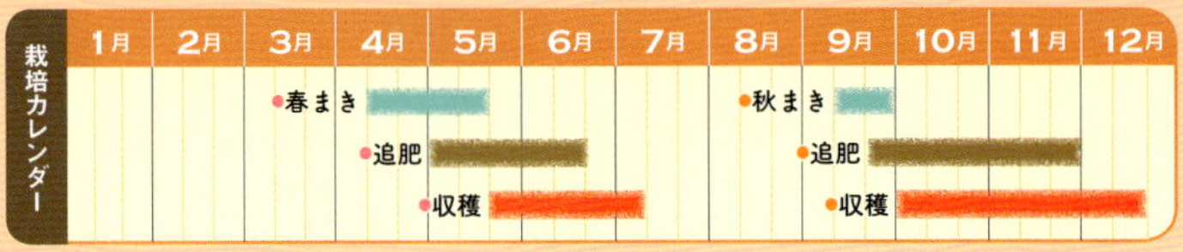

栽培カレンダー
1月
2月
3月
4月
5月
6月
7月
8月
9月
10月
11月
12月
春まき
追肥
収穫
秋まき
追肥
収穫

1 畑の準備

キク科の野菜を1年以上つくっていない場所を選ぶ

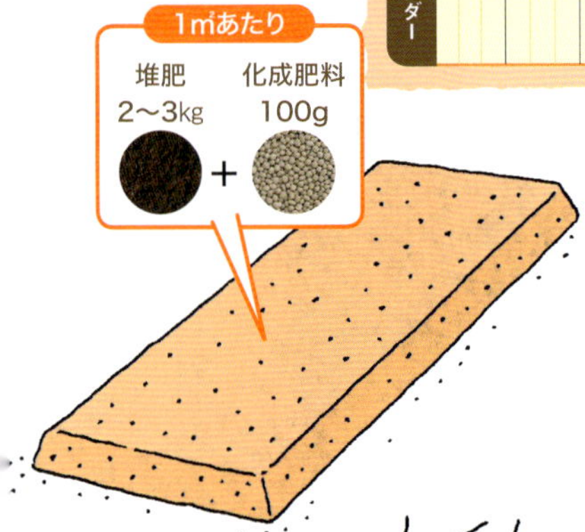

1㎡あたり
堆肥
2〜3㎏
化成肥料
100g

① タネまきの１週間前に1㎡あたり化成肥料100g、堆肥2〜3㎏を全面にまきます。発芽適温が15〜20℃と涼しい気候を好むため、春まきの場合は3月下旬頃、秋まきの場合は９月頃から準備をします。

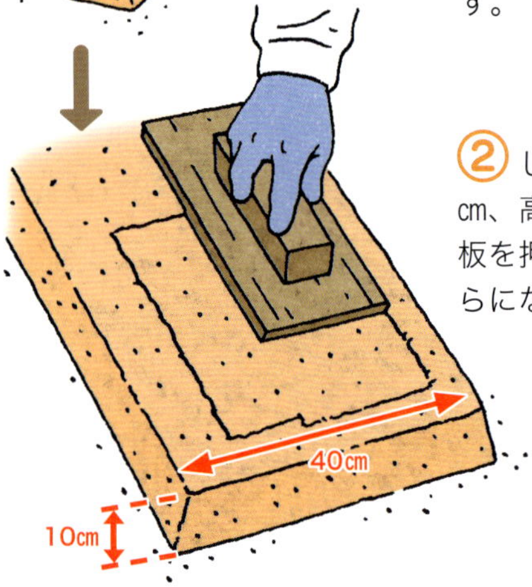

40㎝
10㎝

② しっかりと耕して幅40㎝、高さ10㎝の畝をつくり、板を押し当てて畝の上面を平らにならしておきます。

2 タネまき

支柱を利用してすじまきする

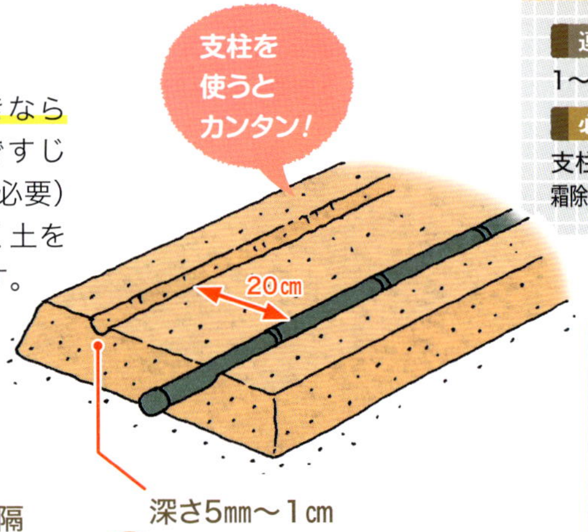

支柱を使うとカンタン！
20㎝
深さ5㎜〜1㎝

① 支柱をならした畝の上面に置き、深さ5㎜〜１㎝ほどの溝を20㎝間隔で2本つくります。

② 春まきなら4月中旬〜5月中旬、秋まきなら9月中旬〜下旬に、溝の中に2〜3㎝間隔ですじまきにします。その後、好光性（発芽に光が必要）なので、タネが見え隠れする程度にごく薄く土をかぶせ、タネが流れないように水をまきます。

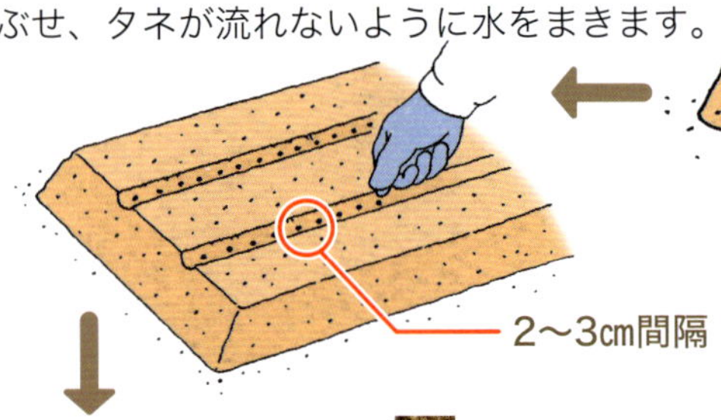

2〜3㎝間隔

③ 保湿して発芽しやすくするためべたがけシートをかけます。

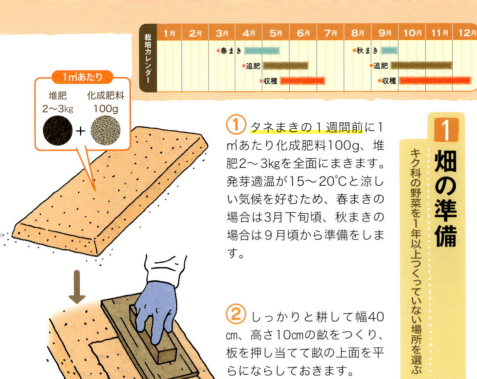

3 間引き・追肥

生育状態を見ながら2回に分けて間引き

① タネまき後7～10日で発芽するので、まずは本葉2枚の頃、生育が悪いものを間引いて株間を3～4㎝あけるようにします。

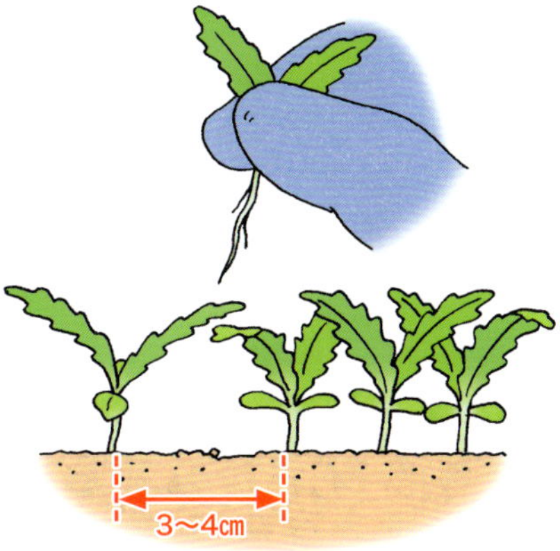
3～4㎝

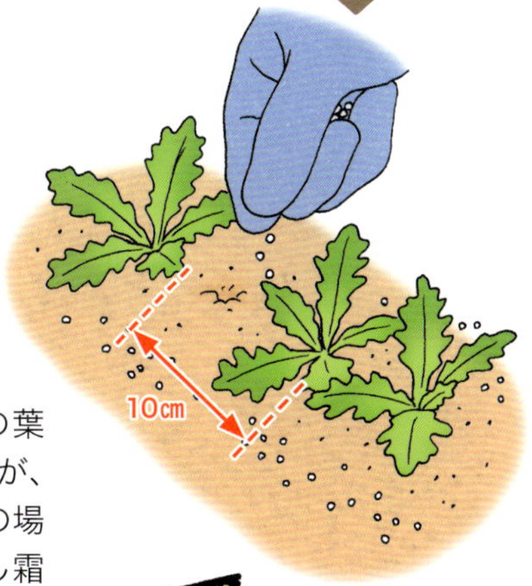
10㎝

② 次に本葉4～5枚になったら2回目の間引きをおこない株間を10㎝にします。間引いた後は1㎡あたり化成肥料50gを株の両側にまき土を寄せます。

4 摘芯・収穫

摘芯後に伸びてきたわき芽を収穫する

① わき芽を伸ばすため草丈20㎝ほどで先端を摘み取り摘芯します。

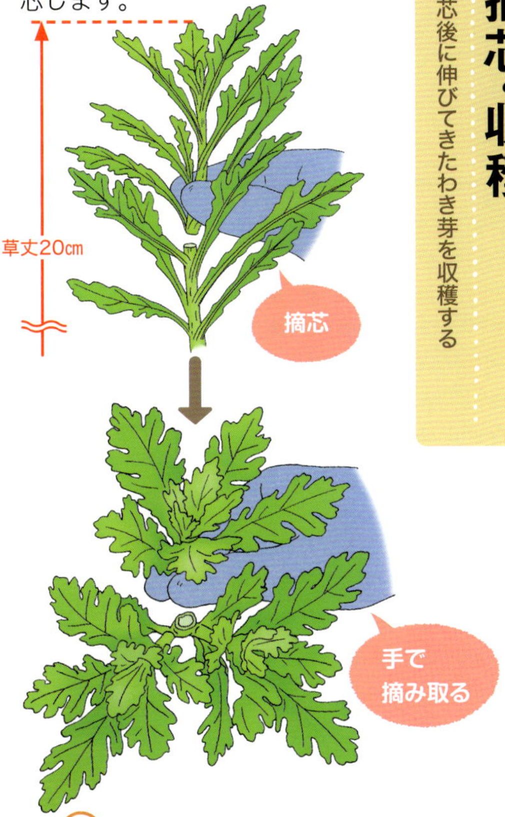
草丈20㎝
摘芯
手で摘み取る

② 伸びてきたわき芽は下から4～5枚の葉を残して収穫します。順次収穫できますが、霜に当たると葉先が黒ずむので、秋まきの場合は初霜がおりる頃にトンネル支柱を挿し霜除けのビニールをかけます。

プロのコツ 初霜がおりる頃に防寒対策をおこなう

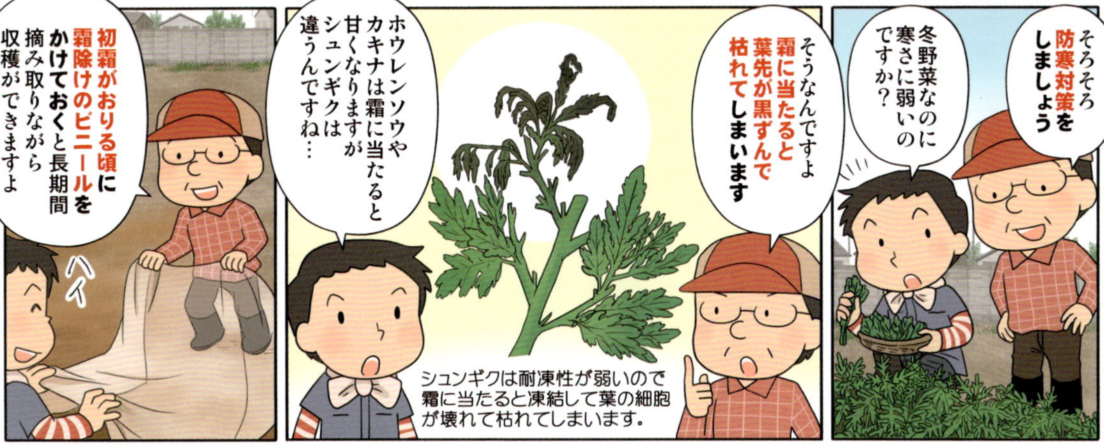
そろそろ防寒対策をしましょう
冬野菜なのに寒さに弱いのですか？
そうなんですよ霜に当たると葉先が黒ずんで枯れてしまいます
ホウレンソウやカキナは霜に当たると甘くなりますがシュンギクは違うんですね…
シュンギクは耐凍性が弱いので霜に当たると凍結して葉の細胞が壊れて枯れてしまいます。
初霜がおりる頃に霜除けのビニールをかけておくと長期間摘み取りながら収穫ができますよ
ハイ

チンゲンサイ

レベル
ふつう

ビタミン、ミネラル、カロテンをバランスよく含み、味にくせがないため子どもにも食べやすい野菜。穴あきマルチシートを活用すると生育がそろい作業が楽です。

・葉菜類
・アブラナ科

連作障害
1～2年は空ける

必要な資材
マルチシート、トンネル支柱、防虫ネット、ふるい

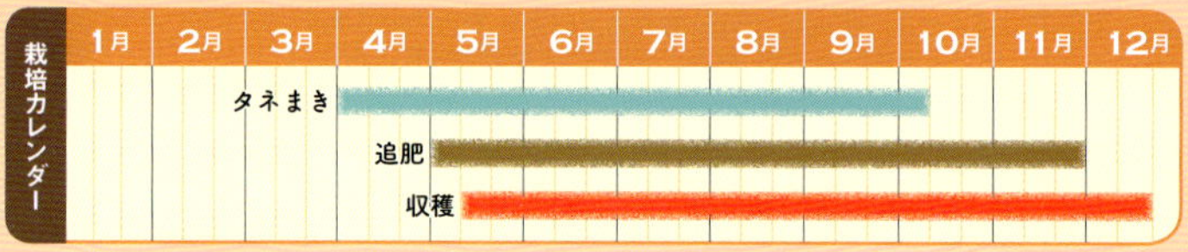

1 畑の準備

アブラナ科の野菜を1年以上つくっていない場所を選ぶ

① 植え付けの１週間前に1㎡あたり化成肥料100g、堆肥2kgをまきます。

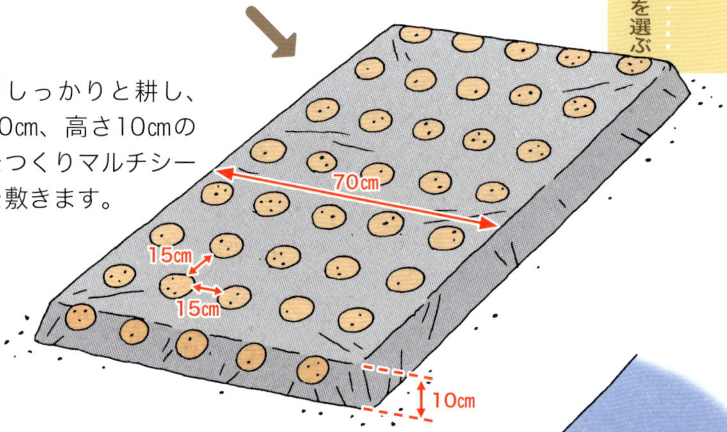

② しっかりと耕し、幅70cm、高さ10cmの畝をつくりマルチシートを敷きます。

2 タネまき

一年中栽培できるが、秋まきが最もつくりやすい

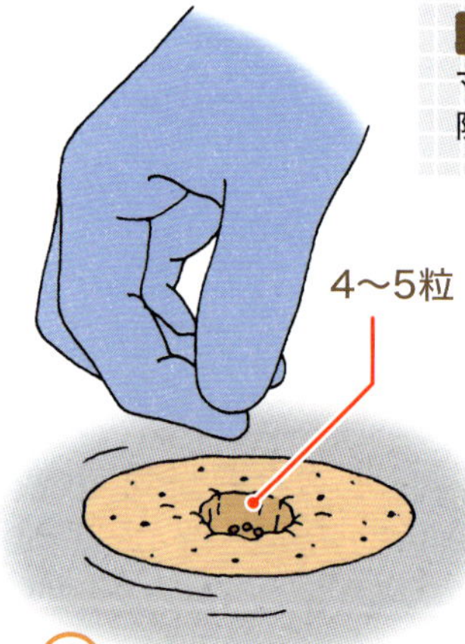

① ４月上旬～10月上旬までの長い期間でタネまきできます。マルチシートのまき穴に5mm～1cmのくぼみをつけて４～5粒まきます。

② ふるいなど使って薄く土をかぶせ、手で鎮圧して水をまきます。

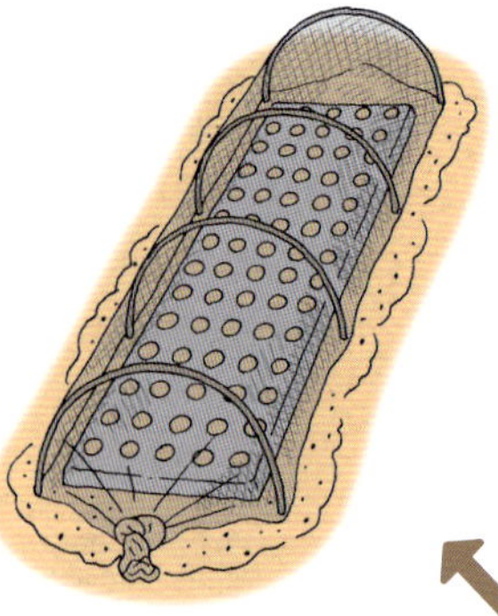

③ 鳥や虫に狙われないようトンネル支柱を挿して防虫ネットをかけておきます。

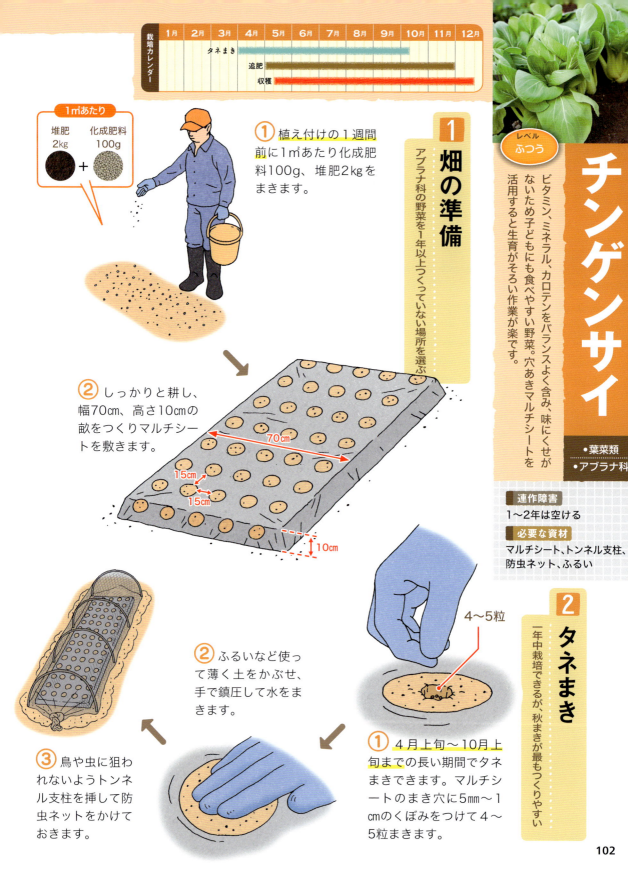

3 間引き・追肥

間引きは2回に分けて2回目の後に追肥

① 本葉が2〜3枚の頃1回目の間引き。生育が悪いものを引き抜き（またはハサミで切る）、1カ所につき2〜3本残します。

② 2回目の間引きは本葉が5〜6枚の頃に元気な株を1株だけにします。2回目の間引き後に、生育が悪いようであれば株元にひとつまみの化成肥料をまいて、かるく土をかけます。

4 収穫

タネまきから50日後が収穫の目安

草丈20㎝ほどになり、おしりの部分がふくらんだら株ごと引き抜いて収穫します。

プロのコツ 株間をしっかり広げる

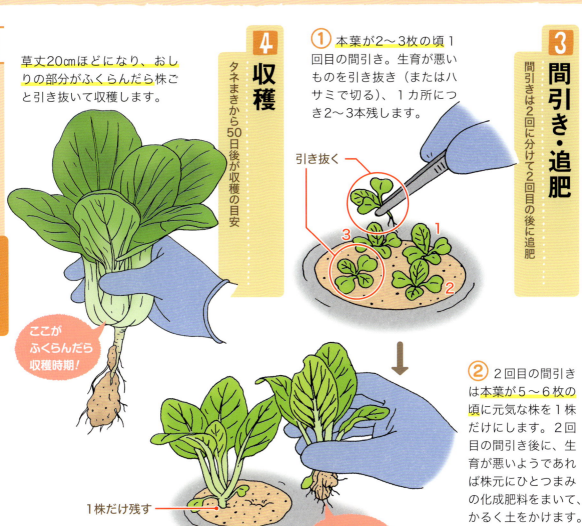

ニラ

レベル ふつう

ビタミンB1を多く含む豚肉などと一緒に料理すると抜群の疲労回復効果が期待できるスタミナ野菜。数年間同じ場所で栽培するため、元肥には堆肥をたっぷりと施します。

- 葉菜類
- ユリ科

連作障害

2年は空ける

必要な資材

不要

栽培カレンダー
1月
2月
3月
4月
5月
6月
7月
8月
9月
10月
11月
12月
植え付け
追肥
追肥（翌年）
追肥（翌年）
収穫（翌年）
収穫（翌年）

ニラは隅っこで栽培しよう！

根を残して刈り取るため、ニラは数年の間収穫することができます。そのため、畑の中央ではなく、邪魔にならない隅で栽培しましょう。

1 畑の準備

ユリ科の野菜を2年以上つくっていない場所を選ぶ

① 植え付けの１週間前、深さ20㎝の溝を掘り、1㎡あたり化成肥料200g、堆肥3kgを溝の中に入れます。ニラは4〜5年同じ場所で栽培するため、溝を掘ってじっくり長く効く堆肥を多めに施します。

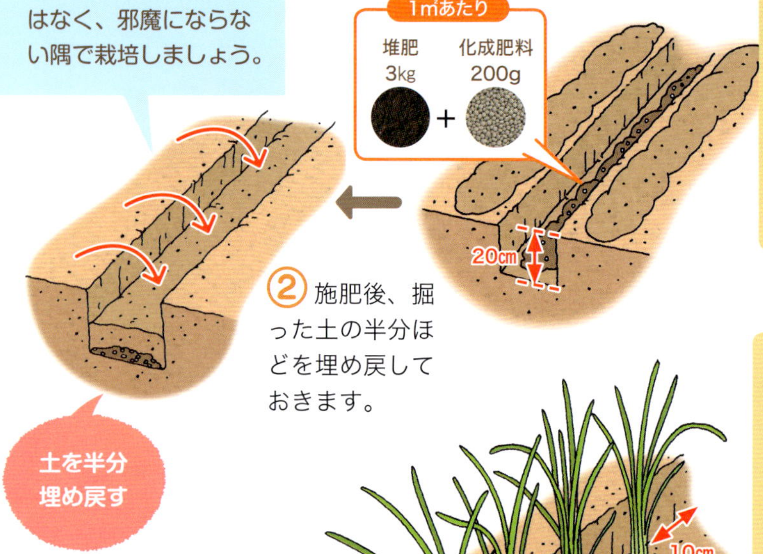
1㎡あたり
堆肥
3kg
化成肥料
200g
20㎝
土を半分
埋め戻す

② 施肥後、掘った土の半分ほどを埋め戻しておきます。

2 植え付け

6月中旬〜7月上旬が植え付け目安

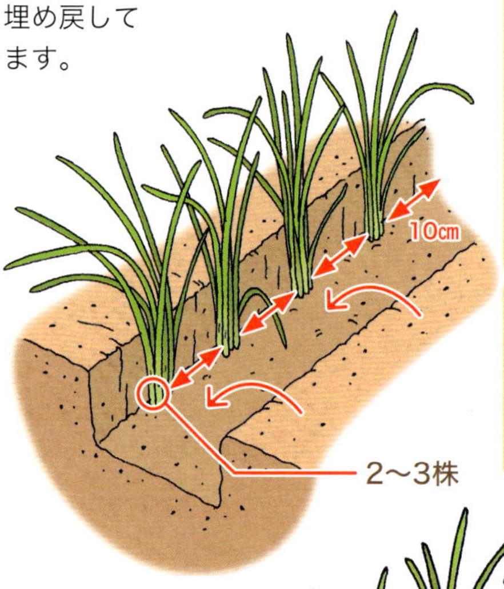
10㎝
2〜3株

6月中旬〜7月上旬頃、溝の中に10㎝間隔で2〜3株ずつ苗を置き、浅めに土をかぶせて植え付けます。

3 追肥・土寄せ

1カ月に1回のペースで追肥

土を寄せる

初年度は収穫せずに株を成長させます。植え付け1カ月後から、1カ月に1回1㎡あたり50gの化成肥料を溝の中にまき、土を寄せ、株が成長してきたら溝の外にまき、土を寄せながら畝をつくっていきます。

4 つぼみを摘む

花が咲く前のつぼみを摘む

夏になるととう立ち（花を付ける茎がまっすぐ伸びること）してくるので、花が咲く前のつぼみのうちに摘み取り、株を充実させます。

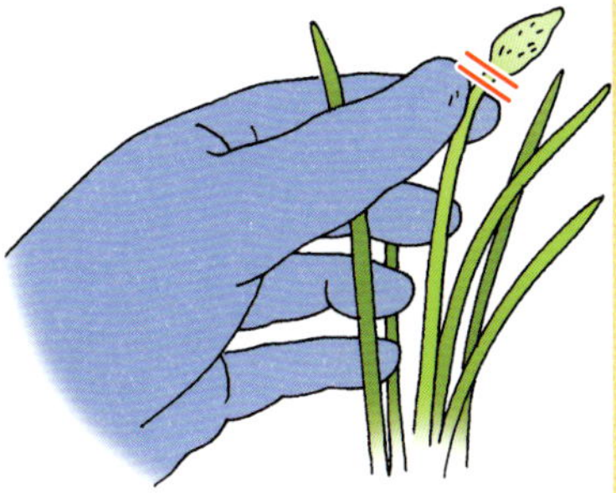

5 刈り取り

葉が枯れたら冬を越す準備

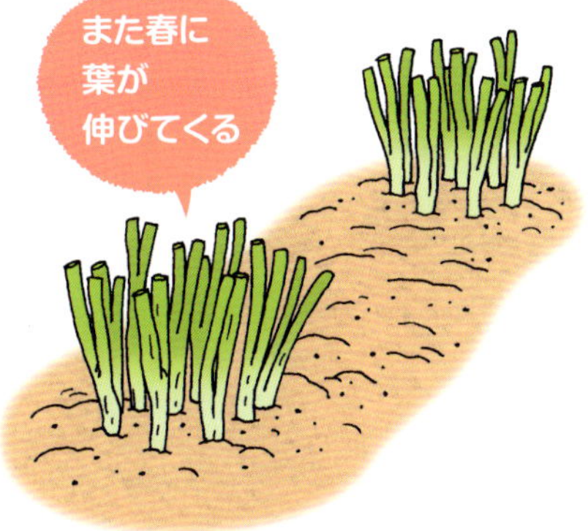
また春に葉が伸びてくる

葉が枯れてきたら地際で刈り取って、年内最後の追肥・土寄せをして冬を越します。地上部を刈り取っても根株は生きていて（休眠状態）、翌年春には新しい葉が伸びてきます。

6 収穫

草丈20㎝が収穫の目安

夏は葉がかたいので収穫を避けるが、秋までに4～5回収穫できる
草丈20㎝

草丈20㎝ほどに成長したら収穫をはじめます。収穫後は２週間に１回のペースで1㎡あたり30gの化成肥料を施し土寄せします。葉が伸びたら順次刈り取って4～5年間毎年収穫することができますが、葉がかたくなる夏場は収穫を避けます。秋頃、一度葉を刈り取ってから収穫を再開します。

ニラの病害虫対策

●アブラムシ

ニラはアブラムシの害を受けやすく、放っておくと大量発生してしまいますので、注意深く観察し、アブラムシが付いたら手でつぶします。

プロのコツ　つぼみを摘む

ニラの花が咲いてる!! かわいい～
花とつぼみは摘んだほうがよいですよ
花に栄養が回るので株の生育が鈍ったり葉がかたくなるんです
ちなみにニラのつぼみと花茎は食べられます 香りと甘味がありおいしいですよ
花が咲くと茎がかたくなります
食べる場合は、花茎が出たら早めに摘みましょう。
おひたし
炒め物
味はにんにくの芽に似た感じです。
パパ!! 収穫しよ
つぼみ食べたい
ははは っ
食いしん坊だなぁ

※似た名前の植物にネギ科のハナニラがありますが、こちらは毒性があり食べられません。

パセリ

レベル ふつう

料理の風味付けや彩りとして重宝するパセリは、ビタミン、ミネラルが豊富な栄養野菜の王様です。わらを敷いて夏の乾燥を乗り切れば12月頃まで長期収穫が可能。

•葉菜類
•セリ科

連作障害
1〜2年は空ける

必要な資材
トンネル支柱、防虫ネット、わら、黒い寒冷紗

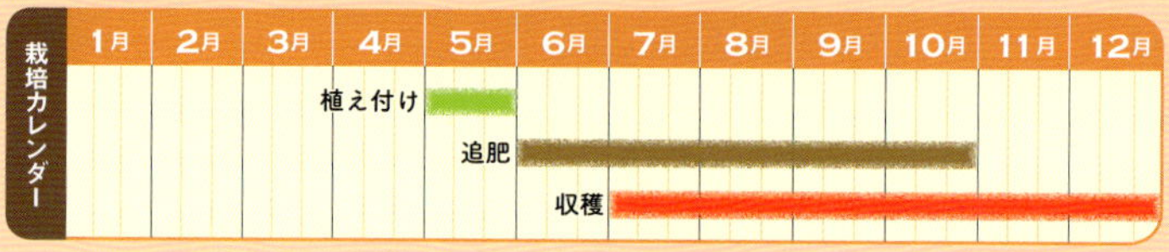

1 畑の準備

水はけと日当たりのよい場所を選ぶ

① 植え付けの１週間前に1㎡あたり化成肥料100g、堆肥2〜3kgをまきます。連作障害にならないよう、１年は空けましょう。

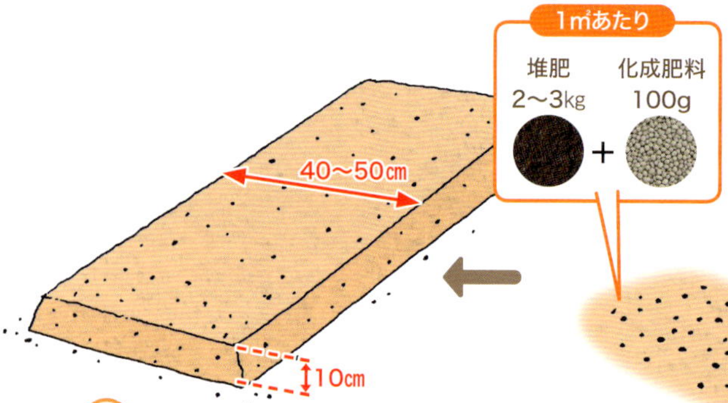

② よく耕したら畝幅40〜50cm、高さ10cmの畝をつくります。

2 植え付け

1〜2株あればたくさん収穫できる

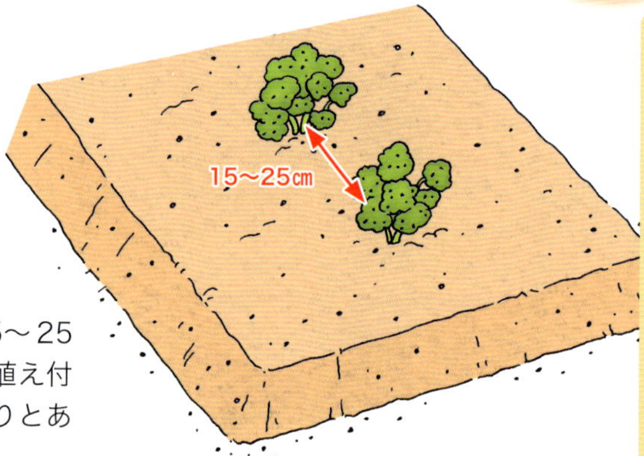

5月に株間を15〜25cmほど取り苗を植え付け、水をたっぷりとあげます。

3 追肥

13〜15房ぐらいが追肥の目安

13〜15房になった頃、株元に1㎡あたり30gの化成肥料をまいてかるく耕します。以後、１カ月に1回追肥します。

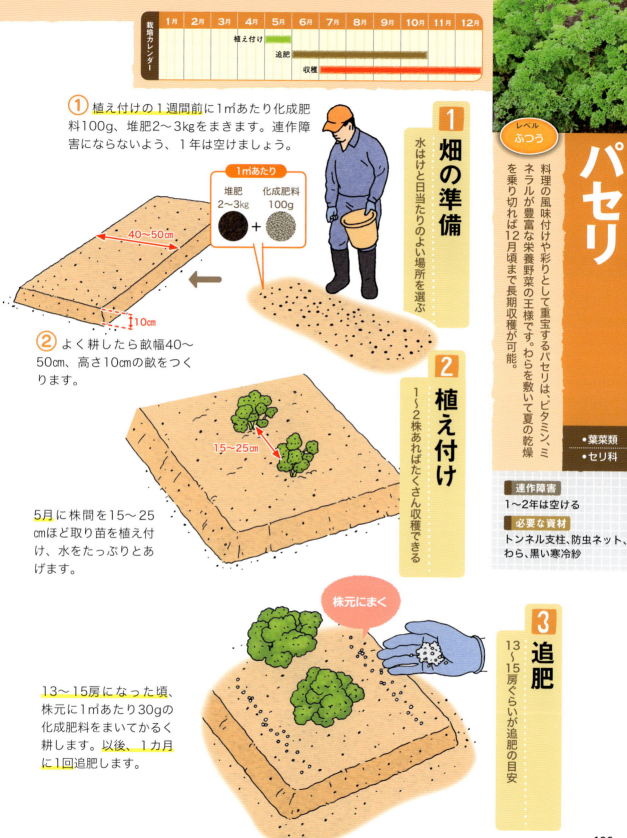

4 水やり

土が乾いたタイミングで水をあげる

乾燥に弱いため水やりを忘れないようにします。ただし水をあげすぎても根腐れの原因になるので、土が乾いたらたっぷり水をあげるようにします。

5 収穫

12月頃まで収穫可能

料理に必要なときに、外側からかき取って収穫します。高温に弱いので、株元にわらを敷き、黒い寒冷紗で覆って日差し対策をして夏を越します。株が弱っていなければ12月頃まで収穫が可能です。

株を弱らせないため、10房程度残しておく

パセリの保存方法！

大量に収穫したパセリはなかなか食べきれないもの。汚れを落としてから水気をふきとり、密閉パックに入れて冷凍庫で保存しましょう。凍ったパセリは簡単にくだけます。料理の彩りなどとして使うなら、1度凍らせるのもおすすめです。

プロのコツ 暑さと乾燥対策をしっかりおこなう

元気ないなぁ
暑さにやられたかなぁ
ぐったり
夏場は株元にわらを敷いて土の乾燥を防ぎ寒冷紗や防虫ネットなどをかけ半日陰の状態を保ちましょう。
対策しないと干上がっちゃいそうですね
パセリは比較的涼しい気候を好むので高温乾燥対策が大切なんです
わらを敷いて防虫ネットをかけて…と
これでよし!!
ふう〜〜
じゃあ次は人間の暑さ対策ね!!
水分補給!!
ありがとう!!

ミツバ

レベル かんたん

お吸い物や和え物など、和食を引き立てるミツバ。カリウムを多く含み、高血圧やむくみの改善効果も。畑の隅など半日陰スペースを有効活用して育てましょう。

- 葉菜類
- セリ科

連作障害
3年は空ける

必要な資材
支柱、べたがけシート、ふるい

栽培カレンダー

	1月	2月	3月	4月	5月	6月	7月	8月	9月	10月	11月	12月
春まき			━	━	━	━						
秋まき									━	━		
追肥					━	━	━	━		━	━	━
収穫					━	━	━	━		━	━	━

1 畑の準備

強い日差しに弱いので半日陰を選ぶ

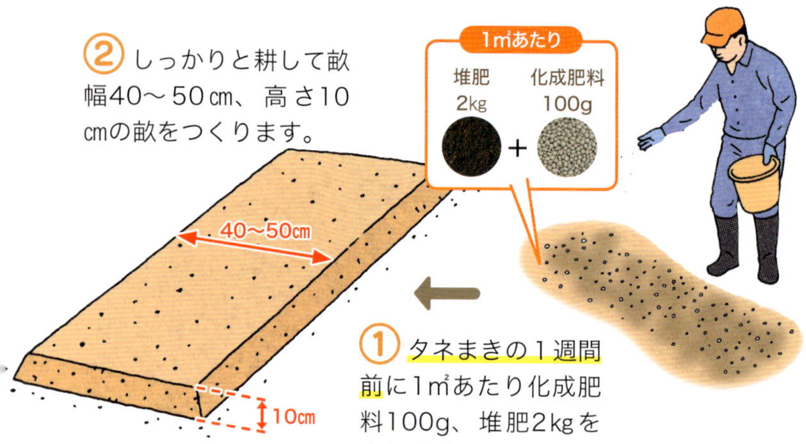

1㎡あたり
堆肥
2kg
化成肥料
100g
40~50cm
10cm

① タネまきの1週間前に1㎡あたり化成肥料100g、堆肥2kgをまきます。

② しっかりと耕して畝幅40~50cm、高さ10cmの畝をつくります。

2 タネまき、水やり

発芽まで乾燥しないように管理する

1~2cm間隔でタネまき

① 夏を避けて、支柱を利用して深さ5mm~1cmのまき溝をつくります。タネを1~2cm間隔ですじまきし、ふるいなどでタネがうっすら見える程度に土をかぶせ手で鎮圧し、タネが溝から流れないように注意して水をまきます。

② 乾燥対策としてべたがけシートをかけておきます。発芽まで水を切らさないように管理します。

プロのコツ 発芽まで水分を切らさない

先生 発芽しませ~ん
水が足りないです!!
発芽までに10日ほどかかるので保湿効果のあるべたがけシートを敷いておきましょう
水はシートの上からあげれば大丈夫です
ミツバのタネまきのコツ
発芽適温は20℃前後
水やりはシートの上から
水分の蒸発を抑えるためのべたがけシート
ミツバはもともと日陰の湿地で自生する植物です。好光性種子なので光によって発芽が促進されるため覆い土は少なめにかぶせます。土の表面は乾燥しがちなので発芽までの水分管理がとても重要になります。
数日後
やったぁ 発芽した!!

3 間引き

本葉が伸びはじめたら間引く

本葉が伸びはじめてきたら込み合っている株を間引きます。ミツバは多少密生しているほうがやわらかく育ちますので、間引きすぎには注意しましょう。

4 収穫、追肥

根元を残せば何度も収穫できる

①15㎝以上の草丈に成長した頃、株元をハサミなどでカットして収穫します。

②切った株元に2〜3週間に1回、1㎡あたり30gの化成肥料をまくと、株が再生して収穫を何度も楽しむことができます。

食品店にあるミツバを再利用して育てる

ミツバは再生力が強いので、スーパーなどに売られている根付きミツバの根元を畝に植え付けて育てることもできます。水をしっかりあげればすぐに新しい葉が伸びます。根が張るまでは乾燥には注意しましょう。

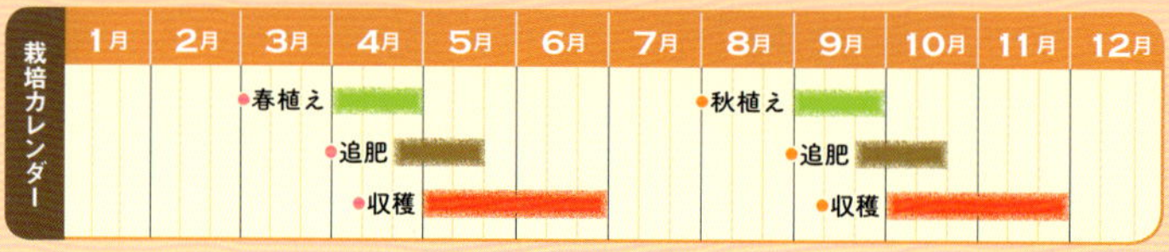

レベル
ふつう

リーフレタス
タマレタス

リーフレタスは抗酸化作用があるβ-カロテン含有量が豊富。畑にあればいつでも必要な分だけ収穫できます。

• 葉菜類
• キク科

連作障害
1~2年は空ける

必要な資材
マルチシート

1 畑の準備

キク科の野菜を1年以上栽培していない場所を選ぶ

① 植え付けの1週間前に1㎡あたり化成肥料200g、堆肥2kgを全面にまきます。

② しっかりと耕したら幅70cm、高さ10cmの平畝にして畝の上面を平らにならし、乾燥や泥はねを防ぐためマルチシートを敷きます。

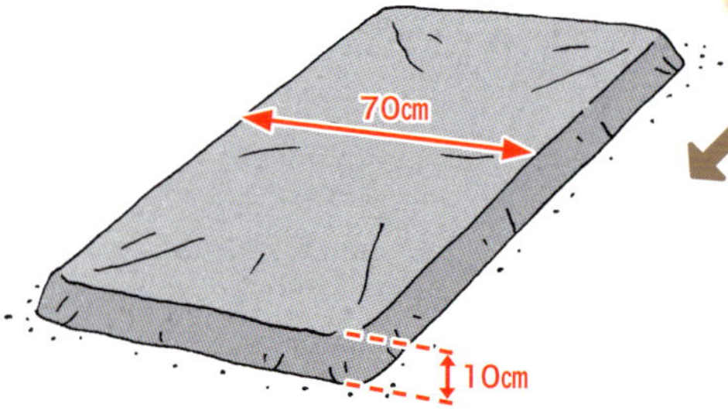

2 植え付け

春は4月頃、秋は9月頃に植え付け

① 春植えは4月頃、秋植えは9月頃、根鉢が崩れないように、あらかじめポット苗に水やりをしておきます。

② マルチシートを株間30cm、条間45cm間隔でカッターで丸く切り、根鉢が崩れないようにポットから取り出し、植え付けます。

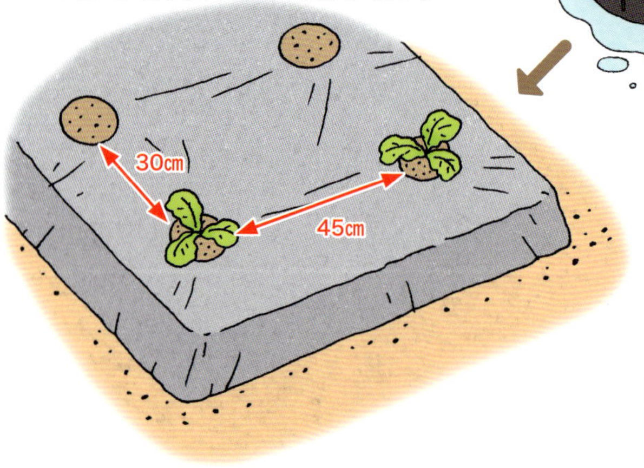

リーフレタスの病害虫対策

●ナメクジ
レタス類はナメクジの食害に注意が必要です。ナメクジは夜行性のため日中はあまり見かけませんが、翌朝葉や茎にキラキラとしたすじが付いていたらナメクジがいた証拠ですので、葉の中や裏側を探して見つけ次第補殺します。

3 追肥

外葉から取る場合は追肥をおこなう（タマレタスは必ず追肥）

通路にまく

生育期間が１カ月程度と短いので基本は元肥のみで育てますが、1度に収穫しないで外葉から１枚ずつかき取る場合や一般的なタマレタスの場合は必ず追肥を施します。

4 収穫（リーフレタス）

植え付け30日後が収穫の目安

外葉から1枚ずつかき取る

植え付け30日後、株ごと引き抜いて収穫することもできますが、外葉から必要な分だけかき取って収穫すれば長期間収穫を楽しむことができます。

4 収穫（タマレタス）

植え付け50日後が収穫の目安

株元から切り取る

一般的なタマレタスの場合は植え付けから50日後、球を手で押してみて程よく締まったものから根元をナイフで切って収穫します。

プロのコツ かき取って長期収穫

うわぁ大きい
まるごと1個食べきれるかしら…
かき取り収穫がおすすめですよ
必要な分だけ外側からかき取って収穫できます
パリッ
冷蔵庫のスペースを取ることなく毎日新鮮なレタスを食べられますね
ステキ
パリッと新鮮でおいしい!!
これこそ家庭菜園の醍醐味よね

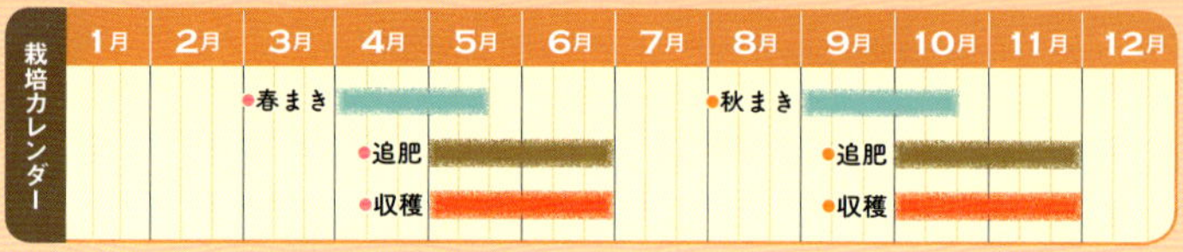

ルッコラ

レベル
ふつう

イタリア料理の食材として人気。ビタミン、鉄分、カルシウム豊富で美容効果も抜群。防虫ネットをかけて虫食いを防ぎ、美しくお皿を飾りたいですね。

•葉菜類
•アブラナ科

連作障害
1〜2年は空ける

必要な資材
トンネル支柱、ふるい
防虫ネット

1 畑の準備

アブラナ科の野菜を1年以上つくっていない場所を選ぶ

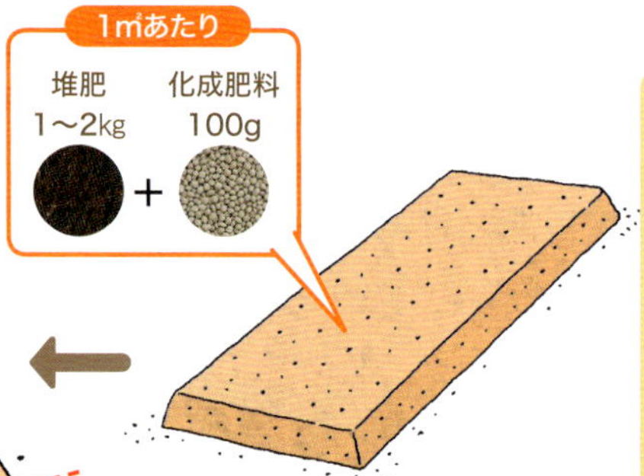

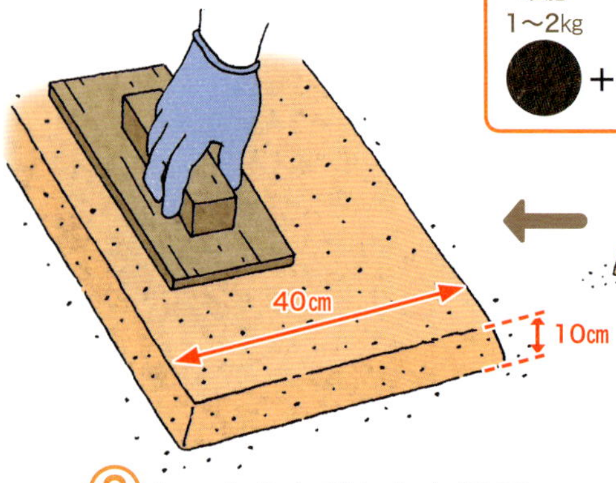

① タネまきの1週間前に1㎡あたり化成肥料100g、堆肥1〜2kgを全面にまきます。

② しっかりと耕したら幅40㎝、高さ10㎝の畝をつくり、板で畝の上面を平らにならしておきます。

2 タネまき

畝に溝をつくってすじまきにする

① 春まきなら4月上旬〜5月中旬、秋まきなら9月上旬〜10月中旬、支柱を利用して、畝に深さ5㎜〜1㎝ほどの溝を2本つくります。条間は20㎝ほどあけます。

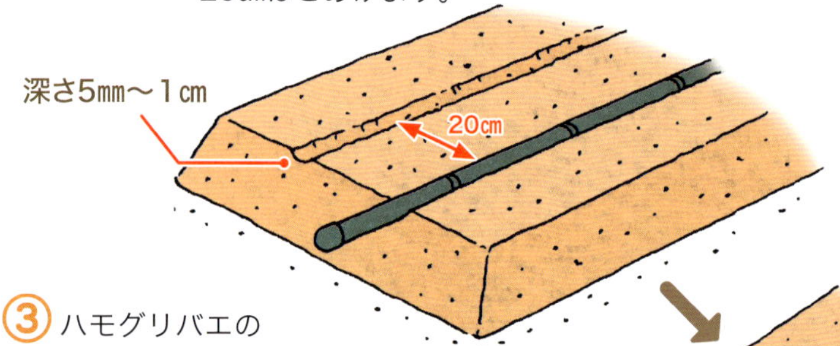

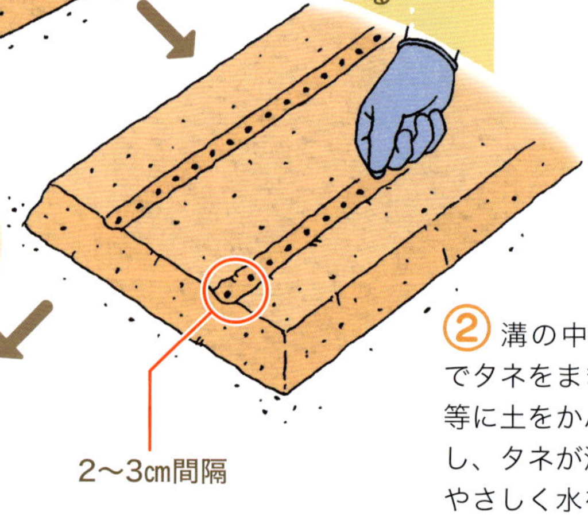

② 溝の中に2〜3㎝間隔でタネをまき、ふるいで均等に土をかぶせて板で鎮圧し、タネが流れないようにやさしく水をまきます。

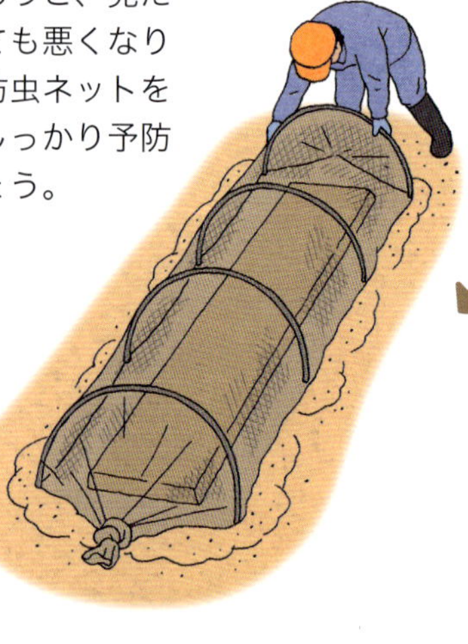

③ ハモグリバエの食害にあうと、見た目がとても悪くなります。防虫ネットをかけてしっかり予防しましょう。

3 間引き・追肥

株間4～6㎝程度に間引いたら追肥

①本葉が3～4枚に成長したら、株間4～6㎝あけるように間引きます。

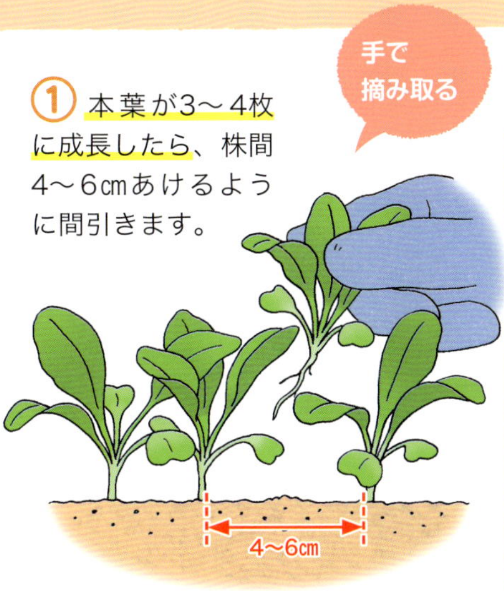
手で摘み取る
4～6㎝

②間引き後に1㎡あたり30gの化成肥料を株の周囲にまいてかるく耕します。

4 収穫

15㎝ほどで株ごと引っこ抜く

草丈15㎝ほどになったら株ごと引き抜いて収穫します。すぐに大きくなってかたくなるので採り遅れに注意しましょう。

手で引き抜く!

タネまきから30日前後で15㎝ほどに育ちます。

プロのコツ 防虫ネットで害虫対策

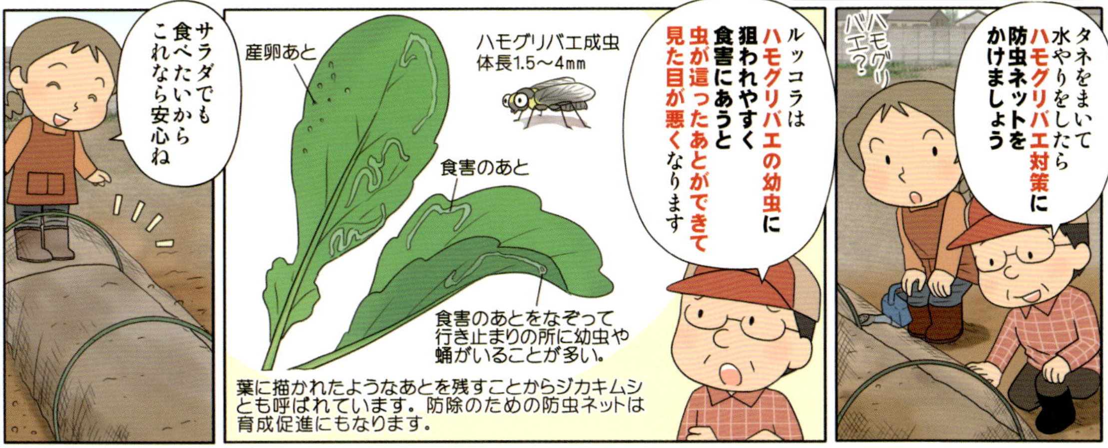
タネをまいて水やりをしたらハモグリバエ対策に防虫ネットをかけましょう
ハモグリバエ?
ルッコラはハモグリバエの幼虫に狙われやすく食害にあうと虫が這ったあとができて見た目が悪くなります
産卵あと
ハモグリバエ成虫
体長1.5～4㎜
食害のあと
食害のあとをなぞって行き止まりの所に幼虫や蛹がいることが多い。
葉に描かれたようなあとを残すことからジカキムシとも呼ばれています。防除のための防虫ネットは育成促進にもなります。
サラダでも食べたいからこれなら安心ね

カブ

レベル かんたん

カブは葉に多くの栄養が集中しています。葉はビタミン、ミネラルが豊富で、生活習慣病予防や免疫活性効果も。害虫が付きやすいので防虫ネットでしっかり予防します。

- 根菜類
- アブラナ科

連作障害

1〜2年は空ける

必要な資材

マルチシート、トンネル支柱、防虫ネット

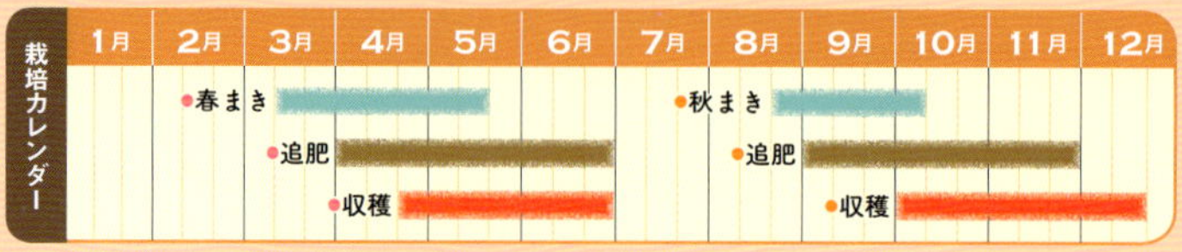

栽培カレンダー
1月 2月 3月 4月 5月 6月 7月 8月 9月 10月 11月 12月
春まき
追肥
収穫
秋まき
追肥
収穫

1 畑の準備

アブラナ科の野菜を1年以上つくっていない場所を選ぶ

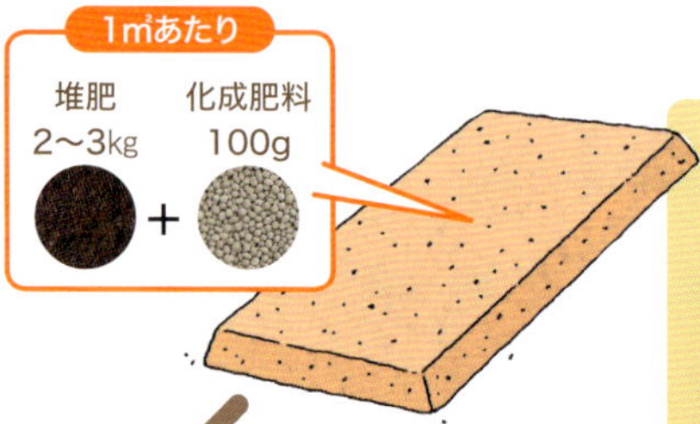

1㎡あたり
堆肥
2〜3kg
化成肥料
100g
+

① 植え付けの1週間前に1㎡あたり化成肥料100g、堆肥2〜3kgを全面にまきます。

② しっかりと耕して幅70cm、高さ10cmの畝をつくります。秋栽培では地温を上げるためにマルチシートを敷きます。

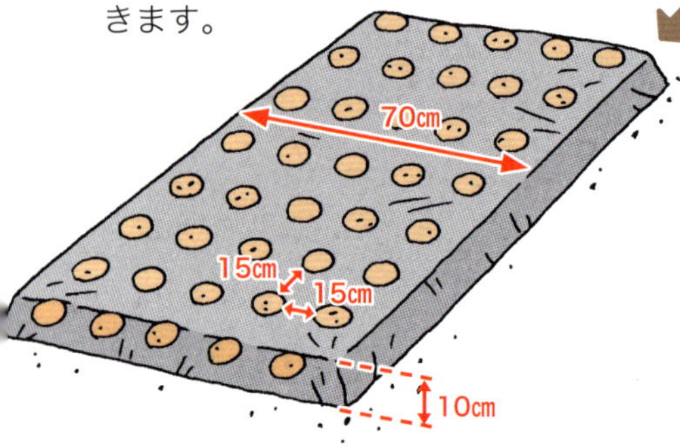

70cm
15cm
15cm
10cm

2 タネまき

基本はマルチシートのまき穴に点まき

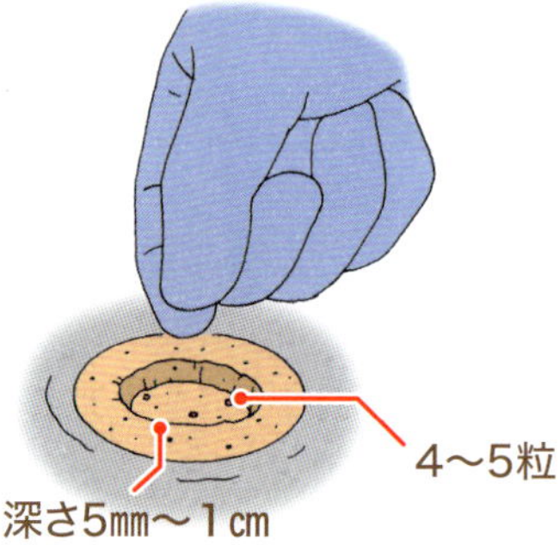

4〜5粒
深さ5mm〜1cm

① 春まきなら3月中旬〜5月中旬、秋まきなら8月下旬〜10月上旬、まき穴に5mm〜1cmの浅いくぼみをつけて4〜5粒まきます。薄く土をかぶせてたっぷり水をまきます。

② 鳥に狙われたり、虫が付くのを避けるため、トンネル支柱を挿して防虫ネットをかけておきます。

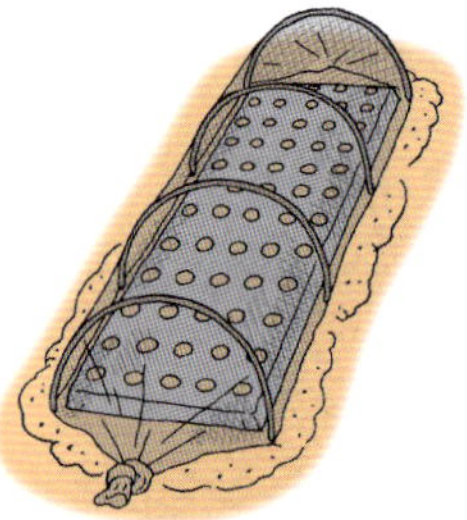

プロのコツ 防虫ネットで虫食いを防ぐ

これじゃ大事な葉が食べられちゃいますよ〜!!
葉がボロボロになってしまうとそれ以上カブの成長を期待できません
タネまき後は防虫ネットをかけて予防しましょう
カブラハバチ
7mm
カブラハバチの幼虫
別名ナノクロムシ
15〜18mm
葉脈を残して
レース模様のように
食害されます
あっ!! カブラハバチだ
間一髪セーフ!!

3 間引き・追肥

成長に合わせて2回間引く

2回目
1本だけ残す

① 本葉が2～3枚の頃1回目の間引きをします。生育が悪いものを引き抜き、1カ所につき2～3本残します。

1回目
2～3本残す

② 本葉が4～5枚の頃に2回目の間引きをおこない、草勢のよい株を1株残します。マルチシートなしの場合は、2回目の間引き後に、1㎡あたり50gの化成肥料を施します。

4 収穫

タネまき後から45～50日が収穫の目安

茎を持って引き抜く!

タネまき後45～50日後、直径5㎝ほどにふくらんできたら株ごと引き抜いて収穫します。

収穫後、葉を付けたままにしていると葉から水分が蒸散してしなびてきます。収穫したらすぐに葉を落としましょう。

おすすめ品種

白馬

果肉が緻密だがやわらかく歯ごたえがよい。甘みもある。

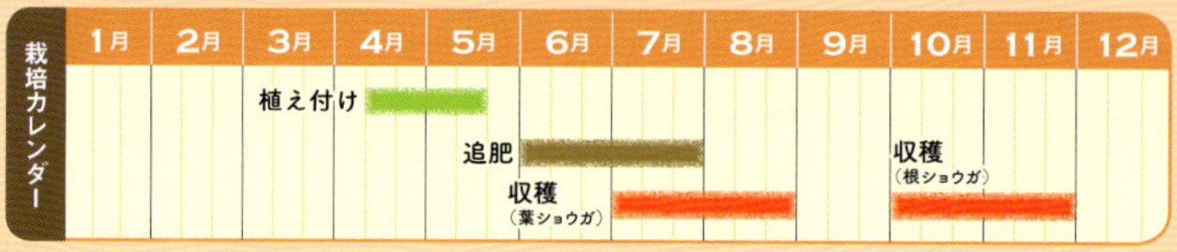

栽培カレンダー
1月 2月 3月 4月 5月 6月 7月 8月 9月 10月 11月 12月
植え付け
追肥
収穫
（葉ショウガ）
収穫
（根ショウガ）

ショウガ

レベル ふつう

昔から臭み消しとして利用されてきたショウガは手足の末端の冷えを取り、ダイエットにも効果的です。乾燥を嫌うため、湿った場所で栽培します。

•根菜類
•ショウガ科

連作障害

4〜5年は空ける

必要な資材

わら

1 畑の準備

ショウガ科の野菜を4年以上つくっていない場所を選ぶ

① 植え付けの１週間前に、畝幅60〜70㎝とり、中央に深さ20㎝の溝を掘ります。湿った場所でよく育つため、木陰などを利用して栽培することもできます。

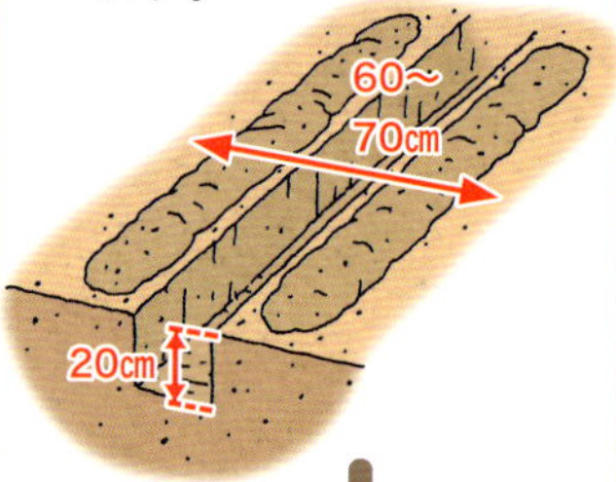

60〜
70㎝
20㎝

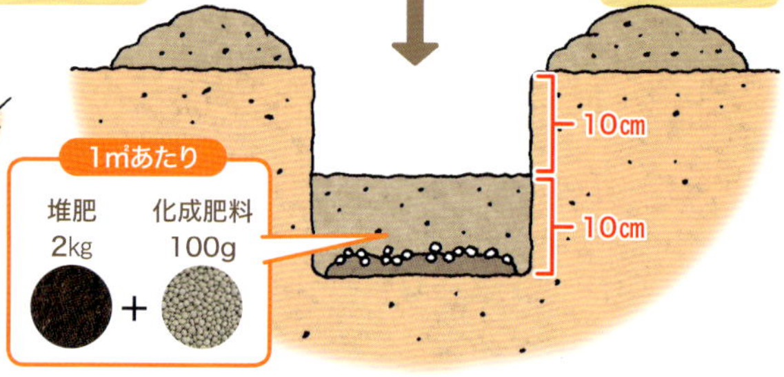

1㎡あたり
堆肥
2kg
化成肥料
100g
10㎝
10㎝

② 溝の中に1㎡あたり化成肥料100g、堆肥2kgをまいて深さ10㎝まで土を埋め戻します。

2 植え付け

園芸店でタネショウガを購入する

① 4月中旬〜5月中旬頃、株間20〜30㎝で芽が出ている方を上にしてタネショウガを並べます。大きなタネショウガは60〜80gほどの大きさに切り分けてから植えましょう。

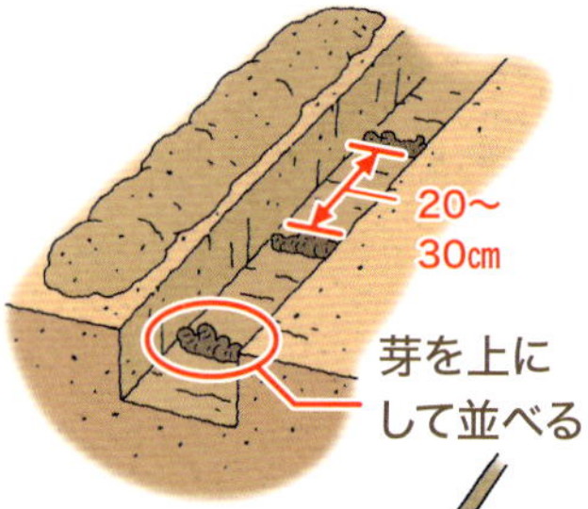

20〜
30㎝
芽を上に
して並べる

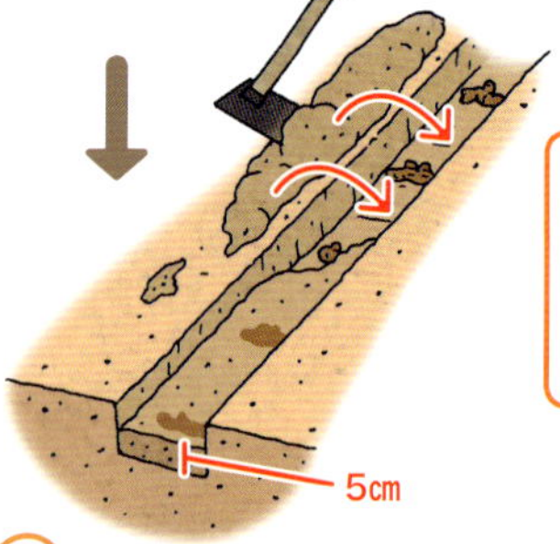

5㎝

② 厚さ5㎝ほどの土をかぶせて植え付け、乾燥していたら水をまいておきます。

プロのコツ 夏場の乾燥対策をしっかりおこなう

あぁぁぁっ!!
くったりしてる
しおしお
ぐったり
暑い時期はわらを敷かないと枯れちゃいますよ
大変だ
すぐやらなきゃ!!
梅雨が明けたら厚めにわらを敷きましょう。わらの代わりに収穫後乾燥させたトウモロコシの葉や茎などでもよいです。
ショウガは乾燥を嫌い多湿を好みます
わらを敷いて乾燥対策
露地の状態は乾燥しやすい
水分

3 追肥

草丈10㎝程度で追肥

草丈10㎝ほどになった頃に株の周囲に1㎡あたり30gの化成肥料をまき、かるく土と混ぜ合わせます。

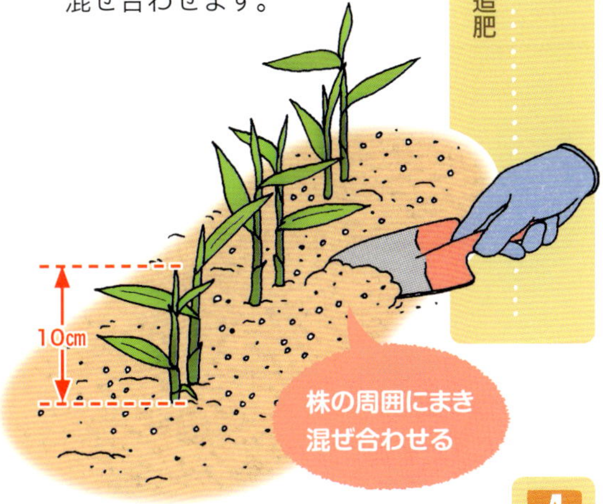
10㎝
株の周囲にまき
混ぜ合わせる

4 マルチング

乾燥防止のためにわらを敷く

ショウガの根が乾燥しないように梅雨入りの頃に株元にわらを敷いておきます。わらがない場合は収穫後のトウモロコシの茎や葉で株元を覆います。

5 収穫

葉ショウガにも根ショウガにもなる

葉ショウガ

夏に葉が7～8枚になった株を引き抜くと葉ショウガが収穫できます。

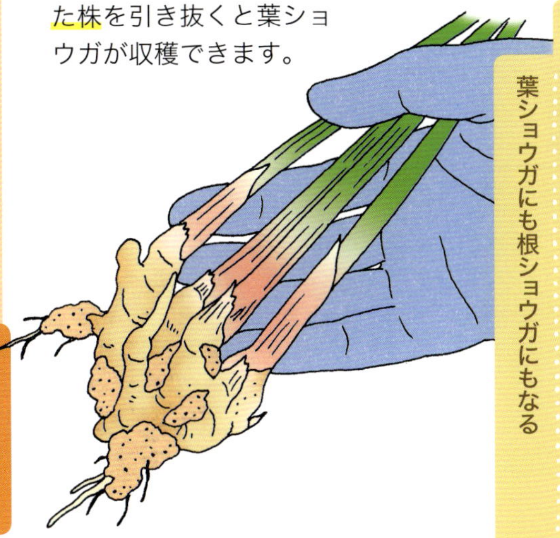

根ショウガ

秋になり葉が黄変したものを掘り上げれば根ショウガが収穫できます。

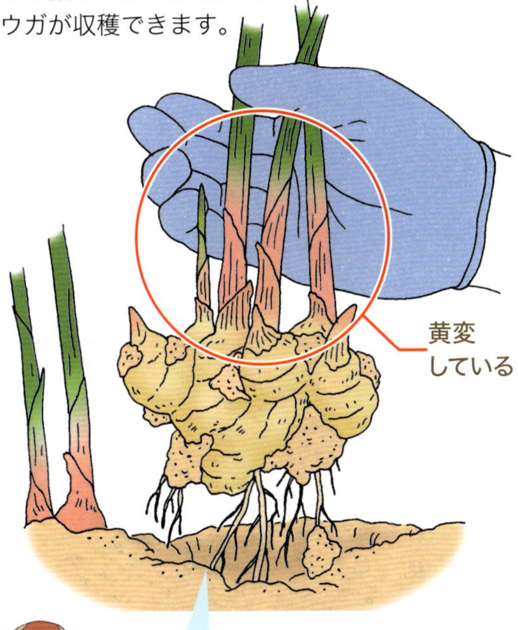
黄変
している

収穫リミットに注意！

根ショウガは寒さに弱いので霜がおりる頃までにすべて収穫しましょう。

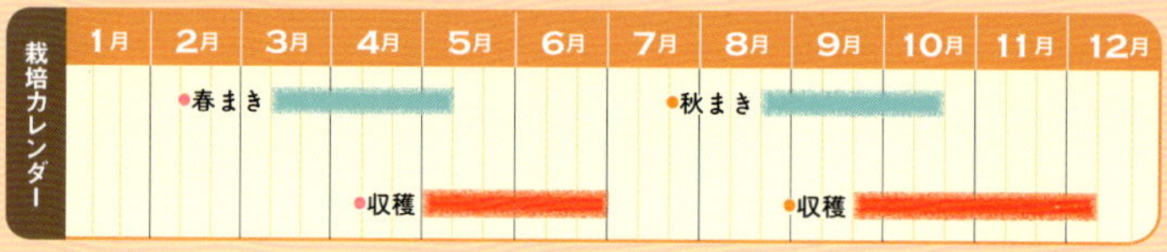

レベル かんたん

ラディッシュ（ハツカダイコン）

サラダの彩りとして重宝します。タネをまいて1カ月ほどで収穫できるので、畑の空きスペースで育てることもできます。

•根菜類
•アブラナ科

連作障害
1〜2年は空ける

必要な資材
トンネル支柱、防虫ネット、ふるい

1 畑の準備

アブラナ科の野菜を1年以上つくっていない場所を選ぶ

①植え付けの1週間前に1㎡あたり化成肥料100g、堆肥2kgを全面にまきます。

②しっかりと耕して幅30〜40㎝、高さ10㎝の畝をつくり、表面をならしておきます。

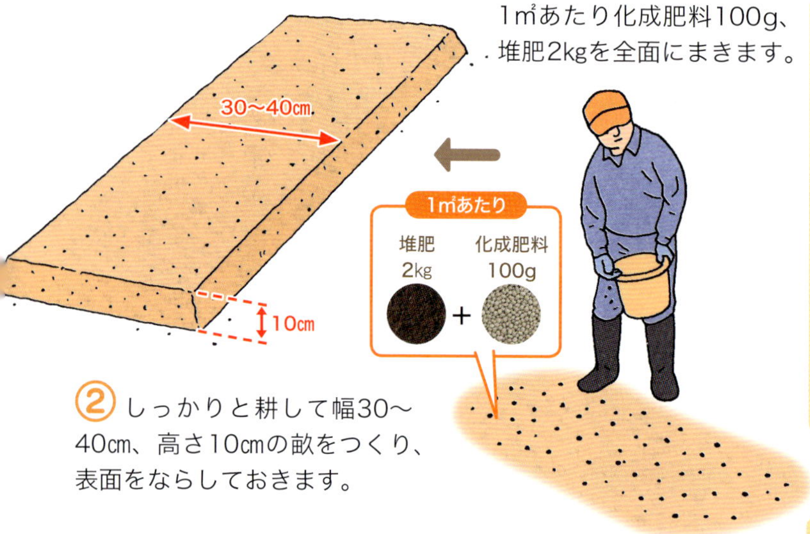

2 植え付け

条間10〜15㎝ほど空け2列植えにする

①春まきなら3月中旬〜5月上旬、秋まきなら8月下旬〜10月中旬、支柱を利用して、畝の上面に深さ1㎝ほどの溝を2列つくります。

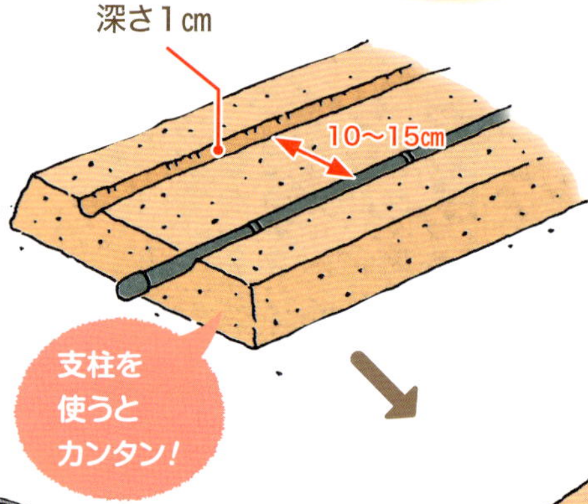

②溝の中に1㎝おきにタネをまきます。ふるいで均等に土をかぶせて板で鎮圧し、水をたっぷりまきます。

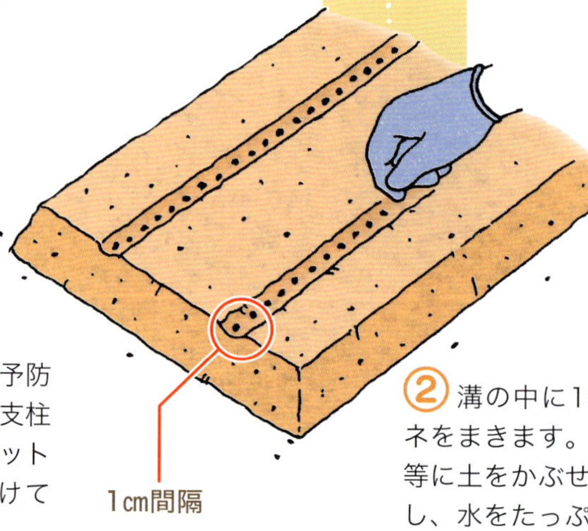

③鳥害、害虫予防のためトンネル支柱を挿して防虫ネット（→P34）をかけておきます。

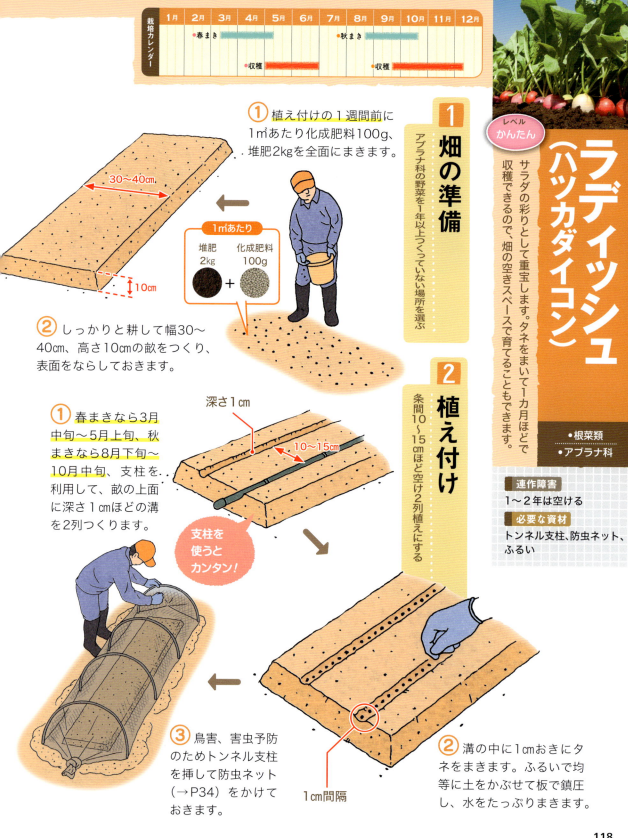

3 間引き

本葉が3～4枚になったら間引き

本葉が3～4枚になったら元気のよい株を残して、株と株の間を4～5cmに広げます。

4～5cm

4 収穫

採り遅れには要注意!

直径2～3cmに育ったら、順に引き抜いて収穫します。採り遅れるとスがはいったり株が割れたりするので早めに収穫します。

2～3cm
手で引き抜く!

「ス」が入らないように早めの収穫を心がける!

「ス」とは、中身がスカスカになる状態(空洞化)を指します。原因は収穫遅れです。味に問題はありませんが、スカスカになってしまうので、食感は悪くなってしまいます。

プロのコツ 時間差でタネをまく

一斉に収穫期が来て食べきれないよ…
大きいのは割れ始めているし失敗したなぁ
どっさり
ラディッシュは「20日大根」と呼ばれるほど成長が早いので
食べきれる分量のタネを時間差でまけばいつでもみずみずしいラディッシュを収穫できます
うわぁスゴイ成長段階の違うラディッシュがたくさん!!
1週間ごとにタネをまくとよいサイクルですよ

加藤先生の

菜園マスター講座③

薬剤について知っておこう

どんなに予防していても避けられない病害虫の被害。病気が広がり野菜が収穫できなければ、これまでの努力が水の泡です。人間が病気にかかったときや予防する際に薬を使用するように、野菜にも野菜の薬を使用し、ここぞというときは適切に対処し、被害を最小限にとどめることが大切です。農薬には従来からある「化学合成成分の薬剤」と自然素材や食品添加物などを主成分とした人体や環境に配慮された「天然成分の薬剤」があります。近年、有機栽培や無農薬栽培にこだわった野菜づくりをする方のために、天然成分の薬剤も増えてきています。

薬剤を使用する際は、病気や害虫の原因を特定し、原因に合った薬剤を選びましょう。原因の特定が難しい場合は、園芸店などで状況を説明して選んでもらうと失敗がないでしょう。薬剤は、害虫を退治するときは殺虫剤、病気を防ぐときは殺菌剤というように使い分けましょう。

薬剤を使用する際は、説明書やラベルに記載されている注意事項をよく読み、使用できる作物、使用時期、希釈倍率、総使用回数、使用方法をしっかり確認しましょう。散布するときは、風向きに注意し、風上に立ち作業します。また薬剤を浴びないように後退しながら散布しましょう。

農薬の成分

● 天然成分

微生物の働きを利用したものや、植物から抽出した成分を使ったものなどがある。人体や環境に対する毒性が低く安全性が高い。

● 化学合成成分

経済的で効果は高いが、人体や周囲の環境に負荷が大きく、正しく適切な使い方が求められる。

農薬の種類

● 殺虫剤

害虫を駆除をするときに使用する。害虫に対し直接散布して虫を退治する薬剤や、薬剤を虫が食べることによって効果があるタイプなどがある。

● 殺菌剤

病原菌を退治したり、予防する際に直接散布する。野菜に侵入した病原菌の活動を抑える薬剤もある。

4章 春に収穫する野菜

イチゴ

レベル むずかしい

手間ひまかけてつくる家庭菜園のイチゴは絶品。豊富なビタミンCはなんとイチゴ2粒でレモン1個分。ポイントは苗選び。クラウンが大きくしっかりしたものを選びます。

- 果菜類
- バラ科

連作障害

2年は空ける

必要な資材

マルチシート、トンネル支柱、防鳥ネット

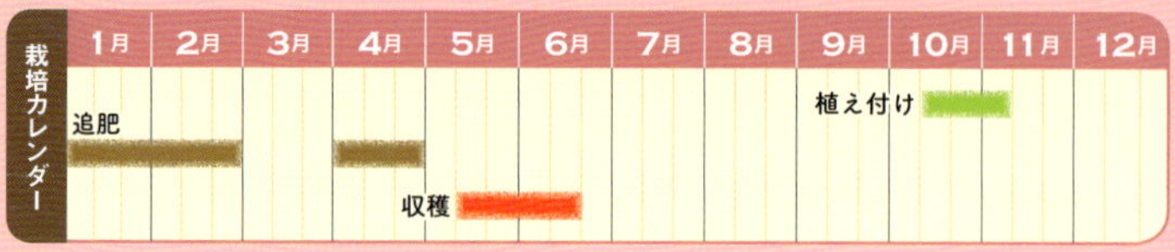

栽培カレンダー
1月
2月
3月
4月
5月
6月
7月
8月
9月
10月
11月
12月
追肥
収穫
植え付け

1 畑の準備

長期間にわたってスペースを占有できる場所を選ぶ

① 苗を植え付ける2週間前までに、1㎡あたり化成肥料150g、堆肥2〜3kg、ヨウリン50gを全面にまき、しっかりと耕しておきます。連作障害にならないよう、2年は空けましょう。

1㎡あたり
堆肥
2〜3kg
化成肥料
150g
ヨウリン
50g

② 幅70㎝、高さ10㎝の畝を立て、表面をならしておきます。

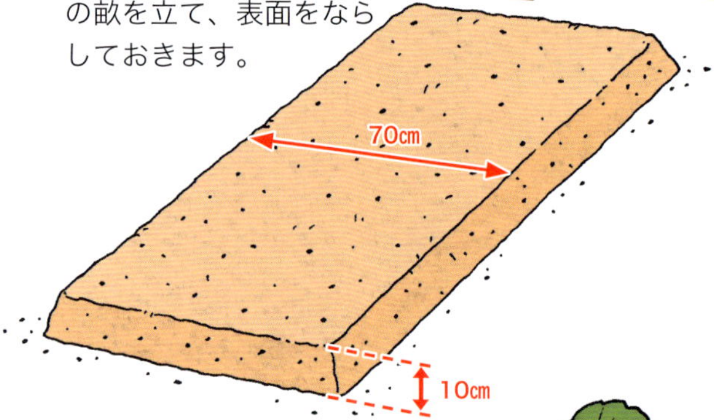

70㎝
10㎝

2 苗選び

初年度は市販の苗を購入する

緑が濃い
クラウン

初年度は苗を購入しますが翌年からは子株を育てて苗にすることもできます。購入時はクラウン（中心のふくらんだ部分）がしっかりとしていて、茎が丈夫で緑が濃いものを選びましょう。

おすすめ品種

おおきみ

糖度が高く、歯ごたえのある実が付きやすい品種。病気への抵抗性も高く育てやすい。

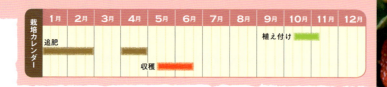

3 植え付け

10月中旬～11月上旬頃に植え付け

① 10月中旬～11月上旬頃、ポット苗に水をたっぷりまき、根株を崩さないように取り出します。

② 株間30㎝、条間45㎝とって２列で植え付けます。成長点があるクラウンが地上に出るようにして、浅めに植え付けたっぷり水をまきます。

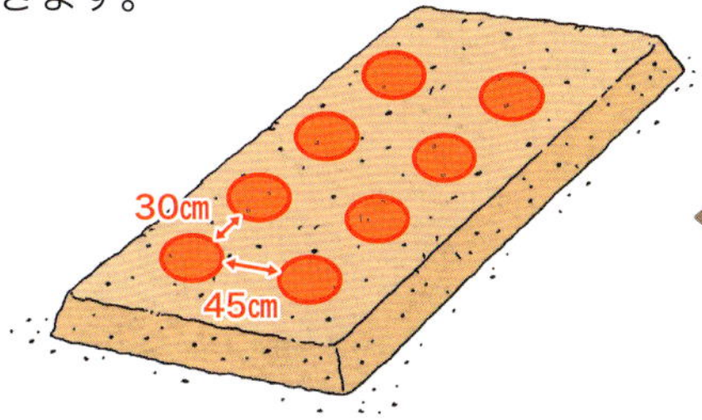
30㎝
45㎝

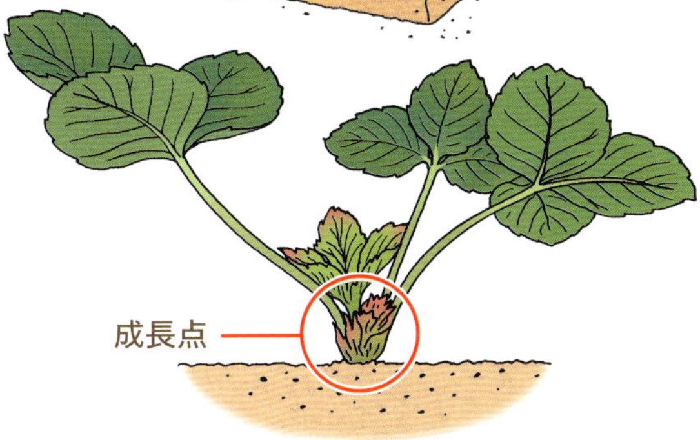
成長点

4 冬場の管理

冬の間イチゴは休眠状態になる

クラウン以外の枯れ葉はこまめに取ります。

プロのコツ クラウンを埋めないように浅植えする

クラウンが地上に出るよう浅植えにしましょう
OK
クラウンはイチゴの成長点で、ここから新しい葉が生えます。苗を選ぶときも葉の数ではなくクラウンが大きい苗にするとよいです。
クラウンに土をかぶせてしまうと新芽の生育が遅れ株が元気に育ちません
あともう一つツルの向きにも注意するとよいですよ
ツルと逆方向に実がなるのでツルを畝の内側に向けておけば通路側に実って収穫がラクになります
ツルを奥に向ける
通路側に実がなる
苗には親株と子株を結ぶツル(ランナー)の切れ端がついています。

5 追肥（1回目）

植え付けの翌年1〜2月頃に追肥

1〜2月頃、株間や株の周りに1㎡あたり30gの化成肥料をまいてかるく土寄せします。

6 マルチシートを敷く

2〜3月頃に敷いて地温を上げる

① 2〜3月頃にマルチシートを敷くことで、地温を上げて生育を促進させます。1度低温に当てることで実が引き締まるので、あえてこのタイミングでおこないます。

② 苗が当たる位置にカッターなどで十字に切れ込みを入れて苗を引き出します。

7 追肥（2回目）

一番花が咲きはじめた頃に2回目の追肥

実付きをよくするため、一番花が咲きはじめた頃にマルチシートのすきまから1株ひとつまみの少量の化成肥料を施します。また、実が付きはじめる頃にトンネル支柱を立て防鳥ネットをかけておきましょう。

黒マルチを選ぼう！

雑草抑制、果実への泥はね防止のため、黒マルチを選ぶとよいでしょう。

8 収穫

5月中旬以降に収穫開始

5月中旬以降、真っ赤に熟した果実から収穫をはじめます。

9 苗づくり

ランナーを伸ばして苗を育てる

収穫が終わった後は、ランナーを伸ばして苗を育てます。一番苗（親株に一番近い苗）は親株の病気が感染している可能性もあるので、二番苗、三番苗をポットに移植して大きく育てます。20日ほどで根付くので、ランナーを切って独立させましょう。そのまま水を切らさないように育てて、また秋に植え付けましょう。

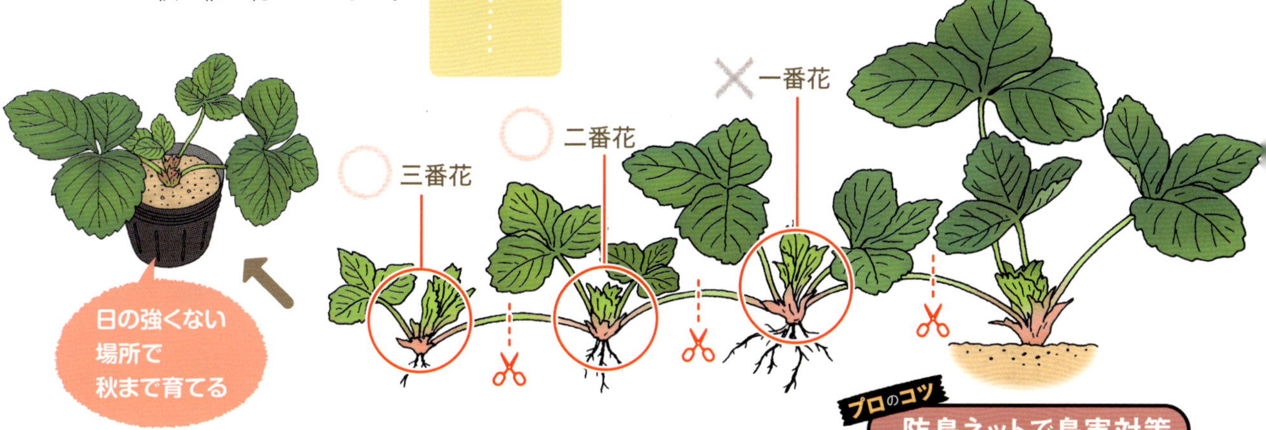
日の強くない
場所で
秋まで育てる
三番花
二番花
一番花

プロのコツ 防鳥ネットで鳥害対策

わぁい!!
ちっちゃな
イチゴ発見
そろそろ
鳥害対策を
しないと鳥に
狙われそうです
どっちの
ネットが
よいので
しょうか?
網目の粗い
ネットが
防鳥ネット
ですよ
防鳥ネット
防虫ネット
防虫ネットでは
ミツバチなどの虫が
入ってこれず受粉され
ないので間違えない
ようにしましょう

サヤエンドウ スナップエンドウ

レベル かんたん

鮮やかな緑色が料理を引き立ててくれます。サヤごと食べられるので、食物繊維もたっぷり。

•果菜類
•マメ科

連作障害
4〜5年は空ける

必要な資材
支柱、べたがけシート、キュウリネット

栽培カレンダー
1月
2月
3月
4月
5月
6月
7月
8月
9月
10月
11月
12月
春まき
追肥
収穫
秋まき
追肥
収穫

1 畑の準備

マメ科野菜を4年以上つくっていない場所を選ぶ

① タネをまく1週間前に1㎡あたり化成肥料100g、堆肥2〜3kg、ヨウリン50gを全面にまき深さ30cmまでしっかりと耕します。

1㎡あたり
堆肥
2〜3kg
化成肥料
100g
ヨウリン
50g

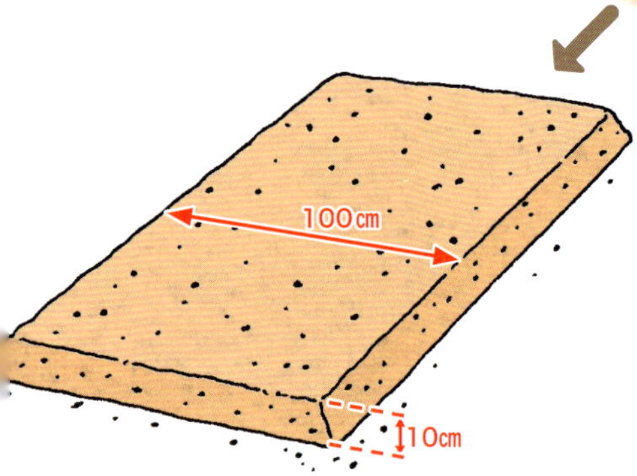

100cm
10cm

② 幅100cm、高さ10cmの畝をつくります。

2 タネまき

10月上旬〜11月上旬までにタネをまく

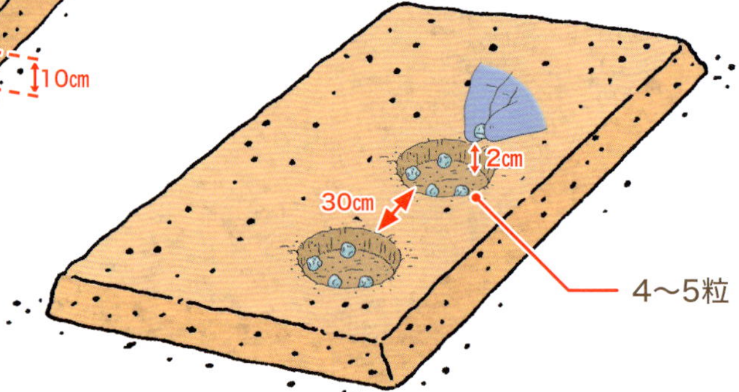

2cm
30cm
4〜5粒

① タネをまく時期が早すぎると寒さで枯れやすくなり、遅すぎると生育が悪くなるため、10月上旬〜11月上旬までに株間30cmをとって、まき穴（深さ2cm）1カ所につき4〜5粒ずつタネをまき、土をかぶせて手で鎮圧したっぷり水をまきます。春まきの場合は3月におこないましょう。

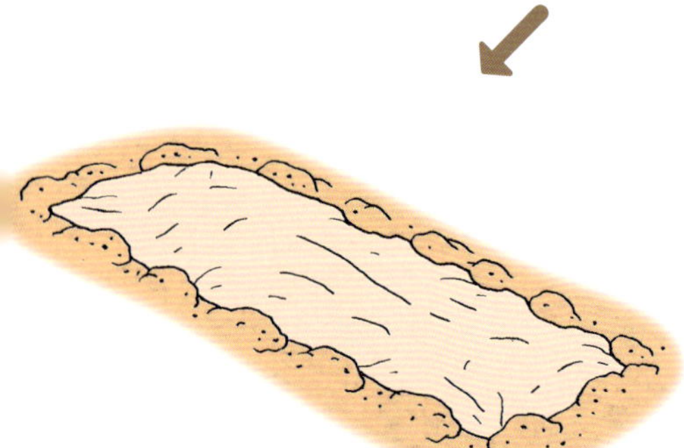

② タネは鳥に狙われやすいので、べたがけシートで覆っておきます。

3 間引き

草丈7～8㎝の頃が間引きのタイミング

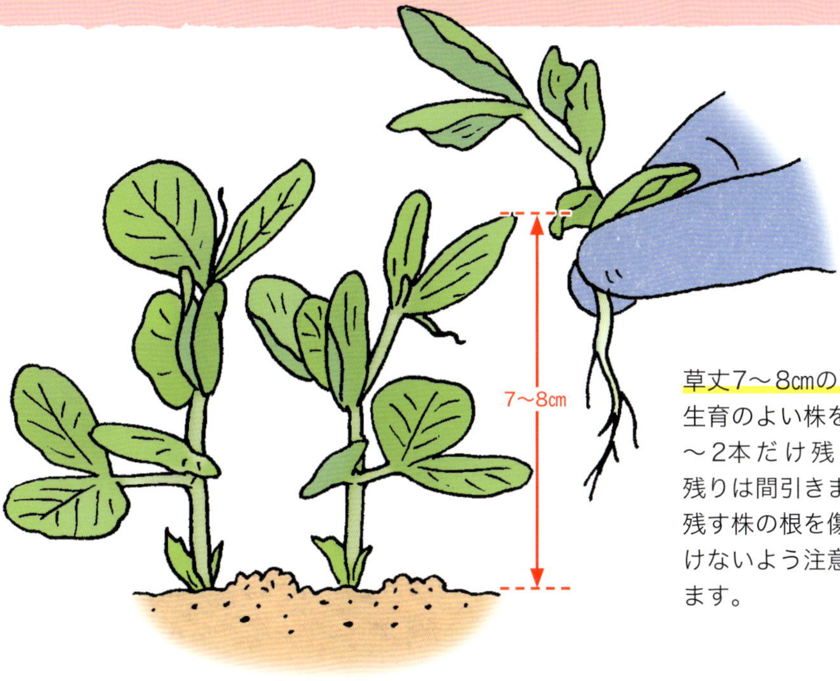

草丈7～8㎝の頃、生育のよい株を1～2本だけ残し、残りは間引きます。残す株の根を傷付けないよう注意します。

4 支柱立て

越冬後にツルが伸びはじめたらおこなう

冬を越してツルが伸びはじめる春先、べたがけシートを取り、株の周囲に1m間隔で支柱を立てネットを張ります。最初だけツルをネットに誘引すれば、あとは勝手に巻きついていきます。ネットを２列に張ると風にも強く丈夫です。

5 1回目の追肥

支柱を立てたら追肥をする

支柱を立て、ツルをネットに誘引したら1㎡あたり30～40gの化成肥料を株の周囲にまき、かるく土寄せします。

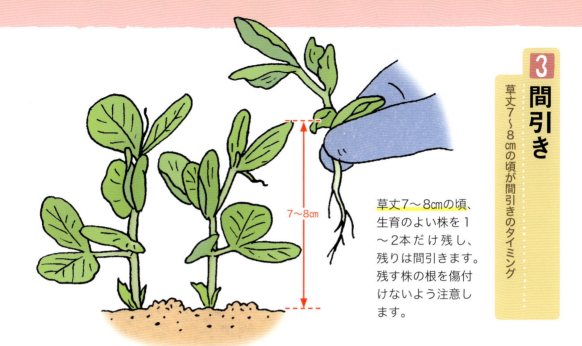

6 2回目の追肥

花が咲きはじめたら追肥をする

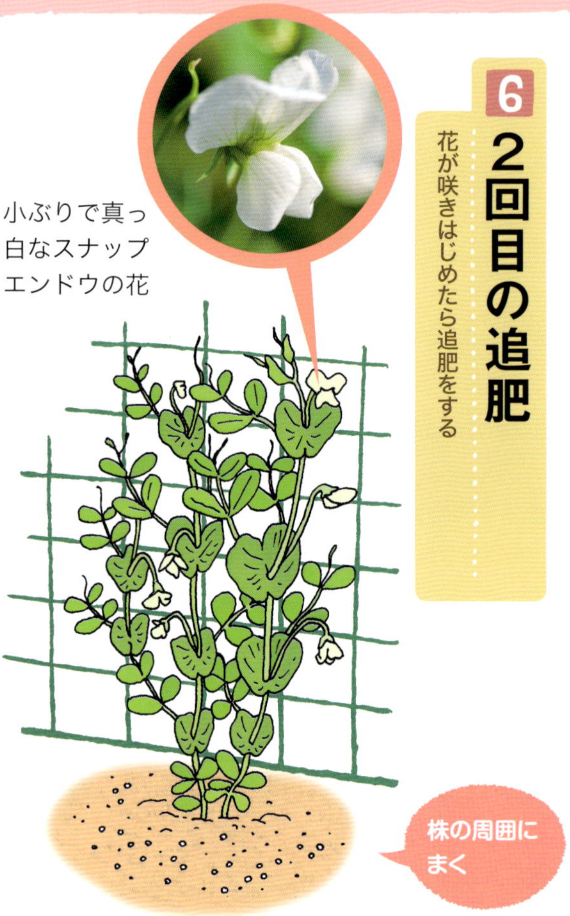
小ぶりで真っ
白なスナップ
エンドウの花
株の周囲に
まく

次々と開花する頃に1回目と同量の化成肥料を株元にまき、かるく土を耕します。3月以降、乾燥したら水をあげて肥料の分解を促すと生育も旺盛になります。

7 収穫

どんどんできるので収穫遅れに注意

サヤエンドウはマメがふくらんできたら早めに収穫します。スナップエンドウは、サヤがふくらんできたら収穫します。

スナップエンドウ

サヤエンドウ

プロのコツ 2回の追肥で肥料切れを防ぐ

3月中旬頃
気温が上がってスクスク育ってきたぞ!!
1回目の追肥
ツルの伸びはじめは追肥のタイミングですよ!!
スクスク
3月中旬頃 越冬をして暖かくなる頃に株の生育を促進させるため、1回目の追肥をおこないます。
2回目の追肥
開花の頃は2度目の追肥タイミングです
成長に合わせて2回追肥するんですね
開花
次々と開花しさやができはじめる頃に肥料切れを起こしやすいため、2度目の追肥をおこないます。

レベル むずかしい

ソラマメ

ほくほくした食感が人気のソラマメ。ビタミンB1、B2を多く含み、疲労回復や夏バテ予防に効果的。連作を嫌うので、マメ科野菜を4～5年栽培してない畑を選びます。

•果菜類
•マメ科

連作障害
4～5年は空ける

必要な資材
支柱、べたがけシート

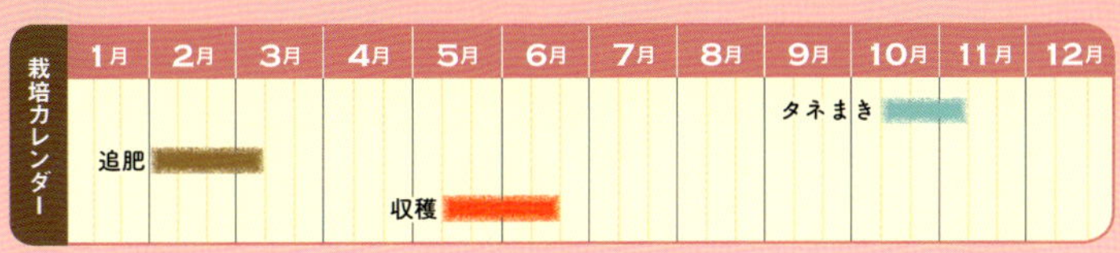

1 畑の準備

マメ科野菜を4年以上つくっていない場所を選ぶ

① タネをまく1週間前に1㎡あたり化成肥料100g、堆肥2～3kgを全面にまきしっかりと耕します。

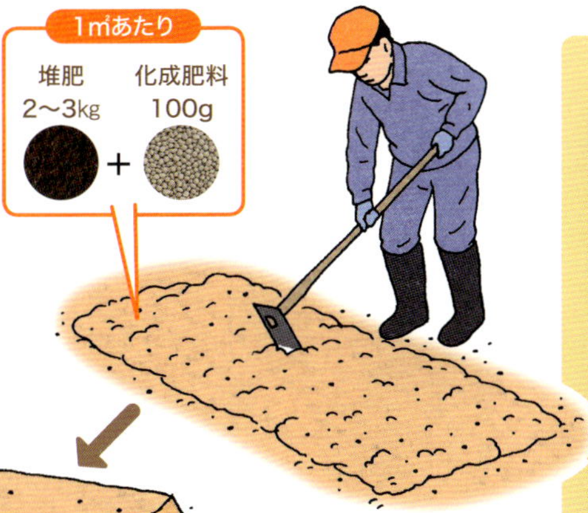

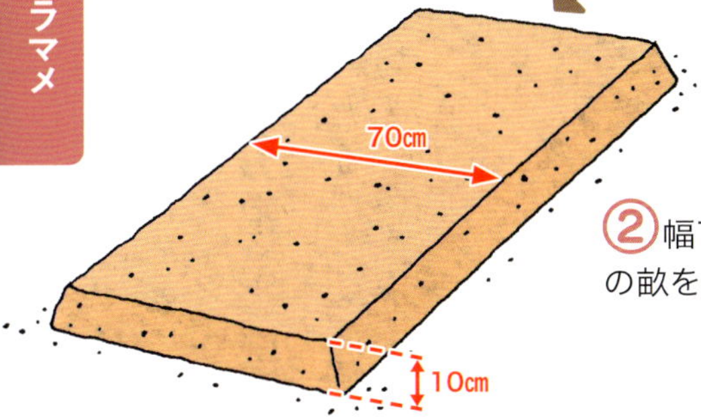

② 幅70㎝、高さ10㎝の畝をつくります。

2 タネまき

10月中旬～11月上旬頃がタネまきの適期

① 10月中旬～11月上旬頃、株間30～40㎝とって、まき穴1カ所につき2粒ずつまきます。黒くなっている部分（おはぐろ）を斜め下にしてタネが少し見える程度に土をかけかるく押さえ、たっぷりと水をまきます。

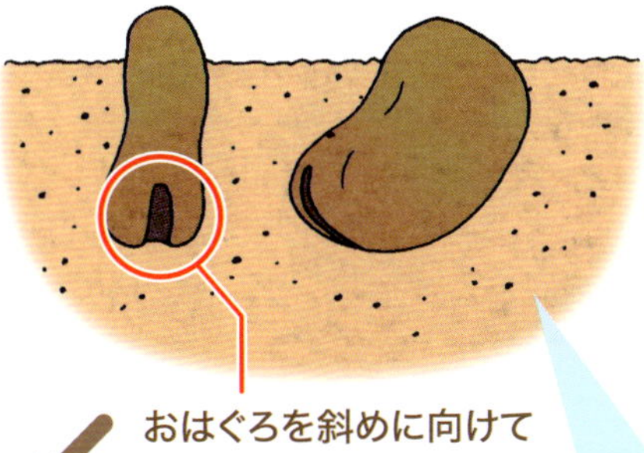

② タネまき後、アブラムシの被害にあいやすいのでべたがけシート（→P35）で覆っておきます。

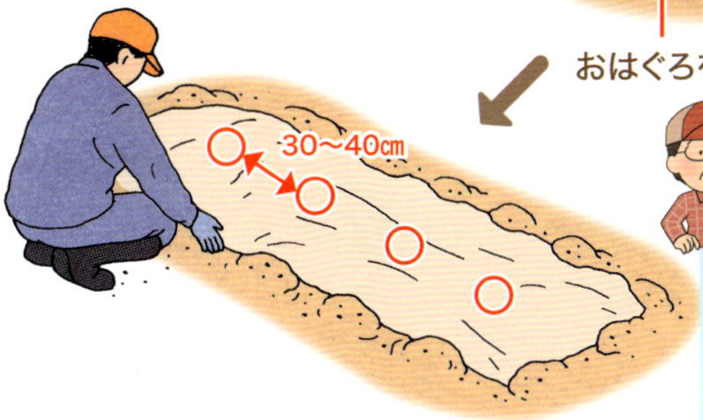

タネまきが育成の重要ポイント！

ソラマメは早まきだと株が大きくなりすぎて寒さで枯れてしまうことがあります。また酸素を好む植物で、深植えすると酸素不足で発芽不良になることもあります。ポットにタネをまいて育ててから植え付けてもよいでしょう。

3 追肥・土寄せ

2月上旬〜3月上旬頃にシートを取って追肥

① 2月上旬〜3月上旬頃、べたがけシートを取り、1㎡あたり50gの化成肥料を株の周囲にまきます。

② その後、かるく耕して土寄せします。

4 整枝

丈夫な茎を6〜7本だけ残す

3〜４月頃、側枝が増え込み合ってきたら、風通しをよくするため、茎が太く丈夫なものを６〜７本残しほかは切り取ります。

側枝の伸ばし放題はNG！

側枝を伸ばし放題にすると、栄養分が分散してサヤが大きくなりません。

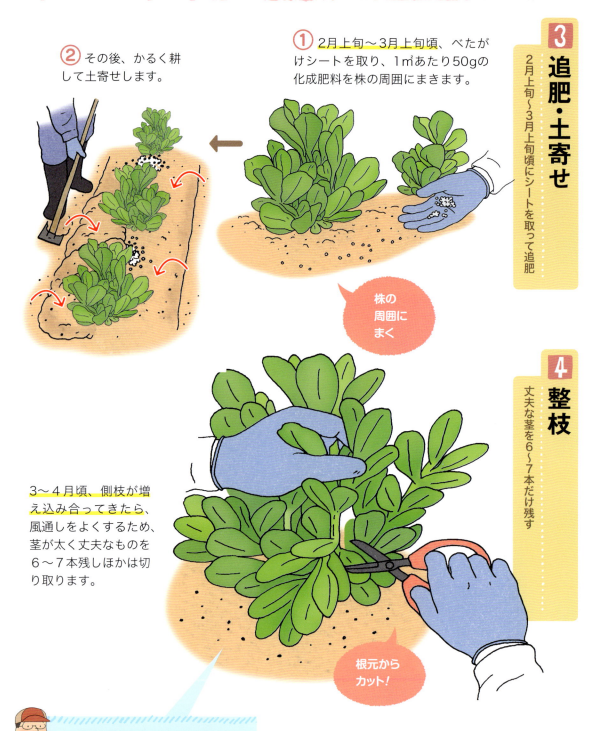

5 支柱立て・摘芯

草丈30㎝の頃に支柱を立てる

①草丈30㎝の頃、風などによる倒伏防止のため、畝の四隅に支柱を立てて、その周囲にひもを張ります。

②草丈が60〜70㎝頃になったら摘芯します。ソラマメは草丈70㎝以上にしても、上部のサヤは実がならないものが多いので芯を摘み取ってしまいます。

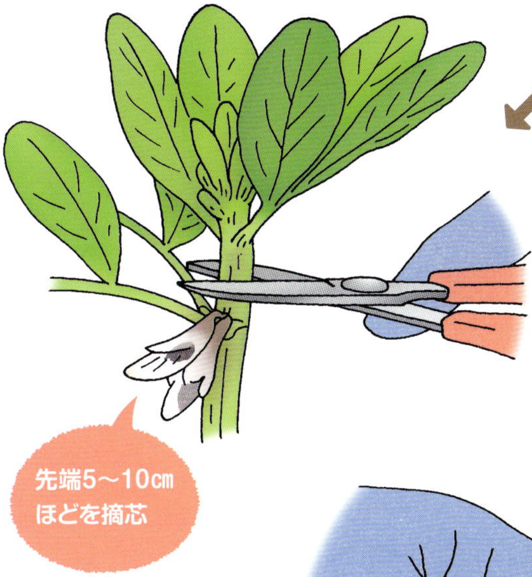
先端5〜10㎝
ほどを摘芯

6 収穫

サヤのすじが黒くなってきたら収穫

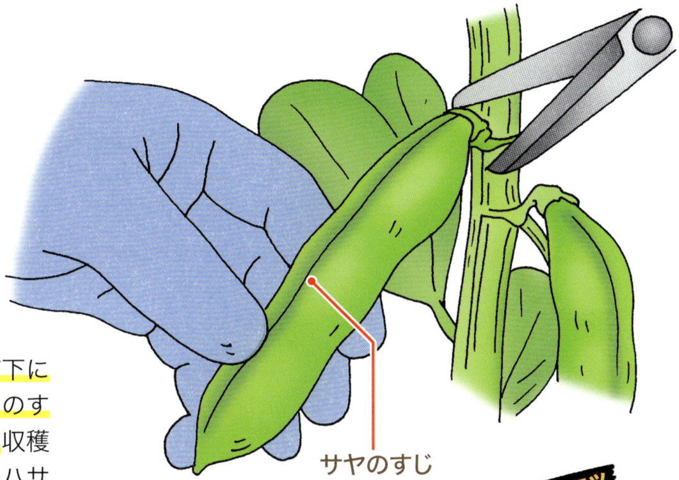
サヤのすじ

空を向いていたサヤが下に垂れてふくらみ、サヤのすじが黒くなってきたら収穫です。サヤの付け根をハサミで切って収穫します。

プロのコツ 実を充実させる"摘芯"

そろそろ先端を摘みましょう
摘芯して株全体の生育より実を充実させる方に養分を回した方がよいです
先端5〜10cm程
摘み取る
草丈60〜70cm
先端部に集まるアブラムシを駆除するためにも摘芯をおこないましょう
アブラムシ
1〜3mm
よく見たらアブラムシが少し居る…
摘み取って一網打尽ですね!!
皮がやわらかい茎の先端部はウイルス性の病気を運ぶアブラムシが特に増殖しやすい場所です。

レベル
ふつう

タマネギ

「血液サラサラ」効果で人気のタマネギ。炒めもの、煮もの、ドレッシングなど調理法を選ばない万能野菜。鉛筆の太さほどのちょうどいい苗を選ぶことがポイントです。

•葉菜類
•ユリ科

連作障害
1〜2年は空ける

必要な資材
マルチシート

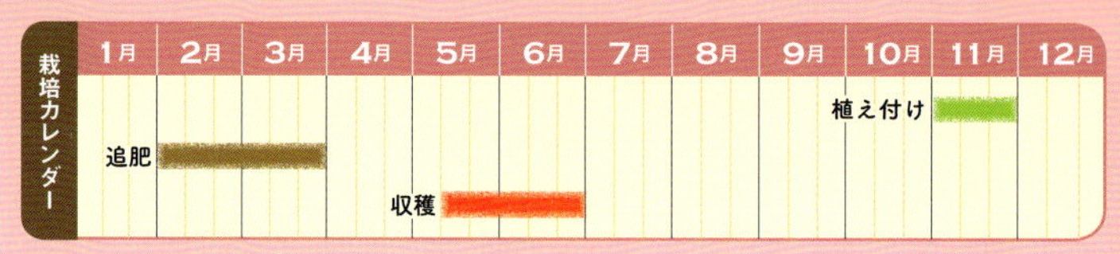

栽培カレンダー
1月 2月 3月 4月 5月 6月 7月 8月 9月 10月 11月 12月
植え付け
追肥
収穫

1 畑の準備

ユリ科の野菜を1年以上栽培していない場所を選ぶ

① 植え付けの1週間前に1㎡あたり化成肥料100g、堆肥2〜3kgをまいてよく耕します。タマネギは収穫までに冬を越す必要があるため、堆肥の中にヨウリン50gを施し、根の張りをよくします。

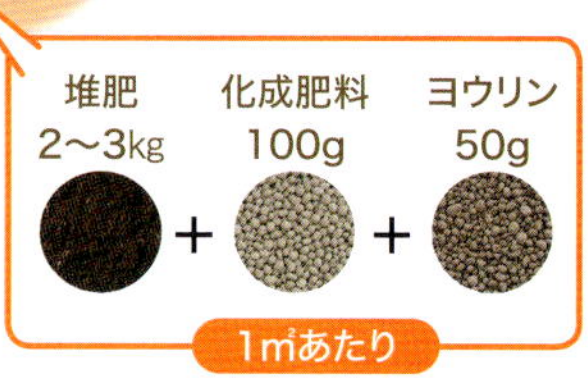

堆肥
2〜3kg
化成肥料
100g
ヨウリン
50g
1㎡あたり

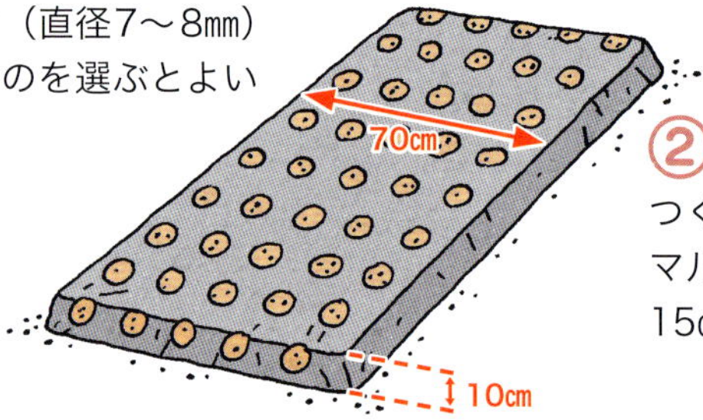

70cm
10cm

② 幅70cm、高さ10cmの畝をつくり、平らにならし、穴あきマルチシート（4〜5列、株間15cm程度）を敷いておきます。

2 苗選び

11月頃、園芸店で苗を購入する

鉛筆と同じくらいの太さのものを選ぶ

11月頃に苗を購入します。苗が小さすぎると生育が悪くなり、大きすぎると春にとう立ちしやすくなるので、鉛筆の太さ（直径7〜8mm）ぐらいのものを選ぶとよいでしょう。

プロのコツ 苗をしっかり見極めよう

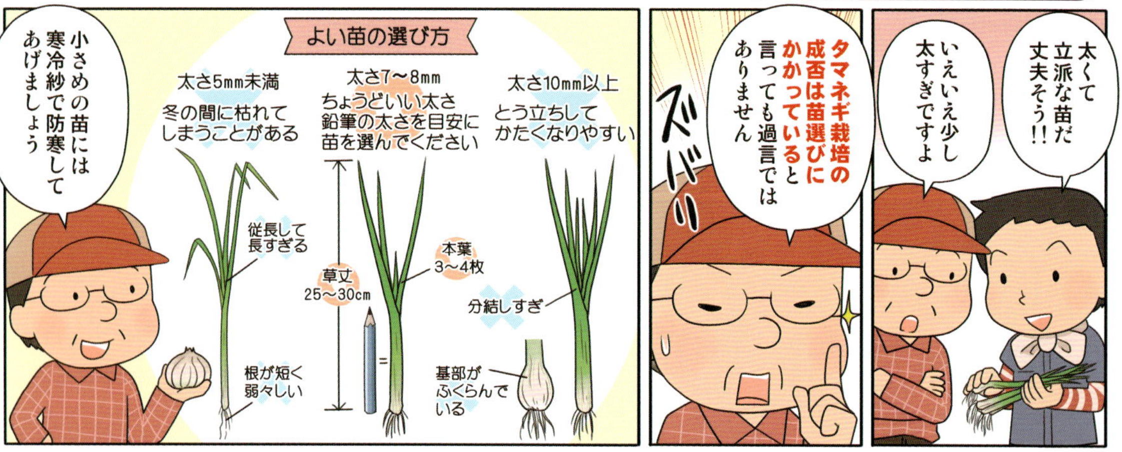

太くて立派な苗だ丈夫そう!!
いえいえ少し太すぎですよ
ズバリ
タマネギ栽培の成否は苗選びにかかっているといっても過言ではありません
小さめの苗には寒冷紗で防寒してあげましょう
よい苗の選び方
太さ5mm未満
冬の間に枯れてしまうことがある
従長して長すぎる
根が短く弱々しい
太さ7〜8mm
ちょうどいい太さ鉛筆の太さを目安に苗を選んでください
草丈25〜30cm
本葉3〜4枚
太さ10mm以上
とう立ちしてかたくなりやすい
分結しすぎ
基部がふくらんでいる

3 植え付け

植え穴1カ所に苗を1本植える

①11月頃、植え穴1カ所につき1本の苗を植えるので、土を2〜3㎝ほどすくって苗を置き、根元の白い部分が少し出るように土をかぶせてかるく押さえます。

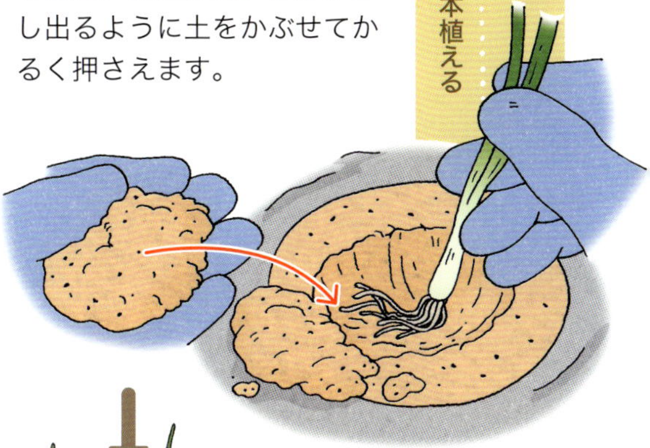

②植え付けたらたっぷり水をまきます。倒れている苗はしばらくすると自然に起き上がってきます。

4 追肥

成長に合わせて2回に分けて追肥

1回目
穴にまく

①2月上旬に1㎡あたり50gの化成肥料をマルチシートの穴にパラパラとまきます。

2回目

②２回目は株の成長に勢いが出てくる3月中旬〜下旬頃、1㎡あたり50gの化成肥料をマルチシートのまき穴にぱらぱらとまきます。この頃は雨が降らないので、乾燥したら水をたっぷりあげます。そうすることで根に肥料が吸収されます。

5 収穫

葉が根元から倒れてきたら収穫

５月中旬〜６月下旬頃、球がふくらんで葉が根元から倒れてきたら収穫のサイン。晴れた日を選び、根元から引っ張り収穫します。収穫後は半日ほど畑で乾燥させます。

球近くの
茎を持って
引き抜く!

日陰に吊るして保存しよう！

晩生種は、収穫後に風通しのよい日陰に吊るしておくと冬頃まで保存することができます。早生種はやわらかく保存に向かないので早めに食べましょう。

栽培カレンダー
1月
2月
3月
4月
5月
6月
7月
8月
9月
10月
11月
12月
植え付け
追肥
収穫（エシャレット）
収穫（ラッキョウ）

レベル ふつう

エシャレット

畑の薬とよばれるラッキョウを軟白栽培したエシャレット。現代人に必要とされる様々な栄養素を豊富に含んでいる健康野菜です。土寄せをしっかりとおこなうことが育成のポイント。

- 根菜類
- ユリ科

連作障害
なし

必要な資材
不要

1 畑の準備

肥料の吸収力が強いため元肥は控えめに

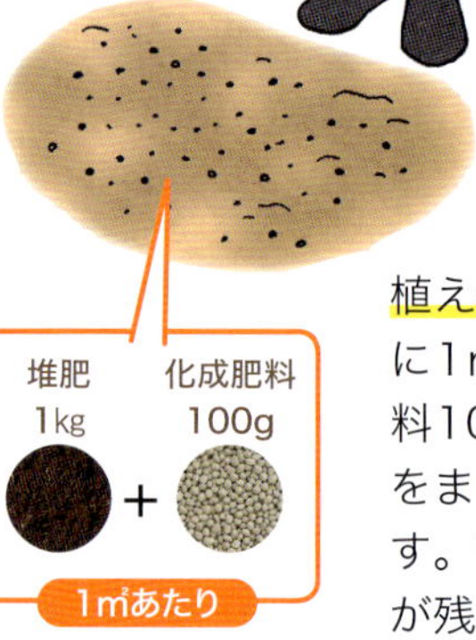

堆肥
1kg
化成肥料
100g
1㎡あたり

植え付けの1週間前に1㎡あたり化成肥料100g、堆肥1kgをまいてよく耕します。前作の肥料成分が残っている場合は元肥がなくても育てることができます。

2 植え付け

8月上旬～9月下旬頃に植え付ける

① 8月上旬～9月下旬頃、ラッキョウのタネ球を1球ずつばらします。枯れた外葉は取り除きます。

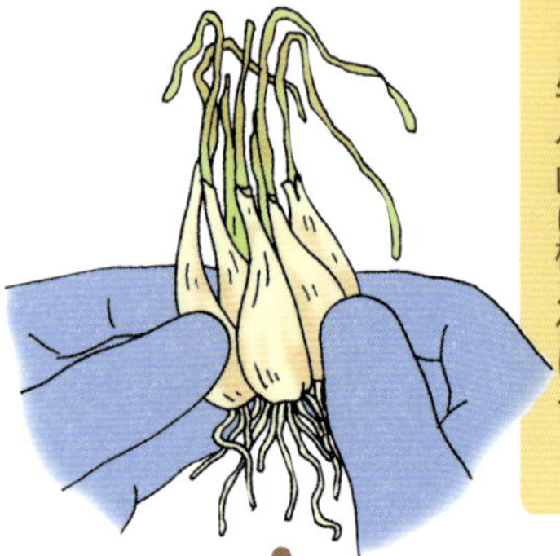

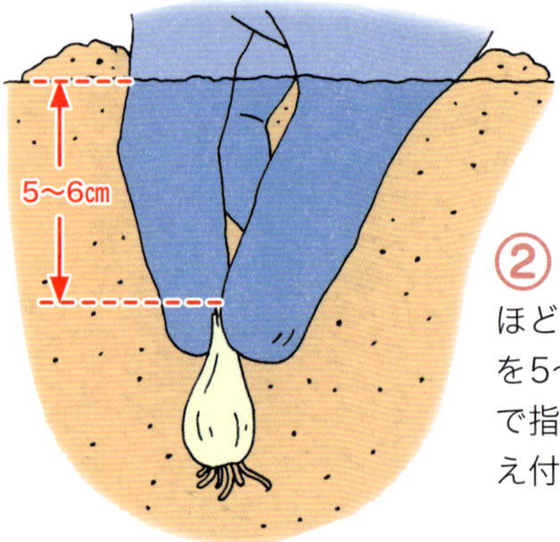

5～6㎝

② 株間10～15㎝ほどとって、タネ球を5～6㎝の深さまで指で押し込んで植え付けます。

プロのコツ 深植えして軟白部を育てる

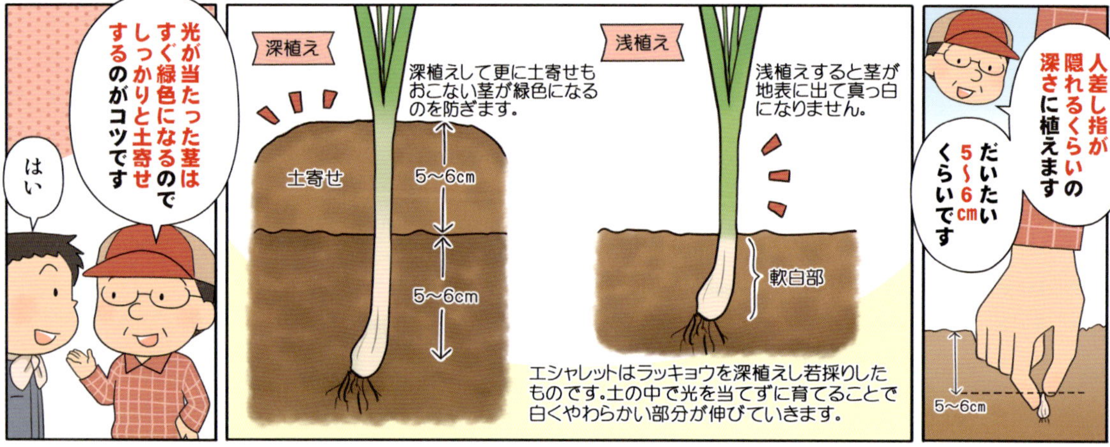

人差し指が隠れるくらいの深さに植えます
だいたい5～6cmくらいです
5～6cm
深植え
深植えして更に土寄せもおこない茎が緑色になるのを防ぎます。
土寄せ
5～6cm
5～6cm
浅植え
浅植えすると茎が地表に出て真っ白になりません。
軟白部
エシャレットはラッキョウを深植えし若採りしたものです。土の中で光を当てずに育てることで白くやわらかい部分が伸びていきます。
光が当たった茎はすぐ緑色になるのでしっかりと土寄せするのがコツです
はい

3 土寄せ・追肥

土寄せして軟白部を育てる

① 元肥が効いていれば追肥の必要はありませんが、状態を見ながら株が成長しはじめる２月頃に株間に1㎡あたり化成肥料30gをまき、かるく土寄せします。

② 3～4月頃、軟白部を育てるためしっかり土寄せします。

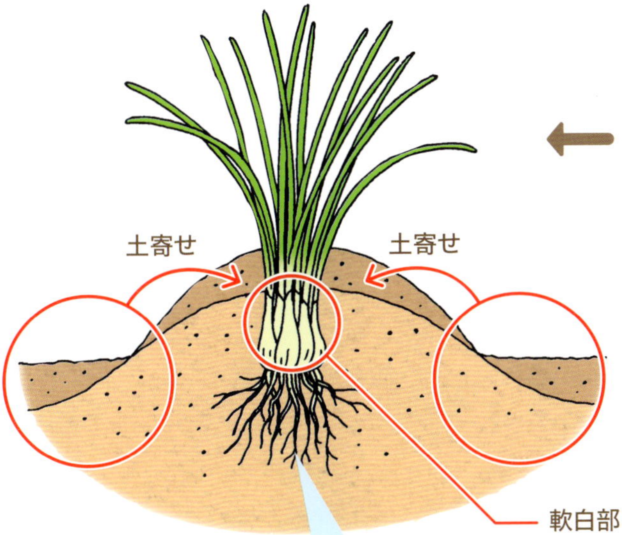

土寄せをして軟白部を伸ばす

エシャレットの特徴でもあるやわらかく白く伸びた茎。しかし土寄せをしないと茎が緑色になってしまいます。茎が土から大きく飛び出ないようにしっかりと土寄せしましょう。

4 収穫

収穫は植え付けの翌年におこなう

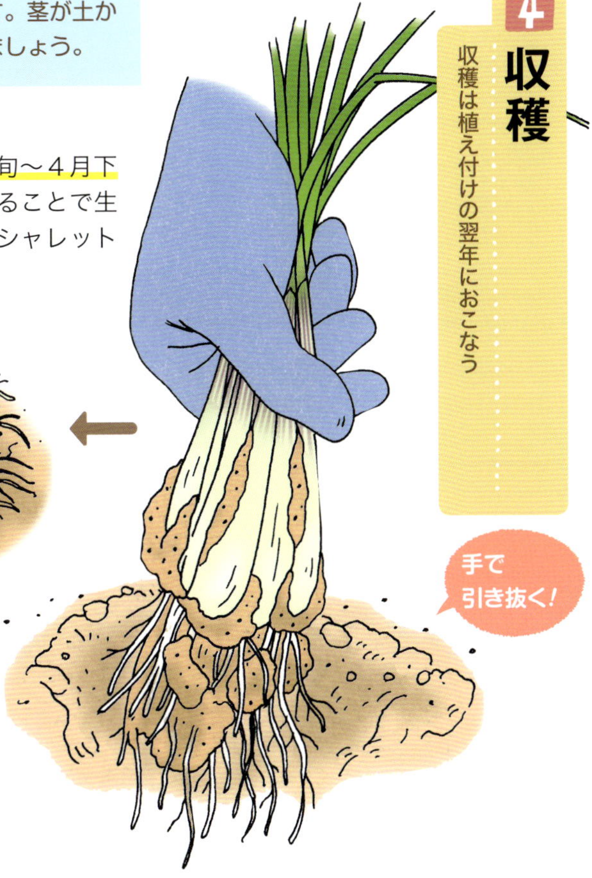

① 翌年３月下旬～４月下旬頃に若採りすることで生で食べられるエシャレットになります。

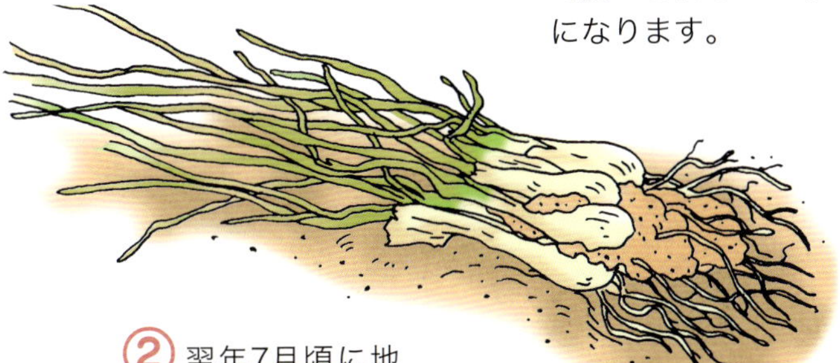

② 翌年7月頃に地上部が枯れてきたときに掘り起こして収穫するとラッキョウになります。

加藤先生の

菜園マスター講座④

収穫野菜をおいしく保存するコツ

次から次へと収穫期を迎える時期は、家庭だけでは消費しきれないことも。そこで欠かせないのが野菜の鮮度やおいしさをキープする保存の知恵です。

収穫された野菜は死んでいると思いますか？　いえいえ呼吸をしながら生き続けているのです。ではその呼吸をするためのエネルギーはどうやってまかなっているのでしょうか。収穫前の野菜は、光合成や根から吸収する養分を使って、呼吸に必要なエネルギーを生み出します。一方、収穫後の野菜は、蓄えている糖分（甘み、うま味のもと）を消費して、呼吸エネルギーに変換しているのです。したがって、呼吸が続けば続くほど、野菜の糖分が少しずつ失われていくわけです。また呼吸だけでなく、蒸散によって水分も失われていきます。冷蔵庫の庫内は乾燥しているため、蒸散も活発になります。

野菜の鮮度やおいしさを保つためには、呼吸と蒸散を抑制することがポイントになってきます。呼吸量をできるだけ抑えるためには、低温状態で保存することが有効です。家庭では冷蔵庫で保存するとよいでしょう。その際、ラップで包んだり、ポリ袋に入れておけば、蒸散も抑制できます。ただし、イモ類、カボチャ、タマネギなどは冷温に弱いため、風通しのよい冷暗所で保存しましょう。ホウレンソウやコマツナなどの葉物野菜は、ゆでて小分けにして冷凍保存しておくと重宝します。

長持ちする保存方法

● 冷蔵庫で保存

野菜は低温状態で呼吸を抑えられるため、ほとんどの野菜は冷蔵庫で保存すると鮮度やおいしさをキープできます。キュウリやブロッコリーなどの乾燥に弱い野菜やカットした野菜は水分が蒸発することを防ぐため、ラップで包んだり、ポリ袋に入れて保存します。

● 冷暗所で保存

冷温に弱いイモ類、カボチャ、タマネギなどは冷蔵庫よりも、ダンボールなどに入れて風通しのよい冷暗所で保存する方が長持ちします。

● 下処理して冷凍庫で保存

ネギやパセリなど薬味として使う野菜は、カットして冷凍保存しておくと重宝します。ホウレンソウ、コマツナはさっとゆでて小分け冷凍しておけば、おみそ汁の具やおひたしに利用できますし、調理の時短にもなります。

農家が教える
野菜の収穫・保存・料理

たくさん採れた野菜を、保存・料理して100パーセント味わいつくせる一冊（西東社刊）。

5章 春～夏に収穫する野菜

果菜類

葉菜類

レベル かんたん

インゲン

人間に必要な必須アミノ酸を9種類も含んでいる健康野菜。支柱が要らないツルなしタネが初心者向き。マメ科野菜を3年以上つくっていない畑を選んで連作障害を避けます。

- 果菜類
- マメ科

連作障害

3年は空ける

必要な資材

マルチシート、トンネル支柱、防虫ネット

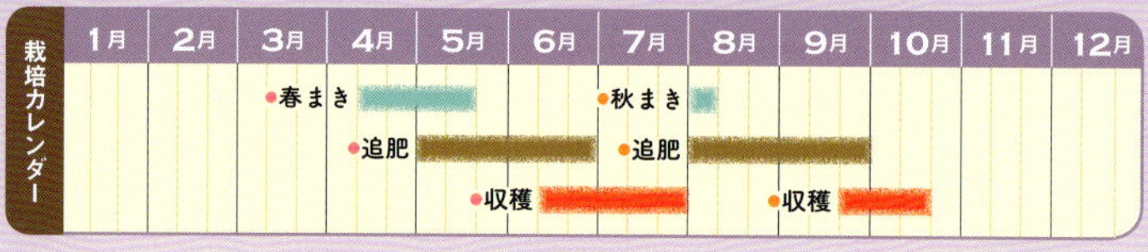

栽培カレンダー
1月 2月 3月 4月 5月 6月 7月 8月 9月 10月 11月 12月
春まき
秋まき
追肥
追肥
収穫
収穫

1 畑の準備

マメ科の野菜を3年以上つくっていない場所を選ぶ

① タネをまく1週間前に1㎡あたり化成肥料100g、堆肥2～3kgを全面にまき耕します。

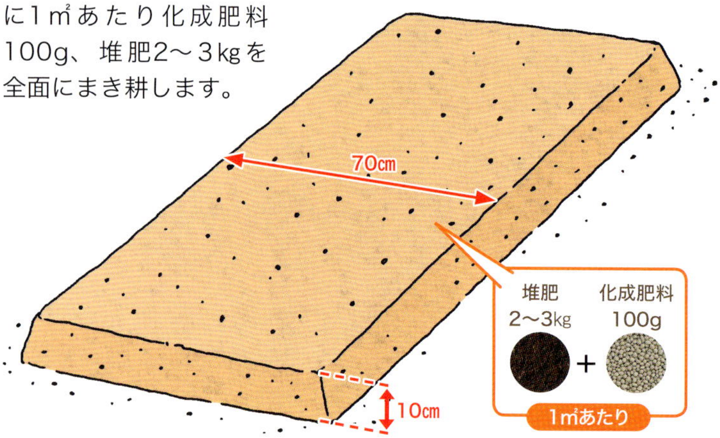

70cm
10cm
堆肥
2～3kg
化成肥料
100g
1㎡あたり

② 幅70cm、高さ10cmの畝をつくり、地温を上げ、サヤに土が付かないようにするため穴あきマルチシートを敷きます。

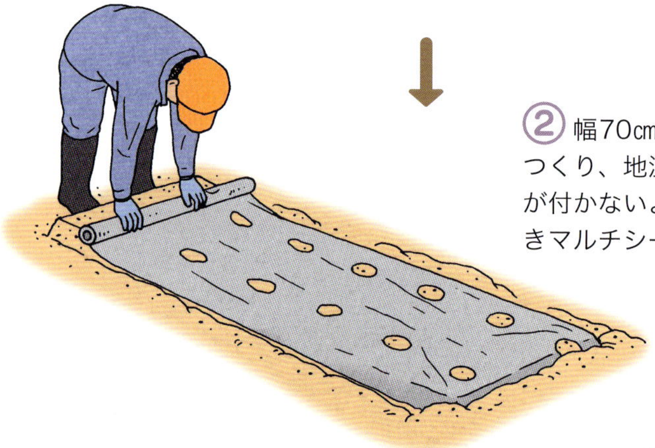

プロのコツ

初心者にはツルなしタネがおすすめ

ツルなしは時差まきすると長く楽しめます

ツルあり	ツルなし
草丈 ～200cm	草丈 40～50cm
収穫まで 2カ月	収穫まで 1カ月
収穫量 50～70本	収穫量 10～30本

1株あたりの目安

ツルありとツルなし?何が違うんだろう
初心者はツルなしがよいですよ

ツルなしインゲン
ツルなしは背丈が低いので管理しやすく成長も早いです
ツルありは成長は遅いが収穫量が多いです
ツルありインゲン
草丈が2m以上伸びるので支柱を立てる必要があります。ツルなしより1株の収穫量が多い。
膝くらいの高さしか伸びないのでツルありに比べて成長が早い。

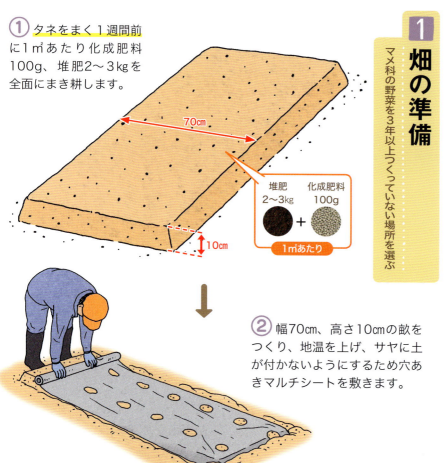

2 タネまき

マルチシートの穴に3粒ずつ

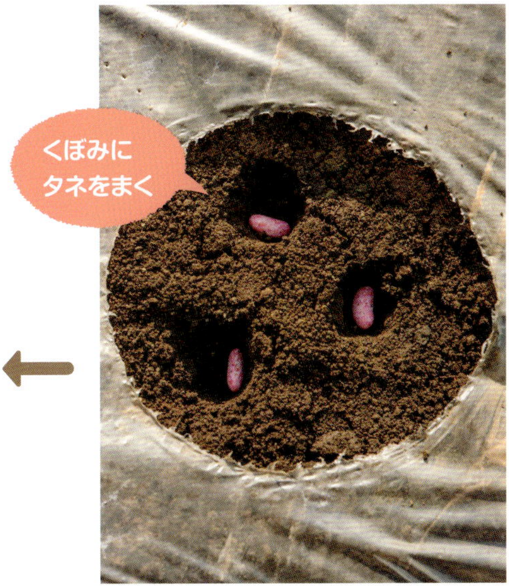

① 春まきなら4月中旬～5月中旬、秋まきなら8月上旬頃、まき穴に2～3㎝のくぼみを付けて3粒ずつまき、土をかぶせて手で鎮圧したっぷり水をまきます。1度に全部のタネをまかず時間差でまくと長期間収穫を楽しめます。

② 鳥によく狙われるので、トンネル支柱を挿して防虫ネットをかけておきます。アブラムシなどの害虫予防にもなるため、防虫ネットは収穫を迎えるまでかけておくとよいでしょう。

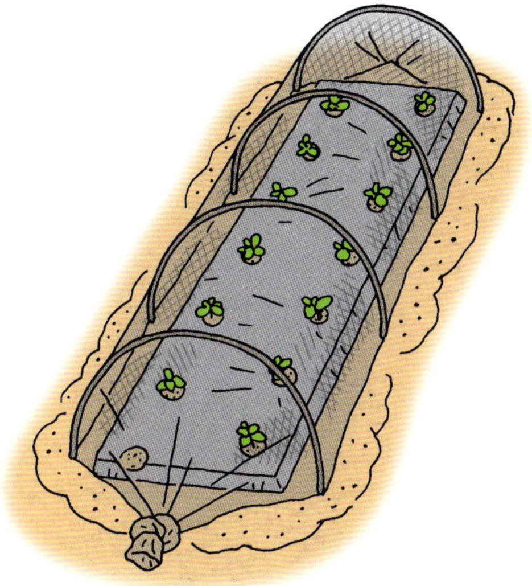

3 追肥

本葉が3～4枚の頃に追肥

本葉が３～４枚の頃にマルチシートの脇（通路側）に1㎡あたり30gの化成肥料をまき、土とかるく混ぜ合わせます。

4 収穫

サヤが15㎝ほどに育ったら収穫

サヤが15㎝ほどに育ったら付け根をハサミで切って収穫します。採り遅れるとかたくなるためサヤがあまりふくらまないうちに収穫しましょう。

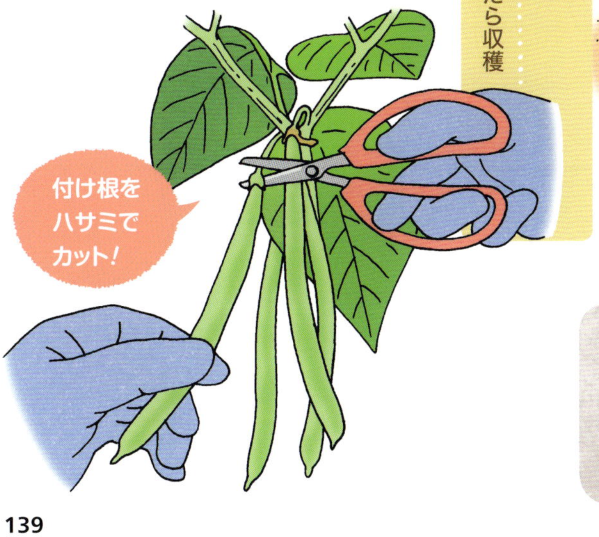

インゲンの病害虫対策

●アブラムシ

アブラムシが発生すると、株の生育が悪くなってしまいます。発生した場合は速やかに手でつぶします。

カボチャ

レベル
ふつう

緑黄色野菜の代表格で、ビタミンやミネラルを多く含んでいます。ハロウィンやシチューなど秋～冬のイメージがある野菜ですが、植え付けは5月で収穫は夏の終わり頃です。

- 果菜類
- ウリ科

連作障害

1～2年は空ける

必要な資材

マルチシート、わら

栽培カレンダー

	1月	2月	3月	4月	5月	6月	7月	8月	9月	10月	11月	12月
植え付け					━							
追肥						━	━					
収穫								━				

1 畑の準備

30㎝の穴を掘り根をしっかりと張らせる

① 縦横70㎝のスペースを確保し、植え付け1週間前に中央部に深さ30㎝の穴を掘ります。

② 1カ所あたり化成肥料35g、堆肥1.4kg、ヨウリン35gを用意し、穴の中に堆肥全量、化成肥料、ヨウリンは半量をまきかるくかき混ぜます。

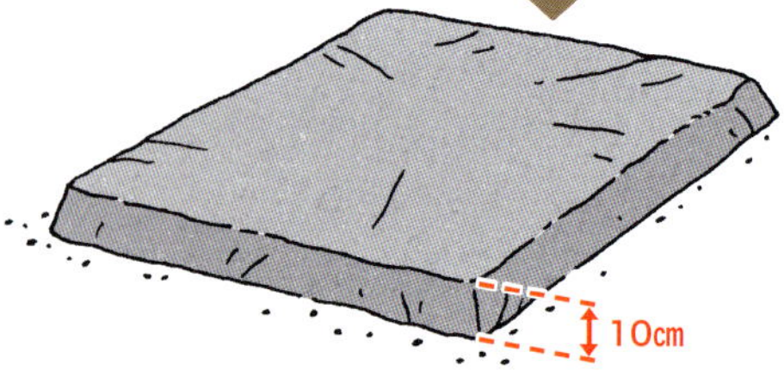

③ 化成肥料、ヨウリンの残り半量を、穴の周囲の土にまき埋め戻します。高さ10㎝の畝にしてマルチシートを敷きます。

2 苗選び

葉や茎がしっかりした苗を選ぶ

栽培株数が少ない場合は苗を購入するほうが経済的です。緑が濃く葉や茎がしっかりしている苗を選びましょう。

3 植え付け

植え付けは遅霜の心配がなくなる5月

5月にあらかじめポット苗に水を注ぎ、マルチシートに切り込みを入れ根鉢より少し大きめの穴を掘って、根を傷付けないようにポットから取り出し苗を植え付けます。

4 整枝・わら敷き

2～3本だけ残してわき芽を順次取り除く

① 子ヅルが2～3本伸びてきたら摘芯します。また、雌花が開花した早朝に雄花を摘んで人工授粉すると確実に実が付きます。

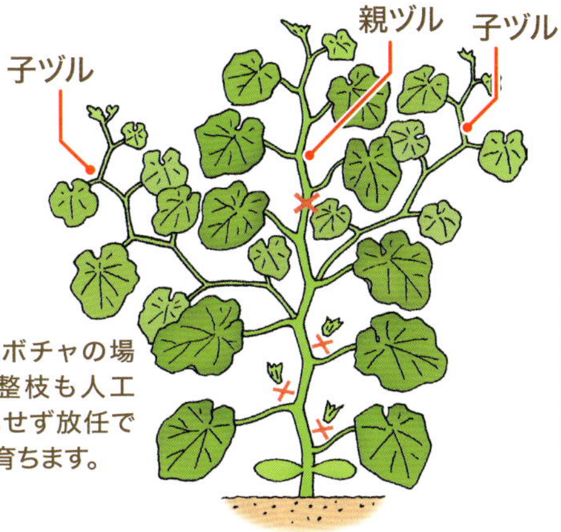
子ヅル
親ヅル
子ヅル

ミニカボチャの場合は、整枝も人工授粉もせず放任でもよく育ちます。

② ツルがマルチシートからはみ出すほど伸びてきたら、ツルの下にわらを敷きつめます。わらはホームセンターなどで購入できます。わらを敷くことによって果実への泥はねを予防します。

5 摘果・追肥

最初の果実は小さいうちに摘む

ツルを伸ばして株を大きくさせることを優先するため、株元に最初の果実が付いたら小さいうちに摘み取っておきます（摘果）。その後できた果実の肥大がはじまった頃、わらをめくり1㎡あたり化成肥料30gを株の周辺に施します。

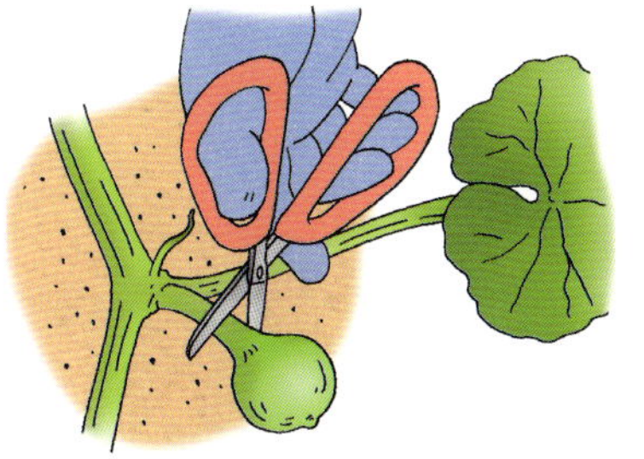

6 収穫

ヘタの白いすじが目立ってきたら収穫のサイン

ヘタから切り取る

カボチャが十分に肥大し、ヘタに白いすじが目立ってきたら収穫のサイン。ヘタを切り収穫しましょう。収穫後１～２週間ほど風通しのよい日陰に置いておく（追熟）と、デンプン質が糖に変わり甘みが増します。

プロのコツ 人工授粉で確実に実を付ける

雌花が咲きそうだ
人工受粉をおこないましょう
カボチャの花は早朝に開花するので遅くとも午前9時頃までに人工受粉をおこないましょう
受粉のやりかた
雄花の花粉を雌花の柱頭にこすり付けて受粉させる
雌花は丸くふくらんでいる
5/20
受粉 6/4
受粉日を記すと収穫の目安になる
雄花
花弁を取り花粉を剥きだしにする
カボチャの花粉の受精能力は開花後4～5時間と短いため確実に実をつけたいなら人工受粉が必要です。
雨天時
雨に濡れた状態での受粉は定着しにくいので成功率を上げるためには雨避けが必要です。
雨のときは前日から袋をかけ雨避けして受粉するとよいです

ゴーヤ

レベル かんたん

夏野菜の代名詞、ゴーヤ。食べるだけでなく、グリーンカーテンに仕立てることも可能。摘芯で小ヅル、孫ヅルを増やすことがグリーンカーテンづくりのコツ。

・果菜類
・ウリ科

連作障害
2〜3年は空ける

必要な資材
マルチシート、支柱
キュウリネット

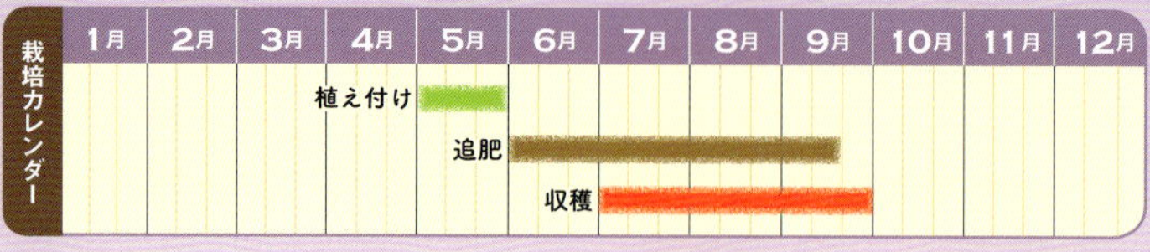

栽培カレンダー
1月
2月
3月
4月
5月
6月
7月
8月
9月
10月
11月
12月
植え付け
追肥
収穫

1 畑の準備

ウリ科の野菜を2〜3年つくっていない場所を選ぶ

① 植え付け1週間前、1㎡あたり化成肥料100g、堆肥2〜3kgを全面にまいて耕します。

1㎡あたり
堆肥
2〜3kg
化成肥料
100g

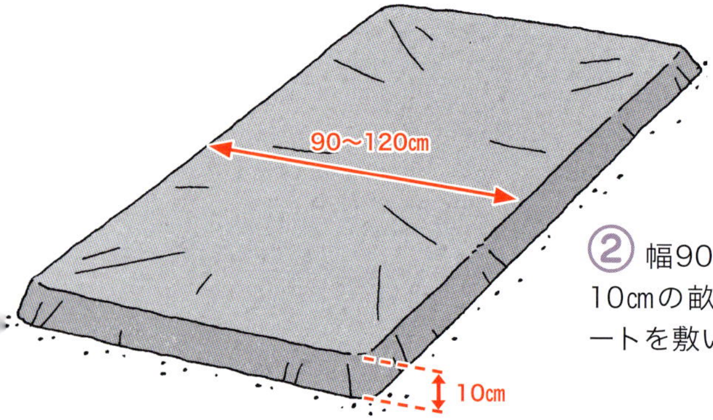

90〜120㎝
10㎝

② 幅90〜120㎝、高さ10㎝の畝にしてマルチシートを敷いておきます。

おすすめ品種

あばしゴーヤ

沖縄原産のゴーヤ。苦味が少なく肉厚でジューシーな味わいを楽しめる。

白れいし

あばしゴーヤを白くしたような品種。サラダとしても食べられる。

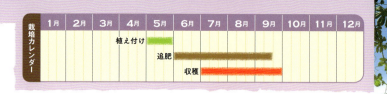

2 苗選び

緑の濃い丈夫そうな苗を選ぶ

1株からたくさん収穫できるので、タネの直まきやポットで育苗するよりも、丈夫な苗を必要な分だけ購入するほうがよいでしょう。

3 植え付け

地温が上がる5月頃に植え付ける

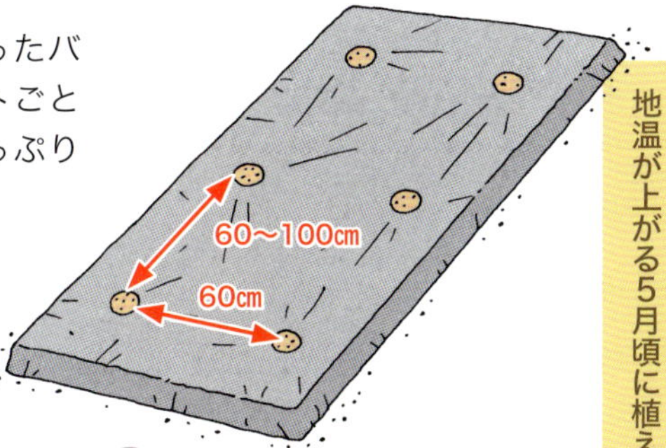

① 5月頃、株間60～100㎝、条間60㎝間隔でマルチシートに穴をあけ、植え穴を掘ります。

② 水を張ったバケツにポットごとつけ水をたっぷり吸わせます。

③ 根に付いた土のかたまりを崩さないようにやさしくポットから外して植え付けます。かるく水をあげた後、3日間は根を伸ばすため水をあげないようにします。

プロのコツ 水切れに注意する

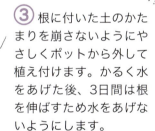

4 支柱立て

高さ2mほどの合掌式支柱を立てる

最初だけ巻きひげをネットに誘引すれば、あとは右の写真のように勝手に巻き付いていきます。

植え付け後、ゴーヤのツルはよく伸びるため、高さ2mほどの合掌式支柱（→P37）を立て、巻きひげがよくからみ付くように支柱にネットを張ります。

摘芯で日当たりをよく！

葉が密集すると風通しや日当たりが悪くなり、病害虫を誘引することになります。摘芯をおこなうことで適度にすきまができ、生育をサポートすることができます。

5 摘芯

親ヅルは本葉5～6枚で摘芯する

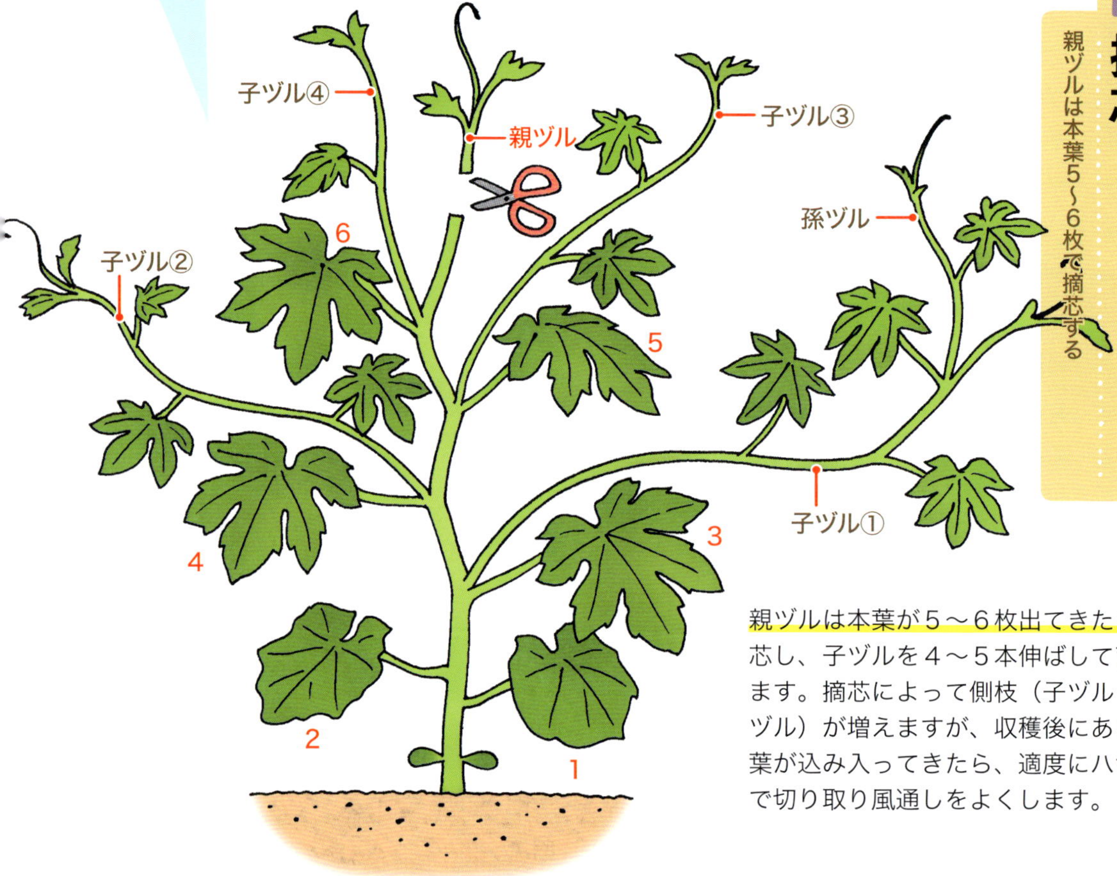

親ヅルは本葉が５～６枚出てきたら摘芯し、子ヅルを４～５本伸ばして育てます。摘芯によって側枝（子ヅル・孫ヅル）が増えますが、収穫後にあまり葉が込み入ってきたら、適度にハサミで切り取り風通しをよくします。

6 追肥

2週間に1回のペースで追肥

第一果がなりはじめたら、肥料切れを起こさないように、1㎡あたり化成肥料50gを2週間に1回のペースで施します。

通路にまく

7 収穫

開花後2〜3週間で収穫

開花後2〜3週間でヘタをハサミで切り収穫します。採り遅れると黄変し、さらに熟すと実が割れてしまいます。

ヘタをハサミでカット!

プロのコツ 親ヅルの摘芯で子ヅルを増やす

どんどん伸びろ〜
この辺で芯を切りましょうか
な…何故!!
親ヅルを摘芯すると子ヅルが旺盛に伸びるからですよ
本葉5〜6枚で摘芯
親ヅル1本が上へ上へと伸びるよりも、子ヅルや孫ヅルが何本も伸びる方が全体の葉数が増え元気良く成長します。
カット
⑤
④
③
②
①
子ヅル
子ヅル
グリーンカーテンの場合
子ヅルの葉が6〜7枚の頃更に摘芯すると孫ヅルが育ちます。葉を増やしたい隙間にツルを誘引するとよいでしょう。
孫ヅルを誘引する
カット

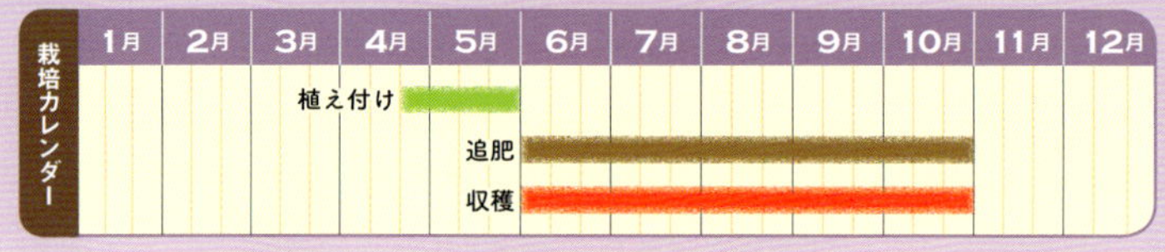

栽培カレンダー
1月
2月
3月
4月
5月
6月
7月
8月
9月
10月
11月
12月
植え付け
追肥
収穫

レベル かんたん

シシトウ

シシトウは辛みのないトウガラシの一種。ビタミンCが豊富で、夏バテ防止効果に期待。実を大きくしすぎると株の生育に負担がかかるので、テンポよく収穫します。

- 果菜類
- ナス科

連作障害

3年は空ける

必要な資材

支柱、マルチシート、トンネル支柱、防虫ネット

1 畑の準備

ナス科の野菜を3年以上つくっていない場所を選ぶ

① 植え付け1週間前に深さ30㎝の溝を掘り、1㎡あたり化成肥料200g、堆肥2～3㎏のうち、化成肥料の半量は溝の左右にまき、残りの全てを溝の中にまき、かるくかき混ぜ埋め戻します。

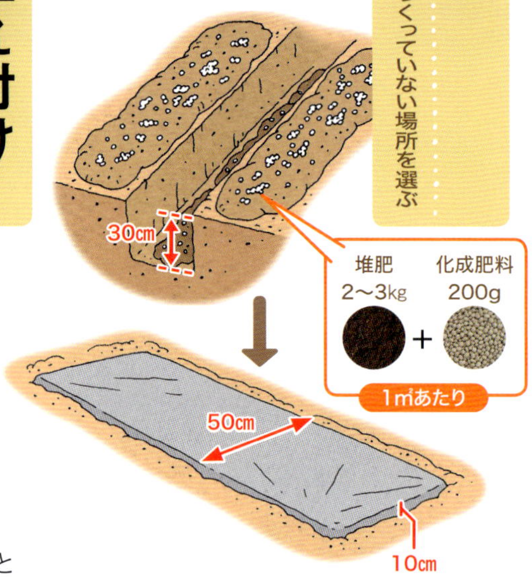

30㎝
堆肥
2～3㎏
化成肥料
200g
1㎡あたり
50㎝
10㎝

② 幅50㎝、高さ10㎝の平畝にして畝の上面を平らにならし、マルチシートを敷いておきます。

2 苗選び・植え付け

4月下旬～5月下旬におこなう

① 葉や茎がしっかりしていて緑が濃い苗を選びます。

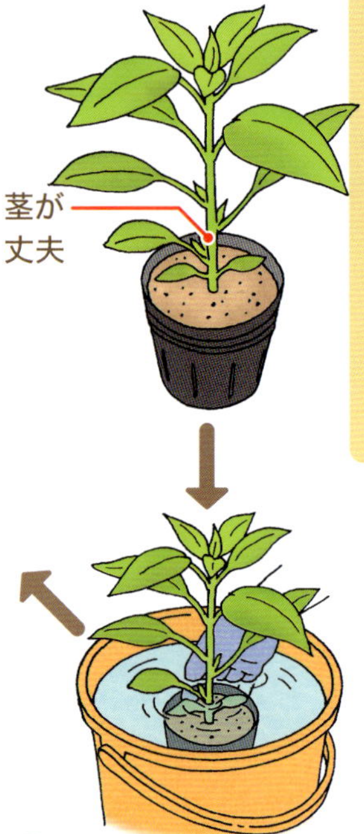

茎が丈夫

② 高温性の植物なのでしっかりと地温が上がる4月下旬～5月下旬に苗を植え付けます。水を張ったバケツにポットごとつけ、水をたっぷり吸わせます。

プロのコツ

地温と水分に気をつける

葉がピーマンと似ているなぁ
シシトウはピーマンの仲間で育て方も似ていますよ
熱帯性の植物なので低温では生育が悪くなりまた水切れすると辛みが出てきます
地温管理と水分保持が大事
地温を上げて水分を保持するためマルチシートを敷きましょう。
水分保持
地温UP
畝高10㎝
水はけの悪い土質のときは20㎝程にします。
…とはいえ多湿にも弱いので水のやり過ぎにも気をつけましょう
はい

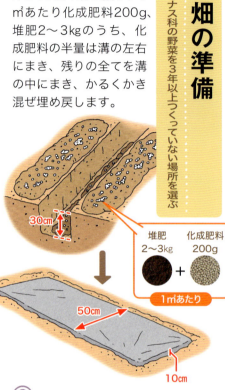

③ ポットより一回り大きな穴を株間50cm間隔で掘り植え付け、防虫ネットをかけます。根を伸ばすため植え付け後にかるく水をあげた後、3日間は水をあげないようにします。

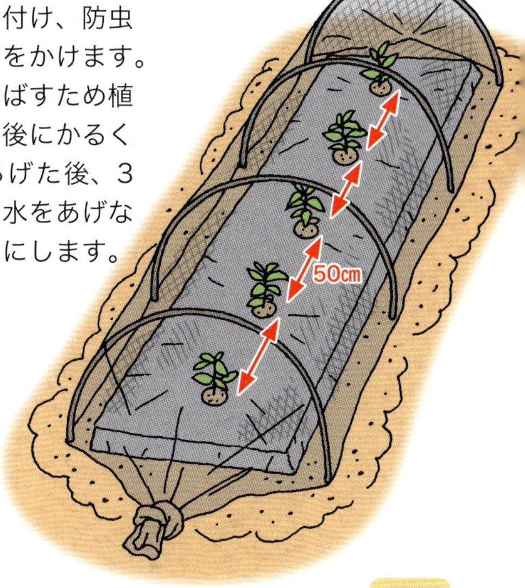
50cm

3 支柱立て・整枝

植え付け2週間後におこなう

① 植え付け後2週間ほどしたら主枝に沿って1mくらいの支柱を立て、ひもやビニールテープで誘引します。

② 株の成長を優先させるために一番花より下のわき芽は全て摘み取ります。

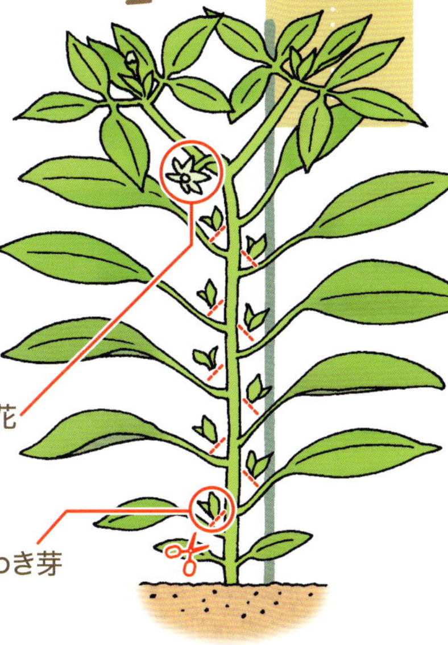
一番花
わき芽

4 追肥

実ができたら2週間に1回のペース

実ができてきたら2週間に1回のペースで1㎡あたり50gの化成肥料をマルチシートの外側にまき、かるく耕します。

通路にまく

5 収穫

実が6～7cmになったら収穫する

実が6～7cmぐらいになったらヘタの部分をハサミで切って収穫します。株が疲れないように早めに採ることで秋まで収穫することができます。

ヘタをハサミでカット!

スイカ

レベル
むずかしい

熱中症を防ぐ夏の野菜の王様。豊富に含まれるカリウムは余分なナトリウムを排出してくれ、むくみ改善効果も期待できます。連作障害が起きやすいので接ぎ木苗を選びます。

•果菜類
•ウリ科

連作障害
5年は空ける

必要な資材
マルチシート、わら

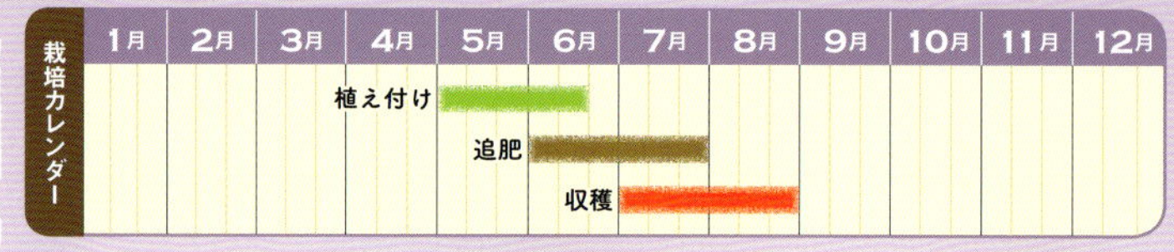

栽培カレンダー
1月
2月
3月
4月
5月
6月
7月
8月
9月
10月
11月
12月
植え付け
追肥
収穫

1 畑の準備

ウリ科の野菜を5年以上栽培していない場所を選ぶ

① 70㎝四方のスペースをとって、植え付け1週間前に中央部に深さ30㎝の穴を掘ります。ツルがぐんぐん伸びるためスペースに余裕をもたせて畑を準備します。

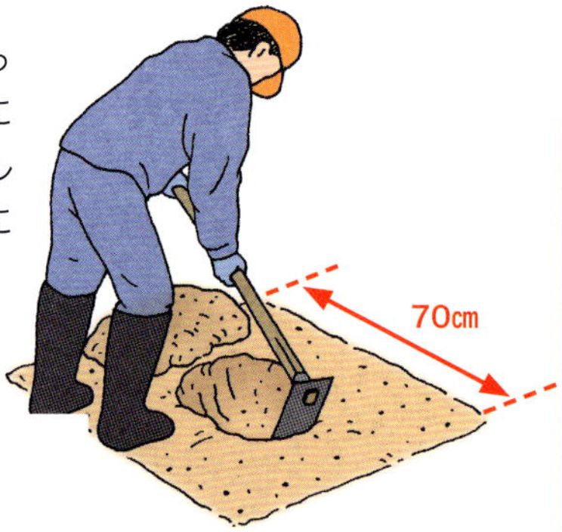

70㎝

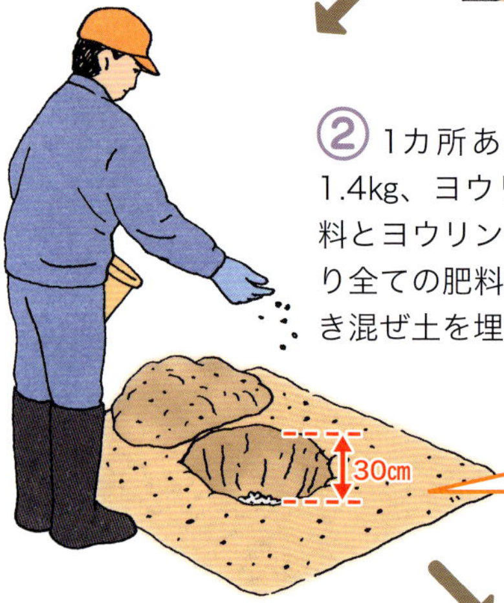

30㎝

② 1カ所あたり化成肥料70g、堆肥1.4kg、ヨウリン35gを用意し、化成肥料とヨウリンの半量を穴の外にまき、残り全ての肥料を穴の中にまき、かるくかき混ぜ土を埋め戻します。

1㎡あたり
堆肥
1.4kg
化成肥料
70g
ヨウリン
35g
+
+

③ 高さ10㎝の畝を立ててマルチシートを敷いておきます。

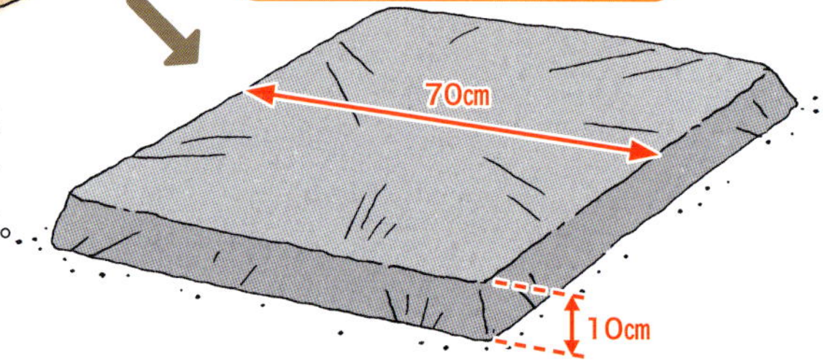

70㎝
10㎝

2 苗選び・植え付け

接ぎ木苗を5月上旬～6月中旬に植える

緑の濃い、茎のガッシリした丈夫な接ぎ木苗を選びます。5月上旬～6月中旬に根鉢より少し大きめの穴を掘って、苗を植え付けます。

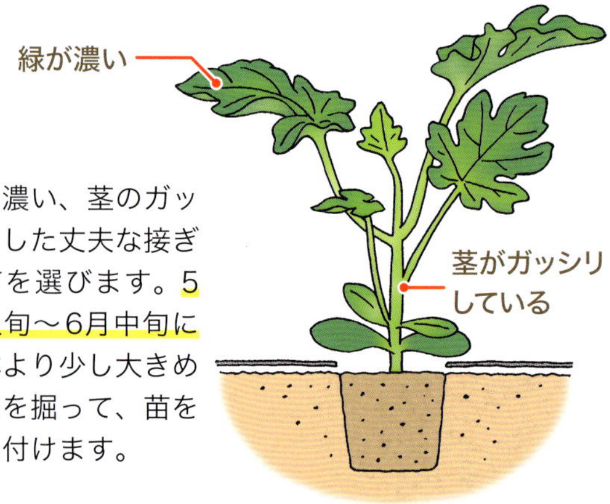

緑が濃い
茎がガッシリしている

おすすめ品種

マダーボール

ラグビーボールのように楕円形をしている。ひと株で6玉程度付けられ収穫適期も長いため初心者向き。甘さも申し分なし。

3 追肥（1回目）

ツルが勢いよく伸びてきたら追肥

ツルが勢いよく伸びはじめた頃に、1㎡あたり30gの化成肥料を株元に施します。

4 整枝

本葉5〜6枚で摘芯して子ヅルを伸ばす

親ヅル（主枝）は本葉5〜6枚が付いたところで摘芯して、第1子ヅルは取り除き、第2〜第5の子ヅル4本を伸ばします。

親ヅル
カット!
6
子ヅル③
子ヅル④
5
4
子ヅル②
子ヅル①
3
2
1
カット!

プロのコツ 甘くて美味しいスイカをつくるコツ

甘くておいしいスイカを作るコツを教えてください
水はけと風通しをよくすることです梅雨時はトンネルをかけるとよいですよ
スイカはアフリカの砂漠が原産なので乾いた土が大好きなんです
なので梅雨の季節は雨対策をしないと湿度や水分が高すぎてうまく育ちません
苗を植え付けと同時にトンネル用の支柱を立てておき、梅雨入りしたらビニールトンネルをかけて梅雨が明けたら外します。
瑞々しいので水はたっぷり必要なのかと思ってましたが違うんですね!
水やりは控えめに土の乾燥が目立つ時だけでよいですよ

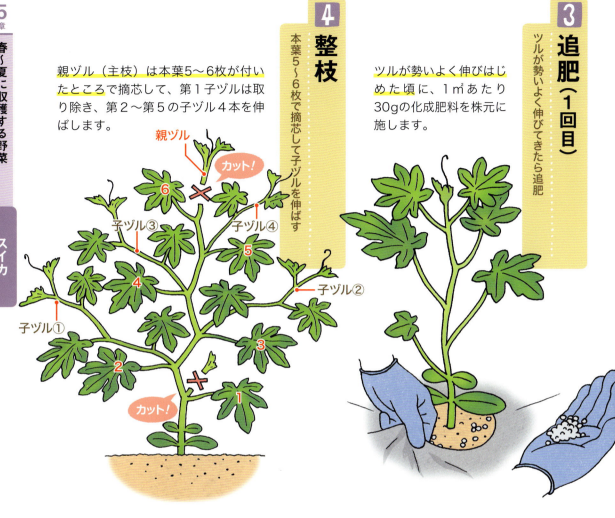

5 わらを敷く

土の跳ね返り防止のためわらを敷く

ツルがマルチシートの外に伸びる頃、わらを株の周囲に敷きつめます。わらを敷くことで土が葉に付きづらくなり、病気予防になります。また防湿、雑草防止などの効果もあります。

6 人工授粉

確実に着果させるための人工受粉

スイカは虫や風などで自然に受粉しますが、着果を確実にするために人工受粉します。午前９時頃までに、当日咲いた雌花（子房が付いている花）の柱頭に、切り取った雄花の花粉をかるく付けます。

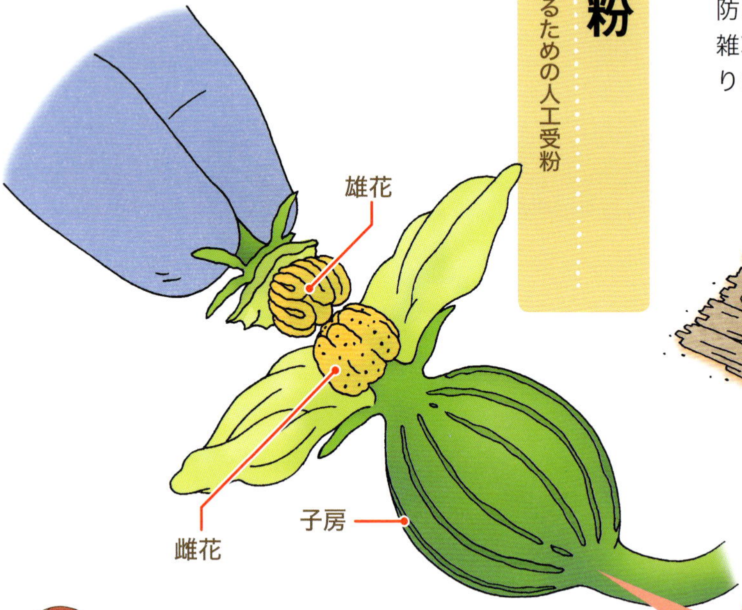

雄花
雌花
子房

受粉の日付を記録しよう！

スイカの収穫適期は外観だけで判断しづらいため、人工受粉の日付を記録した札を実のツルにつけておくと目安になりますよ。スイカは収穫適期が短いので注意しましょう。

プロのコツ 人工授粉で確実な着果を狙おう

朝6時
朝早くから何を…
ふあ〜〜
人工受粉ですよ!!
お昼じゃ遅いんですか？
スイカの花粉は寿命が短いんです
早朝に開花した雄花と雌花で遅くとも午前9時までには人工受粉します
雌花
ふくらんでいる
雄花
摘んで花弁を取り除く
雌花の柱頭に、雄花の花粉をこすり付ける。
放任だと実がつかないことも多いので人工受粉で確実に着果を狙いましょう。
要領はカボチャの受粉と同じなんですねじ

7 追肥（2回目）

ソフトボール大になったら追肥

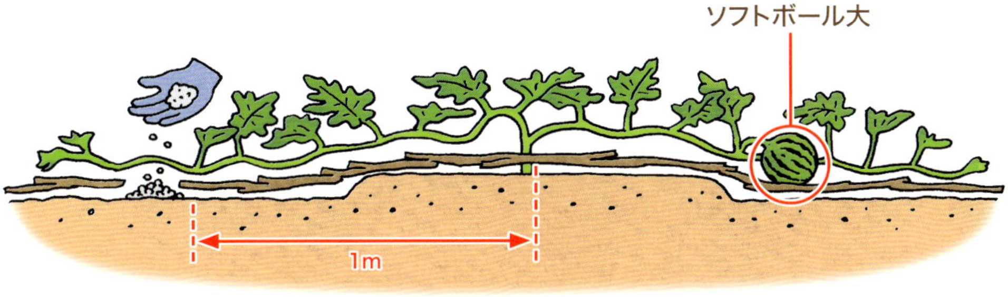

第一果がソフトボール大になった頃に、1㎡あたり化成肥料30gを、株元から1mくらい離れたわらの下に施し、果実の肥大を促します。

8 摘果

1株に2玉にする

子ヅルの２番目の果実を着果させて１株につき2玉になるように摘果します。

9 収穫

人工受粉した日から45～50日後が目安

人工受粉をした日から４５～５０日後（タネ袋確認）、果実のすぐ近くのまきひげが枯れてきたら収穫適期です。早く採りすぎると青っぽく味が薄く、採り遅れると食感が悪くなるので注意。

トウガラシ

レベル かんたん

トウガラシの辛味のもと「カプサイシン」は胃腸に働き、食欲や消化を促進させる効果があります。もともと熱帯原産の植物なので、気温が十分に上がってから植え付けます。

•果菜類
•ナス科

連作障害
3〜4年は空ける

必要な資材
支柱、マルチシート

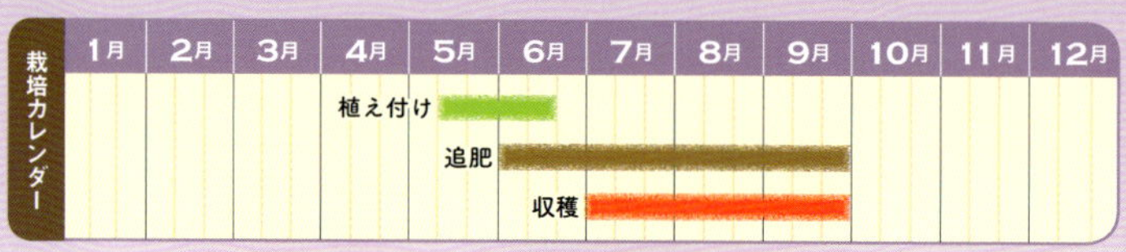

栽培カレンダー
1月 2月 3月 4月 5月 6月 7月 8月 9月 10月 11月 12月
植え付け
追肥
収穫

1 畑の準備

ナス科の野菜を3年以上つくっていない場所を選ぶ

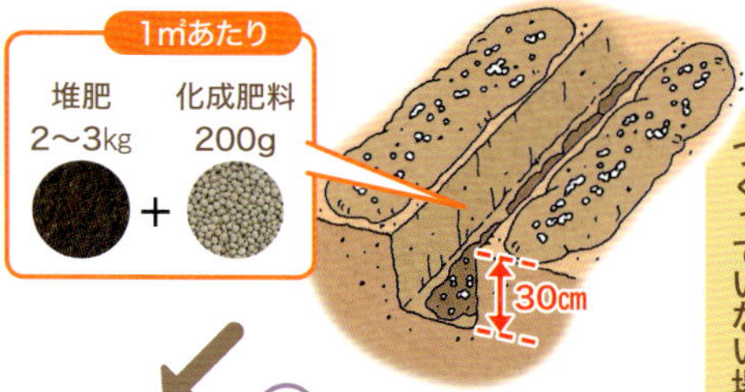

1㎡あたり
堆肥
2〜3kg
化成肥料
200g
+
30cm

① 植え付け1週間前に深さ30cmの溝を掘ります。1㎡あたり化成肥料200g、堆肥2〜3kg、化成肥料の半量を溝の左右にまき、残りの肥料は溝の中にまきます。

② 左右の土手の土を埋め戻し、幅70cm、高さ10cmの畝をつくり、平らにならし、マルチシートを敷いておきます。

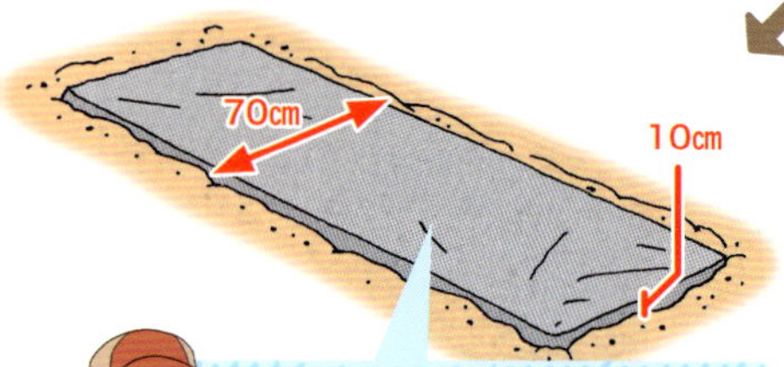

70cm
10cm

マルチシートを敷こう！
高温性の植物なので、マルチシートを敷いて地温を上げるなど、低温にさらさないように育てましょう。

2 植え付け

5月中旬〜6月中旬に植え付ける

① 葉や茎がしっかりした苗を選び、ポット苗ごとバケツの水に浸して水を吸わせておきます。

② 根鉢よりも一回り大きな穴を掘って、株間50cmあけて植え付け、かるく水をあげたら、根を伸ばすためその後3日間は水をあげないようにします。

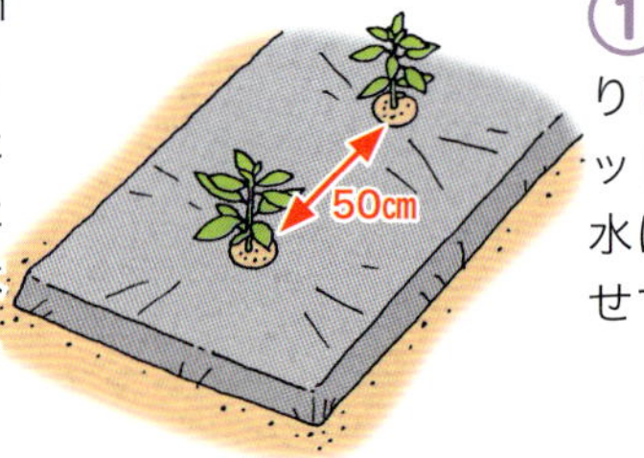

50cm

プロのコツ わき芽を摘んで株を大きく育てる

一番花の下のわき芽は全部摘んでください
全部ですか!?
株の生育を促進させるのと風通しを良くするためです
一番花の下
一番花より上の3本の枝を大きく育てましょう。
枝①
枝②
枝③
一番花
わき芽を摘む
成長後
1株でこんなに実るんだ…
豊作だと数百個とか採れますよ
どっさり

3 支柱立て・整枝

支柱を立ててわき芽を摘む

①株が大きくなってきたら、主枝のわきに支柱を立て、ひもやビニールテープで誘引します。

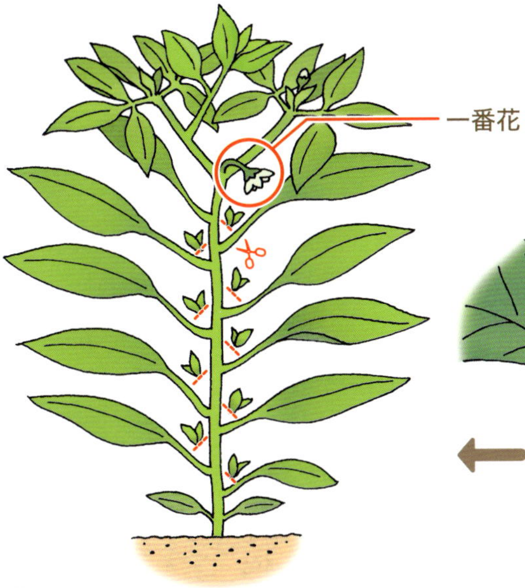

②一番花が咲いたタイミングで、その花より上の主枝とわき芽を伸ばし、それより下のわき芽は全て摘み取ります。

4 追肥

2週間に1回のペースで追肥

最初の実がなった頃から、2週間に1回のペースで1㎡あたり50gの化成肥料を通路にまき、かるく土と混ぜ合わせます。生育期間が長いため肥料切れを起こさないようにします。

5 収穫

真っ赤に色づいたら収穫の目安

真っ赤に色づいたらヘタの部分をハサミで切って収穫します。株ごと抜き取って風通しのよい場所で乾燥させると長期保存できます。

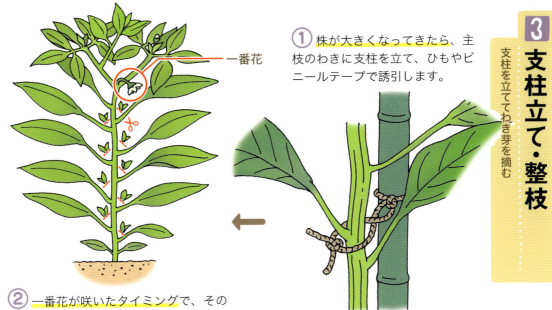

クウシンサイ

レベル かんたん

シャキシャキした食感とクセのなさが人気。ビタミン、鉄分などが豊富で、夏場に採れる貴重な葉物野菜です。収穫後に追肥することで、10月まで長期収穫が可能です。

•葉菜類
•ヒルガオ科

連作障害
3年は空ける

必要な資材
不要

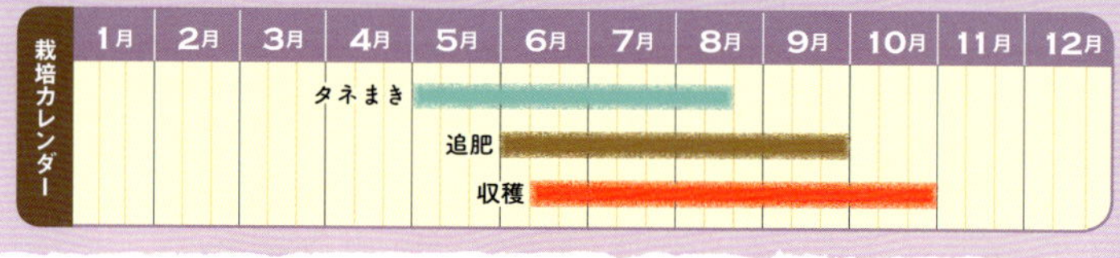

栽培カレンダー
1月
2月
3月
4月
5月
6月
7月
8月
9月
10月
11月
12月
タネまき
追肥
収穫

1 畑の準備

湿った場所を選ぶとよく育つ

1㎡あたり
堆肥
2～3kg
化成肥料
100g
+

① タネまきの１週間前に1㎡あたり化成肥料100g、堆肥２～３kgを全面にまいてよく耕します。連作障害にならないよう、3年は空けましょう。

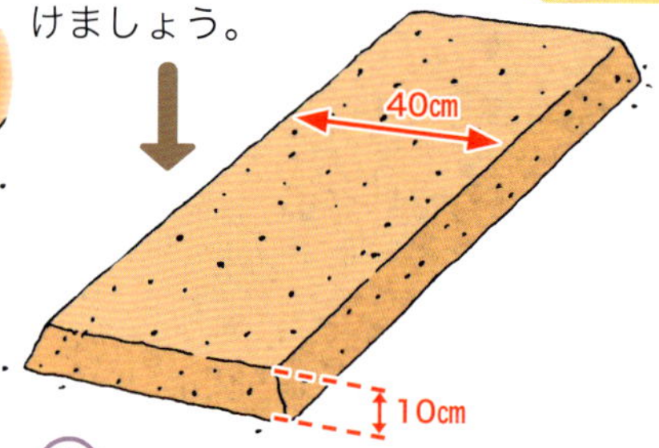

40㎝
10㎝

② 幅40㎝、高さ10㎝の畝をつくり、平らにならします。

2 タネまき

気温が上がる5月以降にまく

コップの水に一晩入れて寝かしておく

① 種皮がかたいので一晩コップの水に浸します。タネがやわらかくなり発芽しやすくなります。

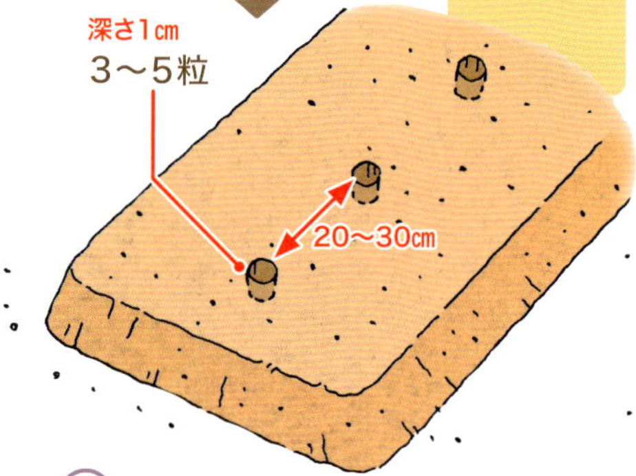

深さ1㎝
3～5粒
20～30㎝

② 5月上旬～8月中旬頃、20～30㎝間隔で深さ１㎝の穴をあけ、１カ所につき３～５粒のタネをまいて土を乗せかるく耕します。

プロのコツ 十分暖かくなってからタネをまく

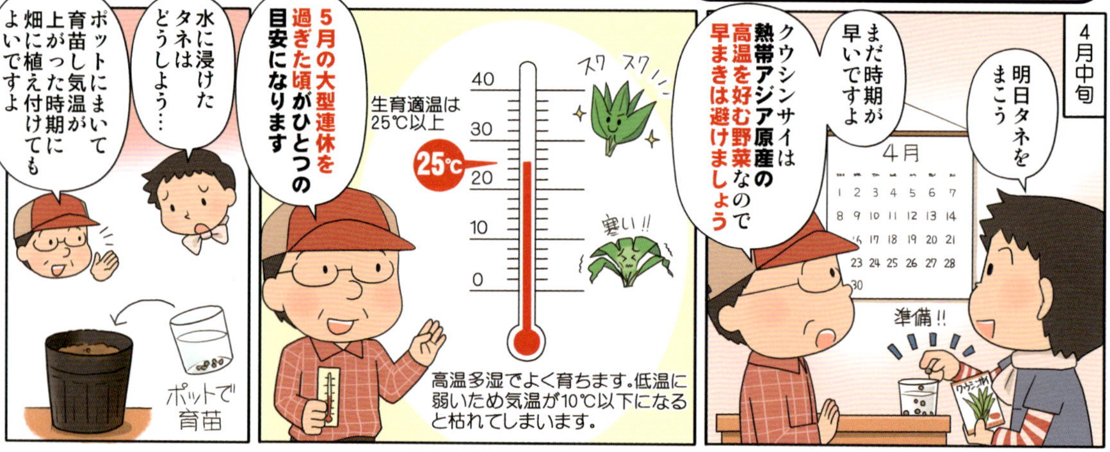

4月中旬
明日タネをまこう
まだ時期が早いですよ
クウシンサイは熱帯アジア原産の高温を好む野菜なので早まきは避けましょう
4月
準備!!
5月の大型連休を過ぎた頃がひとつの目安になります
生育適温は25℃以上
25℃
高温多湿でよく育ちます。低温に弱いため気温が10℃以下になると枯れてしまいます。
寒い!!
水に浸けたタネはどうしよう…
ポットにまいて育苗し気温が上がった時期に畑に植え付けてもよいですよ
ポットで育苗

3 追肥

2週間に1回のペースで追肥

草丈10〜15㎝になったら1㎡あたり50gの化成肥料を株の周囲にまき、かるく土を寄せます。以後２週間に１回のペースで追肥します。

4 摘芯

草丈20〜25㎝になったら摘芯

わき芽を伸ばすために草丈20〜25㎝になったら下の葉２〜３枚を残して摘芯します。

5 収穫

伸びたわき芽を摘み取る

わき芽が伸びて草丈30㎝ほどになったら、伸びたわき芽を摘み取って収穫します。わき芽は次々に伸びてくるのでわき芽の葉を2〜3枚残し順次収穫します。

秋まで収穫を楽しもう！

クウシンサイは夏場に収穫できる貴重な葉物野菜です。肥料を切らさないように管理すれば10月頃まで長期間楽しめます。

シソ

レベル かんたん

さわやかな風味で料理に重宝するシソは、ビタミンやミネラルなど、多くの栄養素を含んでいます。乾燥が苦手なので水やりを忘れずに育てましょう。

- 葉菜類
- シソ科

連作障害
1〜2年は空ける

必要な資材
不要

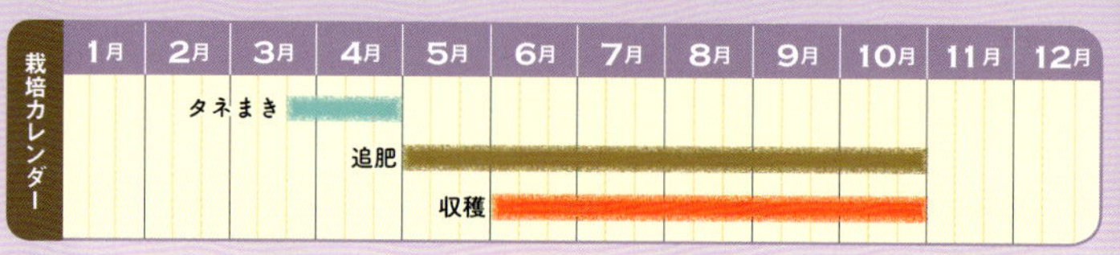

1 畑の準備

日当たりのよい場所を選ぶ

① タネをまく1週間前に1㎡あたり化成肥料100g、堆肥2〜3kgを全面にまきます。

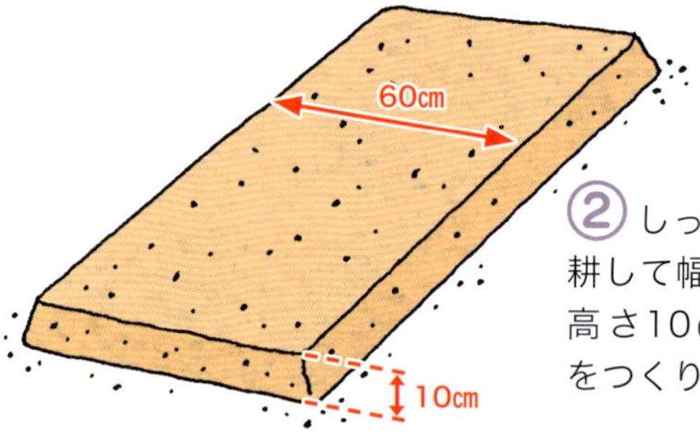

② しっかりと耕して幅60cm、高さ10cmの畝をつくります。

2 タネまき

3月下旬〜4月下旬頃にまく

① 3月下旬〜4月下旬頃、株間40cmでタネを埋めるくぼみをつくりますが、発芽に光が多く必要なため深さは5mmと浅くします。

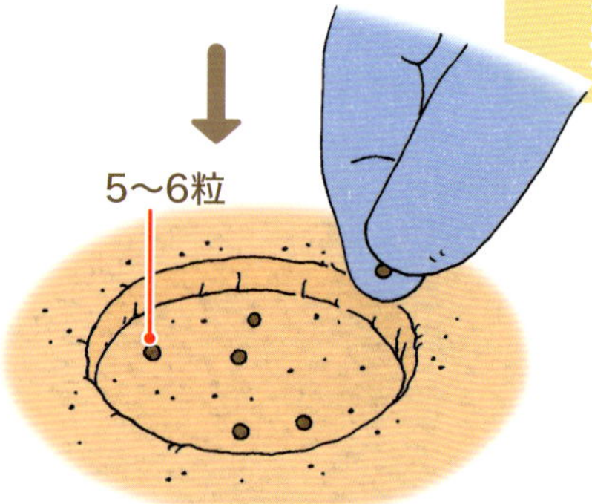

② 1カ所5〜6粒ずつタネをまき、かるく土をかぶせ、タネが流れないようにジョウロでやさしく水をまきます。

プロのコツ 青ジソと赤ジソの混植を避ける

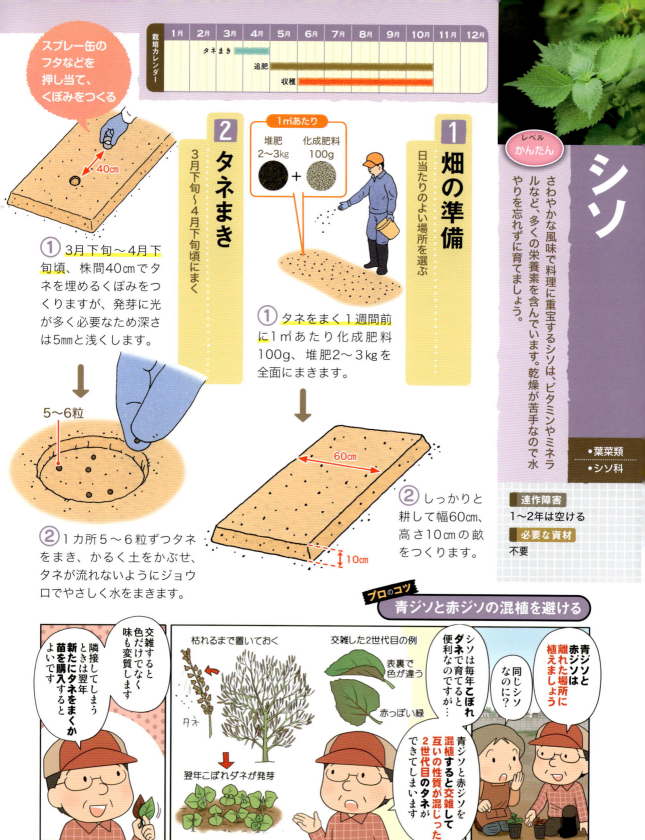

3 間引き・追肥

本葉が4～5枚になったら間引いて追肥

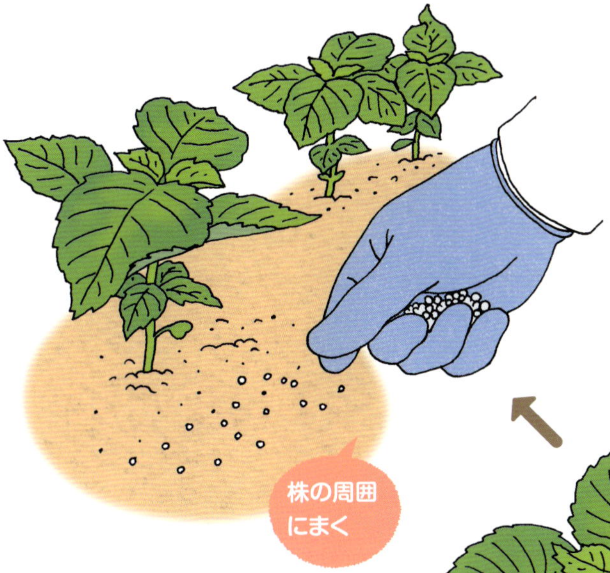

① 本葉が４～５枚になったら、草勢のよい株１本だけ残してほかは間引きます。

② 間引き後に1㎡あたり30gの化成肥料を株の周囲にまき、かるく土と混ぜ合わせます。以後、株に勢いがなくなってきたら同量の化成肥料を適宜施します。

次々に葉が茂るので、やわらかい若葉のうちに収穫しましょう。

4 収穫

必要な分だけそのつど収穫

６月頃、草丈30㎝以上になったら、下の方の葉から必要な分だけ収穫していきます。乾燥に弱いため夏場の水やりを忘れずに。

ツルムラサキ

レベル ふつう

葉物野菜が不足する夏が旬のツルムラサキ。独特のぬめりの正体ムチンは、呼吸器や胃の粘膜に作用して、風邪や胃炎などを予防します。夏場は朝夕の水やりを忘れずに。

- 葉菜類
- ツルムラサキ科

連作障害

なし

必要な資材

支柱、マルチシート、キュウリネット

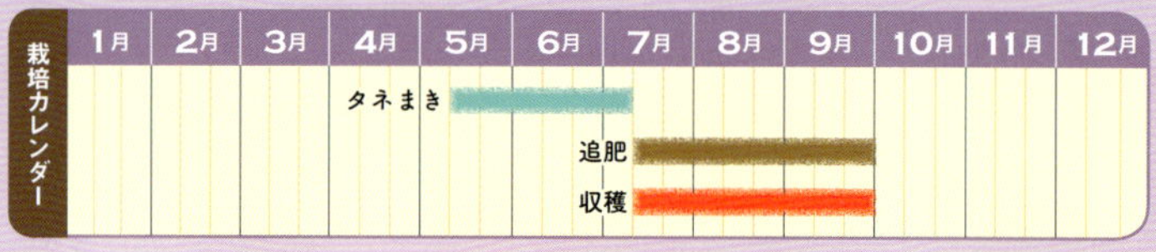

栽培カレンダー
1月
2月
3月
4月
5月
6月
7月
8月
9月
10月
11月
12月
タネまき
追肥
収穫

1 畑の準備

気温が上がってからおこなう

1㎡あたり
堆肥
2kg
化成肥料
100g
+

① タネをまく1週間前に1㎡あたり化成肥料100g、堆肥2kgを全面にまきます。熱帯原産で高温を好むため、畑の準備は十分気温が上がってからおこないましょう。

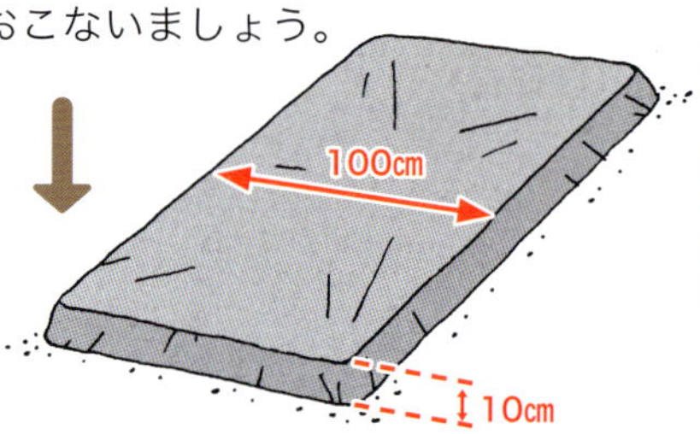

100cm
10cm

② 深さ30cmまでしっかりと耕して幅100cm、高さ10cmの畝をつくり、平らにならしてマルチシートを敷きます。

2 タネまき

5月中旬以降にタネをまく

コップの水に1日寝かしておく

① 種皮がかたいので1日コップの水に浸します。タネがやわらかくなり発芽しやすくなります。高温性なので気温がしっかりと上がる5月中旬以降にタネをまくと発芽がそろいます。

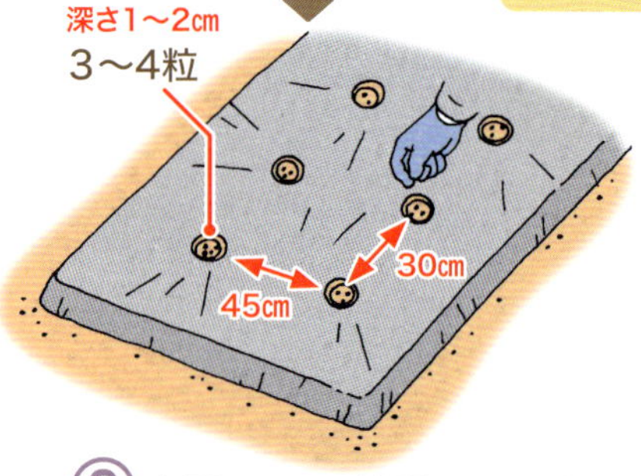

深さ1～2cm
3～4粒
30cm
45cm

② 条間45cm、株間30cmになるようにマルチシートに穴をあけ、まき穴を掘ります。まき穴1カ所につき3～4粒の点まきにします。

プロのコツ 一昼夜水に浸けて発芽率アップ

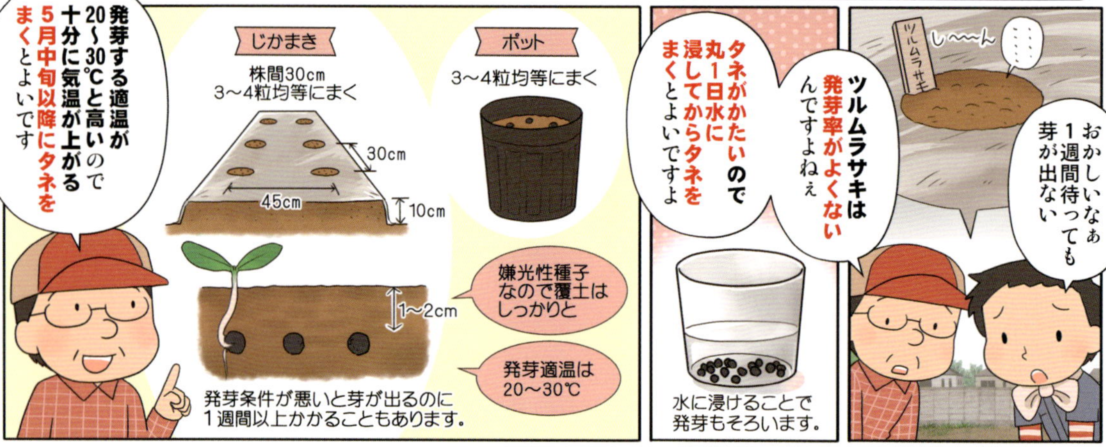

ツルムラサキ
し～～ん
……
おかしいなぁ 1週間待っても芽が出ない
ツルムラサキは発芽率がよくないんですよねぇ
タネがかたいので丸1日水に浸してからタネをまくとよいですよ
水に浸けることで発芽もそろいます。
発芽する適温が20～30℃と高いので十分に気温が上がる5月中旬以降にタネをまくとよいです
じかまき
株間30cm
3～4粒均等にまく
30cm
45cm
10cm
ポット
3～4粒均等にまく
1～2cm
嫌光性種子なので覆土はしっかりと
発芽適温は20～30℃
発芽条件が悪いと芽が出るのに1週間以上かかることもあります。

3 間引き

本葉3～4枚になったら間引く

本葉3～4枚になったら生育の悪いものを間引き、元気のよい1～2株だけ残します。

4 摘芯・支柱立て

草丈30cmの頃におこなう

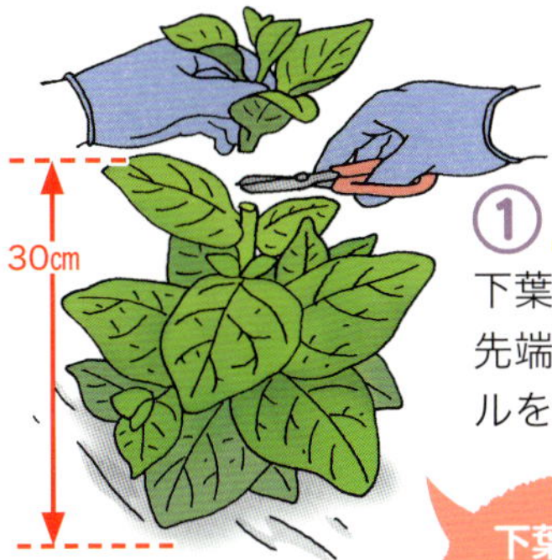

① 草丈30cmの頃、下葉5～6枚残して先端を摘芯して子ヅルを伸ばします。

② 合掌式の支柱（→P37）を立て、伸ばした子ヅルを誘引します。

このタイミングでも収穫OK！

草丈30cm程度で根元から切って収穫することもできます。主枝は再び伸びるので何度も収穫できますが、時間がかかるため量を求めるのであれば子ヅルを伸ばす方がよいでしょう。

5 収穫・追肥

収穫後の追肥も忘れずにおこなう

① 子ヅルが15cm以上伸びたら、２～３枚葉を残して、その先のやわらかい葉や茎を切り取って収穫します。子ヅルから孫ヅルが伸びてきたら同様に収穫します。

② 収穫がはじまったら、１カ月に１回のペースで、1㎡あたり50gの化成肥料を通路に施すと秋まで収穫することができます。

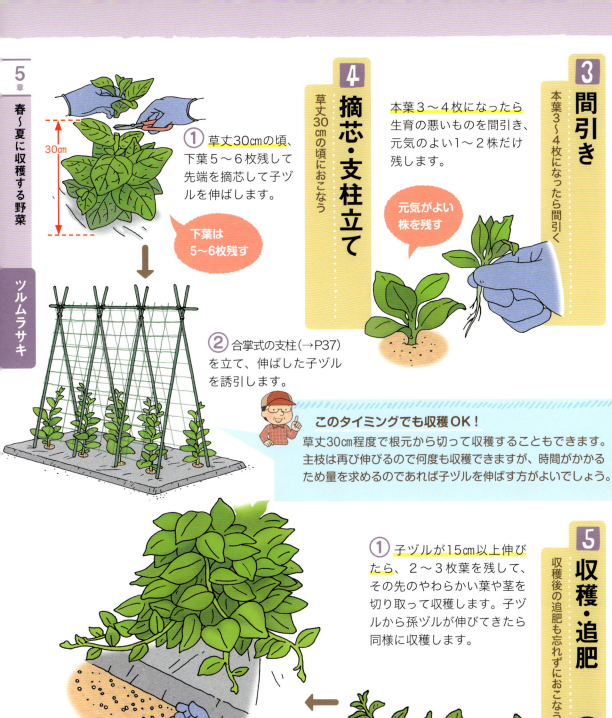

ニンニク

レベル ふつう

スタミナ野菜の王者、ニンニク。ビタミンB1、アリシン、スコルジニンなど疲労回復、滋養強壮に効く栄養が豊富。栽培期間が長いため、元肥には堆肥を多めに施します。

- 葉菜類
- ユリ科

連作障害
2年は空ける

必要な資材
マルチシート

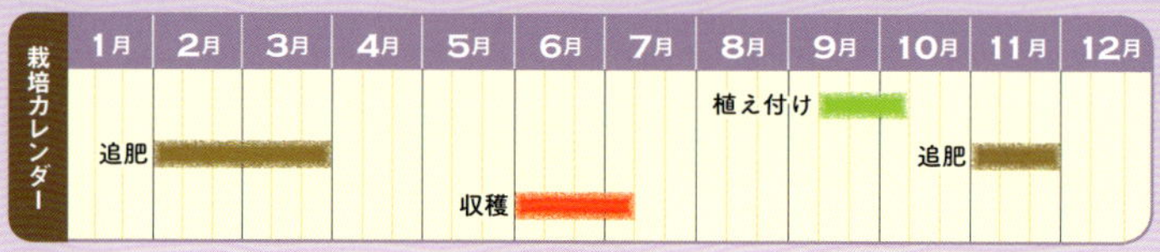

栽培カレンダー
1月
2月
3月
4月
5月
6月
7月
8月
9月
10月
11月
12月
追肥
収穫
植え付け
追肥

1 畑の準備

ユリ科の野菜を2年以上栽培していない場所を選ぶ

① 植え付けの１週間前に1㎡あたり化成肥料100g、堆肥2〜3kg、ヨウリン50gをまいてしっかりと耕します。植え付けた翌年の６月頃の収穫になるため、元肥に緩効性（ゆっくりじわじわと効く）の堆肥や配合肥料を施しておきます。

堆肥
2〜3kg
化成肥料
100g
ヨウリン
50g
1㎡あたり

② 幅70cm、高さ10cmの畝をつくり、平らにならし、穴あきマルチシート（４〜5列）を敷いておきます。

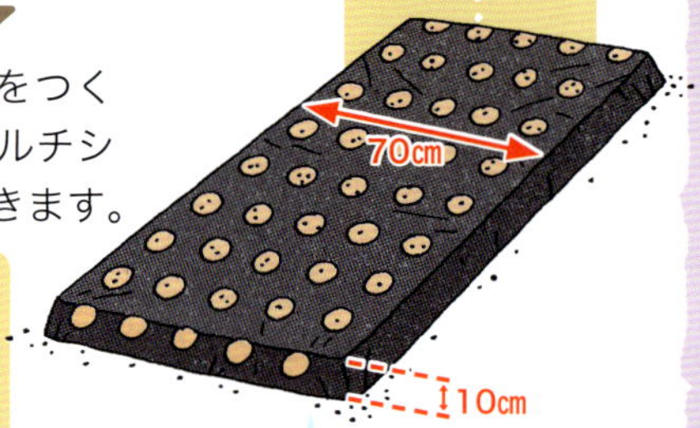

70cm
10cm

2 植え付け

9月中旬〜10月上旬に植え付ける

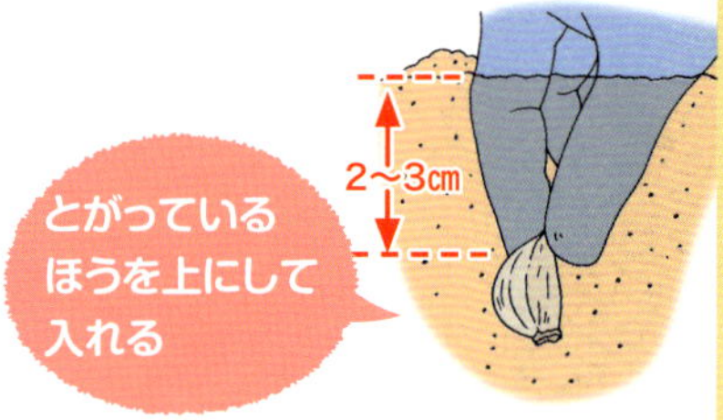

2〜3cm
とがっているほうを上にして入れる

9月中旬〜10月上旬、球根を１片ずつばらし、１カ所につき１片ずつとがっている方を上向きにして2〜3cmの土が乗るように植え付けます。

黒マルチで成長促進！

長期間の栽培になるため、黒マルチシートを敷いて雑草を抑制し、栄養分を株の成長に回すようにします。

プロのコツ 1片ずつ分けて植える

1片？
このまま植えたほうがよくないかな
これを植えるんですよ
それだけでニンニク１球に成長するんですか
そうです!! 購入した球根の外皮をむいて1片ずつバラバラにして植えます
これが一片
収穫時には1片が1個のニンニクになる
とがっている方を上に向けて植える

3 追肥

生育に合わせて追肥は2回おこなう

① 11月頃、1m^2あたり50gの化成肥料をマルチシートの穴にパラパラとまきます。

② 株の成長に勢いが出てくる2〜3月頃、2回目の追肥をおこないます。

4 花蕾を摘み取る

春になったら早めに摘み取る

春になって暖かくなり、とう立ちした場合は、そちらに養分が回ってしまわないように早めに摘み取ります。またこの時期乾燥していると球が太りにくいので適度に水やりをします。

5 収穫

地上部が枯れてきたら収穫

6月上旬〜7月上旬、地上部が枯れてきたら収穫のサイン。株元を持って引き抜いて収穫します。採りたての生ニンニクを食べられるのは家庭菜園の醍醐味です。ネットなどに入れて日陰に吊るして乾燥させたニンニクは長期間保存できます。

モロヘイヤ

レベル ふつう

クレオパトラも好んで食べたといわれるモロヘイヤ。栄養に富んでいるだけではなく、生活習慣病や動脈硬化予防にも効果的。遅霜にあうと生育が止まるため、5月以降に植え付けます。

・葉菜類
・シナノキ科

連作障害
1～2年は空ける

必要な資材
マルチシート

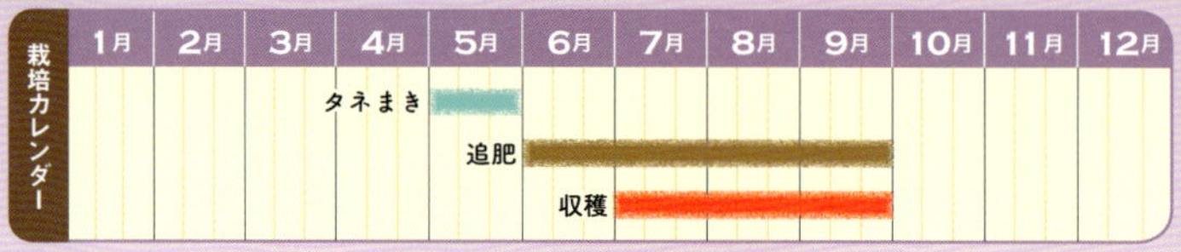

栽培カレンダー
1月 2月 3月 4月 5月 6月 7月 8月 9月 10月 11月 12月
タネまき
追肥
収穫

1 畑の準備

高温を好むため日当たりのよい場所を選ぶ

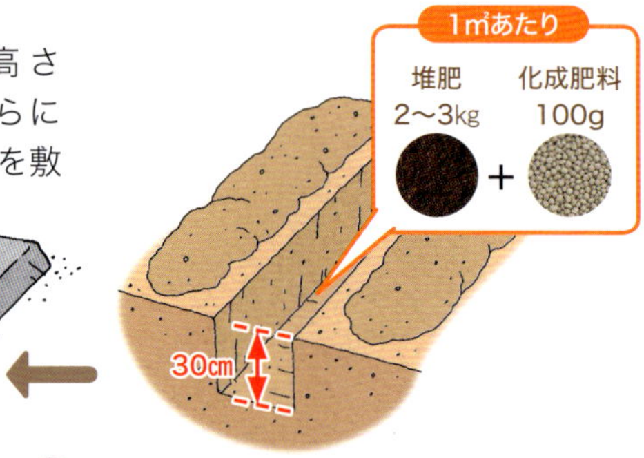

1㎡あたり
堆肥
2～3kg
化成肥料
100g
30cm

① 植え付け1週間前に、畝の真ん中に深さ30cmの溝を掘り、1㎡あたり化成肥料100g、堆肥2～3kgを溝に入れ、かるく耕し埋め戻します。

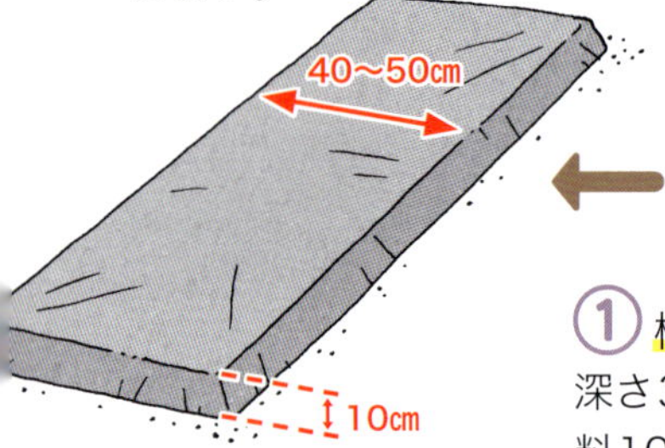

40～50cm
10cm

② 幅40～50cm、高さ10cmの畝を立て、平らにならしてマルチシートを敷きます。

2 タネまき

5月頃にタネをまく

気温が上がる5月頃に株間40～50cmの穴をマルチシートにあけ、1つにつき10粒ほどタネをまきます。育成適温が25℃以上と高いため、早まきして遅霜にあうと生育が止まってしまうので注意しましょう。

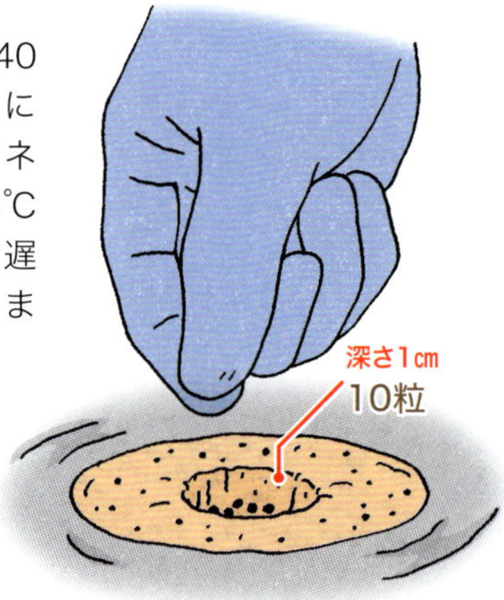

深さ1cm
10粒

プロのコツ わき芽を増やして長期収穫

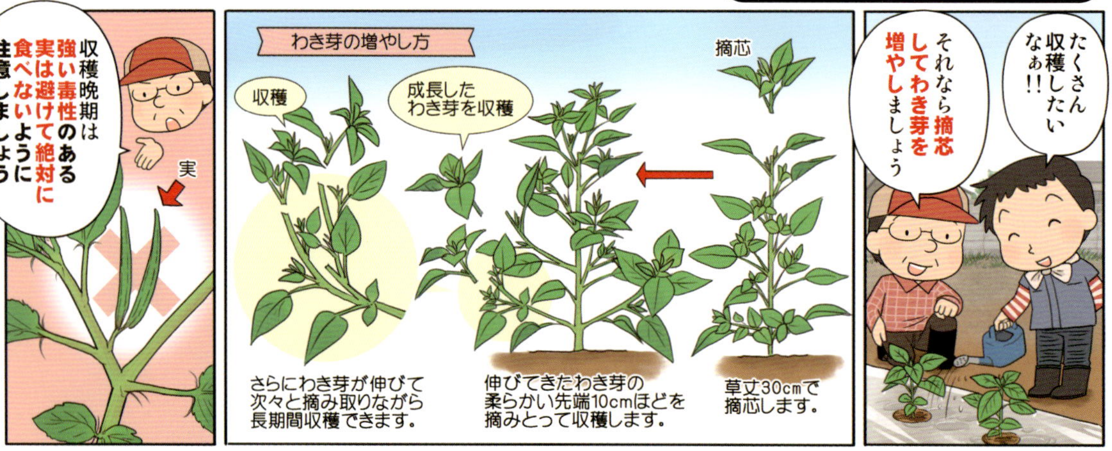

たくさん収穫したいなぁ!!
それなら摘芯してわき芽を増やしましょう
わき芽の増やし方
摘芯
草丈30cmで摘芯します。
成長したわき芽を収穫
伸びてきたわき芽の柔らかい先端10cmほどを摘みとって収穫します。
収穫
さらにわき芽が伸びて次々と摘み取りながら長期間収穫できます。
収穫晩期は強い毒性のある実は避けて絶対に食べないように注意しましょう
実

3 間引き

本葉が5〜6枚になる頃に間引く

元気のないものを順次間引き、本葉が５〜６枚になる頃には元気のよいものを1株だけ残します。

4 追肥

植え付け1カ月後を目安に追肥

植え付け１カ月後、1㎡あたり50gの化成肥料をマルチシートの外側にまいてかるく土と混ぜ合わせます。以後、２週間おきに同量の化成肥料を施します。

5 摘芯

草丈30㎝ほどになったら摘芯

収穫を兼ねて草丈30㎝ほどになったら主枝の先端を摘芯します。摘芯すると、新しくやわらかいわき芽が次々と伸びはじめます。

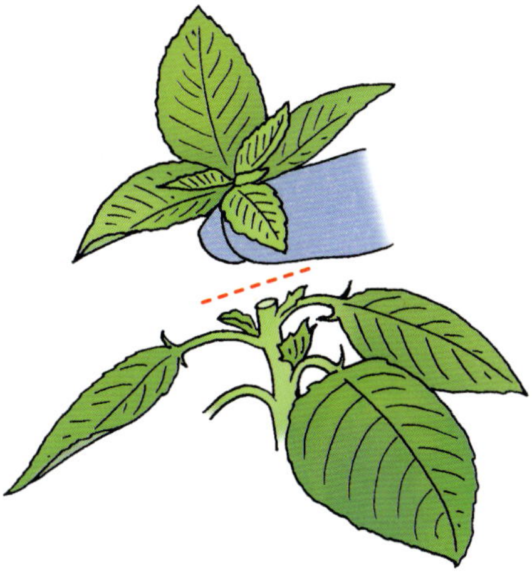

6 収穫

芽の先端10〜15㎝を手で摘み取る

わき芽が茂ってきたら、伸びたわき芽の先端10〜15㎝を手で摘み取って収穫します。次から次に新芽が伸びてくるので順次収穫しましょう。

毒に注意！

開花後にできる実には有毒成分があるため、口に入れてはいけません。

ミョウガ

レベル かんたん

爽やかな香りとシャキッとした食感でおなじみ。食欲増進や発汗作用などの働きがあるαピネンを含んでいます。強い日差しを嫌うため、木陰などの半日陰で栽培します。

•葉菜類
•ショウガ科

連作障害
1〜2年は空ける

必要な資材
わら

栽培カレンダー

	1月	2月	3月	4月	5月	6月	7月	8月	9月	10月	11月	12月
植え付け			■	■								
追肥					■		■					
収穫（翌年）							■	■	■			

1 畑の準備

半日陰で少し湿った場所を選ぶ

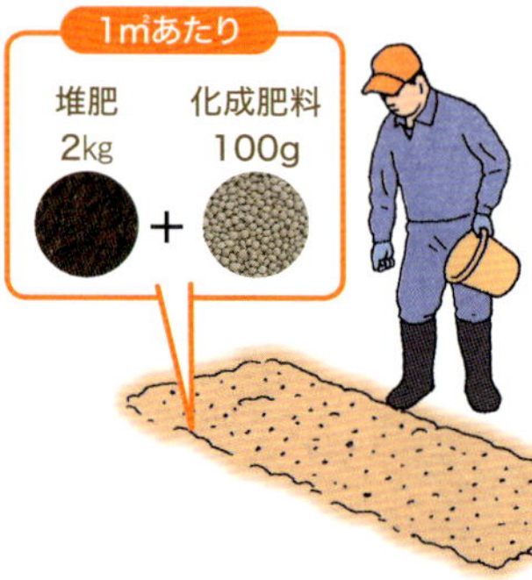

1㎡あたり
堆肥 2kg
化成肥料 100g

① 植え付けの1週間前に1㎡あたり化成肥料100g、堆肥2kgをまきます。

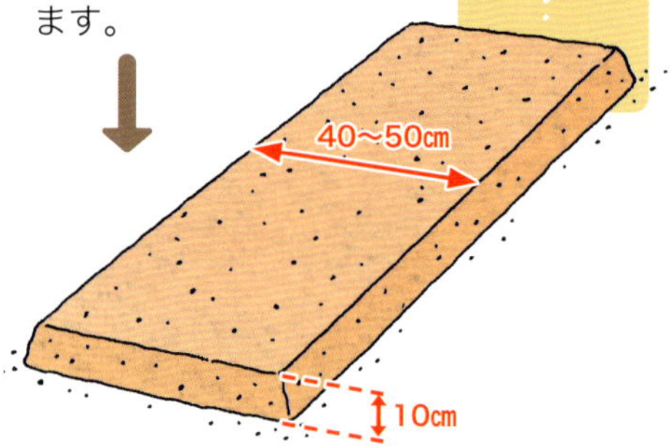

40〜50㎝
10㎝

② しっかりと耕してから幅40〜50㎝、高さ10㎝の畝をつくり平らにならします。

2 植え付け

園芸店で根株（ミョウガの地下茎）を購入

① 3月中旬〜4月中旬頃に畝の中央に深さ10㎝の溝を掘り、30㎝間隔で根株を置き、土を埋め戻します。

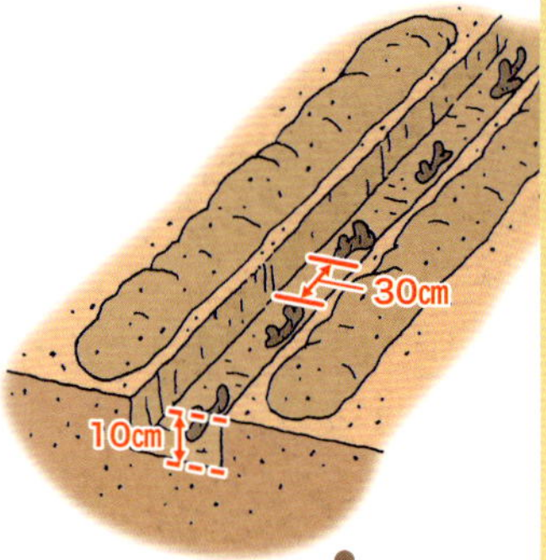

30㎝
10㎝

② 乾燥に弱いため、水をまいたのち、わらもしくは収穫後のトウモロコシの茎や葉をかぶせておきます。

プロのコツ 地下茎の広がりを考えて植える

ミョウガの植え付けはこういう木陰がよいですよ
えっこんな日当たりの悪い場所に?
畑の一等地に植えてしまうと後々邪魔になることもあるので畑の脇や木陰に専用の畑をつくっておきましょう。
ミョウガは半日陰でジメッとした場所を好みます
半日陰でよく育つ
夏の高温と乾燥が苦手
湿度の高い環境を好む
1度植えれば毎年同じ場所で収穫できます
花ミョウガ
地下茎
地下で茎を伸ばしながら広がるため同じ場所で毎年収穫できます。

3 追肥

成長に合わせて2回おこなう

①１回目の追肥は本葉3～4枚の頃に1㎡あたり30gの化成肥料を株の周囲にまき、かるく耕します。

②２回目は7月頃に１回目と同量の肥料を追肥してかるく土と混ぜ合わせます。

お手軽な株の増やしかた！

冬場に地下茎の一部（15～20㎝）を切り取って、別の場所に移植するだけで株を増やすことができます。

4 収穫

翌年梅雨明け頃から収穫がはじまる

①翌年の梅雨明け頃、土から顔を出した花芽を花が咲く前にハサミで切り取って収穫します（花ミョウガ）。適宜追肥をしながら収穫を楽しむことができます。

②植えっぱなしにしていると地上部が込み合ってくるので、そのつど間引きします。

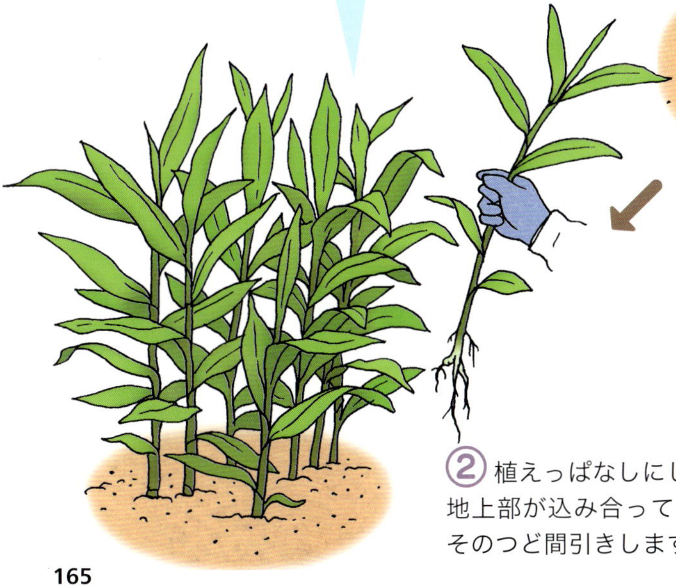

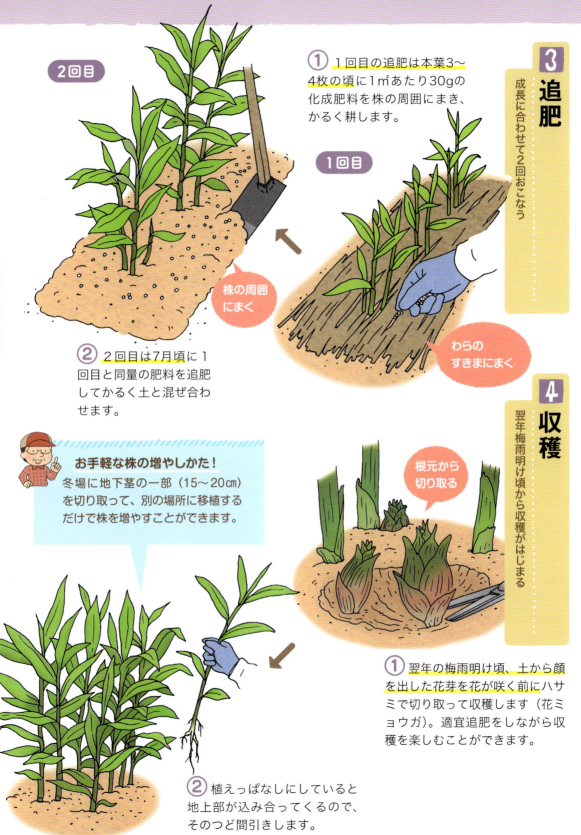

加藤先生の

菜園マスター講座⑤

おいしい野菜をつくる３要素

野菜には「旬」があります。旬に収穫された野菜は、それ以外の時期に収穫されたときより、ビタミンＣやカロテンなどの栄養価が高くなるといわれています。

しかし、野菜は収穫後、時間の経過とともに栄養価や、うま味成分である糖質が減少します。左下グラフのように、コマツナの場合、収穫後３日もするとビタミンＣが３割ほど減少します。有機質肥料で栽培すると減少は多少緩やかになりますが、それでも減っていきます。ほかにもトウモロコシやエダマメなどは収穫後 24 時間で糖度が半減するといわれています。肉や魚と同じように、野菜にも「鮮度」があるのです。

さらに、野菜の栄養価やうま味成分である糖質は、肥料の量によっても影響を受けます。とくに窒素分が多いと、タンパク質の合成が活発になりビタミンＣの含有量が下がります。逆に窒素分が少ないと、食品中の窒素含有量が下がり全糖含有量は増加します。右下グラフはレタスに含まれる全糖含有量と全窒素含有量の関係図です。これはすべての野菜に当てはまるものではありませんが、肥料過多がビタミンＣなどの栄養価と、うま味成分である糖質の減少の原因になることは間違いありません。しかし窒素分などの肥料なしに野菜を育てることは難しく、いかにバランスのよい「健全な土壌」で育てるかが大切になります。

このようなことから判断すると、「旬」、「鮮度」、「健全な土壌」の３要素をクリアすることがおいしい野菜づくりには欠かせないといえるでしょう。

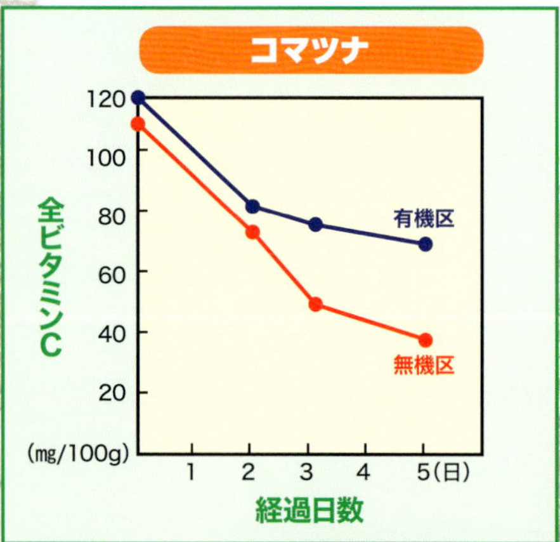

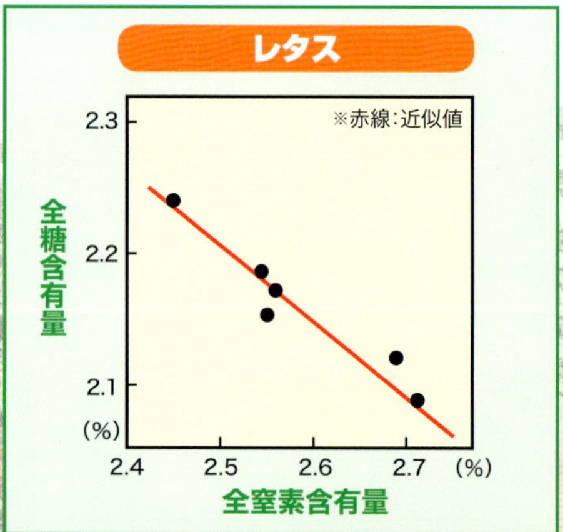

『野菜の成分とその変動』（吉田企世子／森 敏／長谷川和久　学文社 2005年）より引用して作成

6章 秋〜冬に収穫する野菜

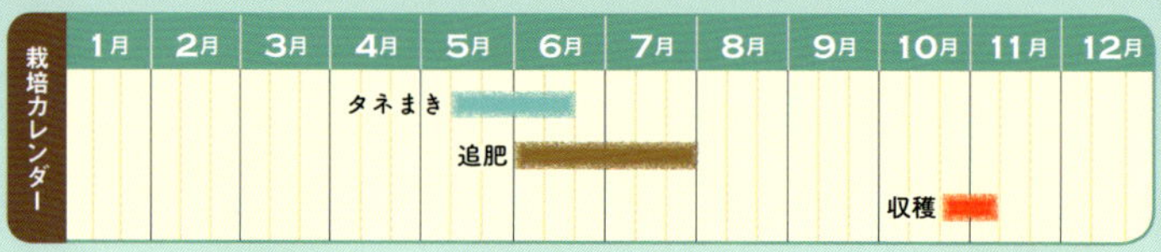

栽培カレンダー
1月
2月
3月
4月
5月
6月
7月
8月
9月
10月
11月
12月
タネまき
追肥
収穫

レベル むずかしい

ラッカセイ

悪玉コレステロールを減らす働きのある「オレイン酸」など脂質をたっぷりと含んだラッカセイ。実付きをよくするため元肥にはしっかり石灰質肥料を施すことがポイント。

•果菜類
•マメ科

連作障害

2〜3年は空ける

必要な資材

トンネル支柱、防虫ネット

1 畑の準備

マメ科の野菜を2〜3年栽培していない場所を選ぶ

① タネまき１週間前、1㎡あたり化成肥料50g、堆肥1kgを全面にまきます。

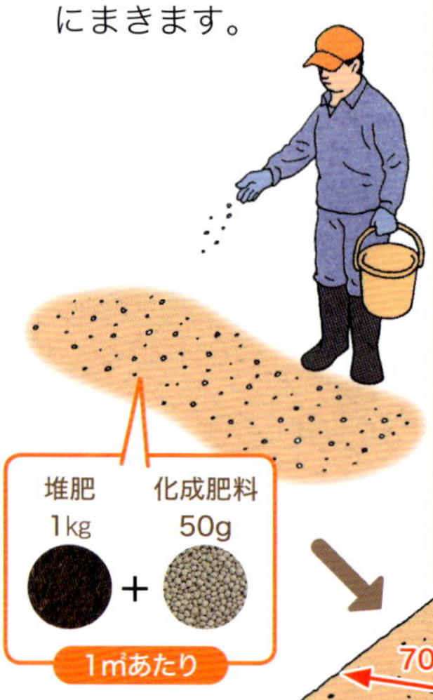

堆肥
1kg
化成肥料
50g
1㎡あたり

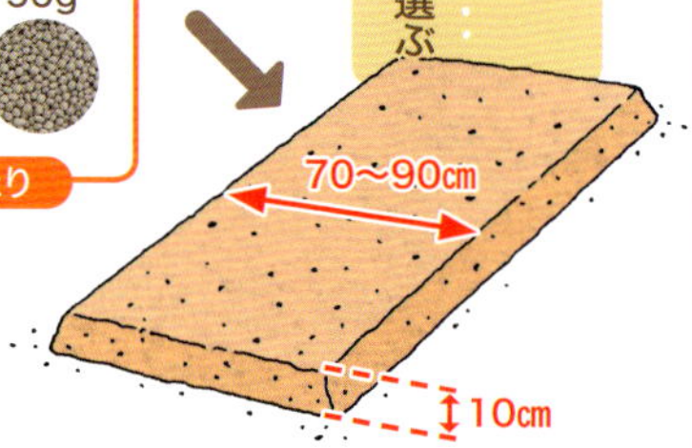

70〜90㎝
10㎝

② しっかりと耕して幅70〜90㎝、高さ10㎝の平畝にして畝の上面を平らにならしておきます。

2 タネまき

5月中旬以降にまく

① 気温が上がる5月中旬以降に深さ2〜3㎝ほどの穴をあけ、１カ所２〜４粒ずつ（株間30㎝）タネをまき、たっぷり水をまきます。

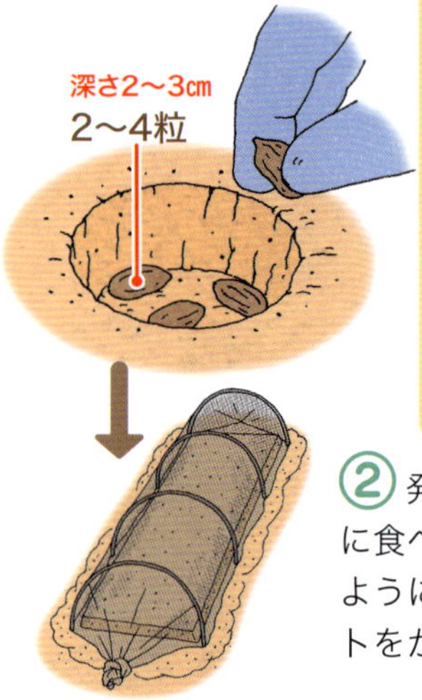

深さ2〜3㎝
2〜4粒

② 発芽まで鳥に食べられないように防虫ネットをかけます。

おすすめ品種

おおまさり

味がよく、実が大きい品種。収穫量も多い。ゆでラッカセイがおすすめ。

プロのコツ 株元の土をやわらかくする

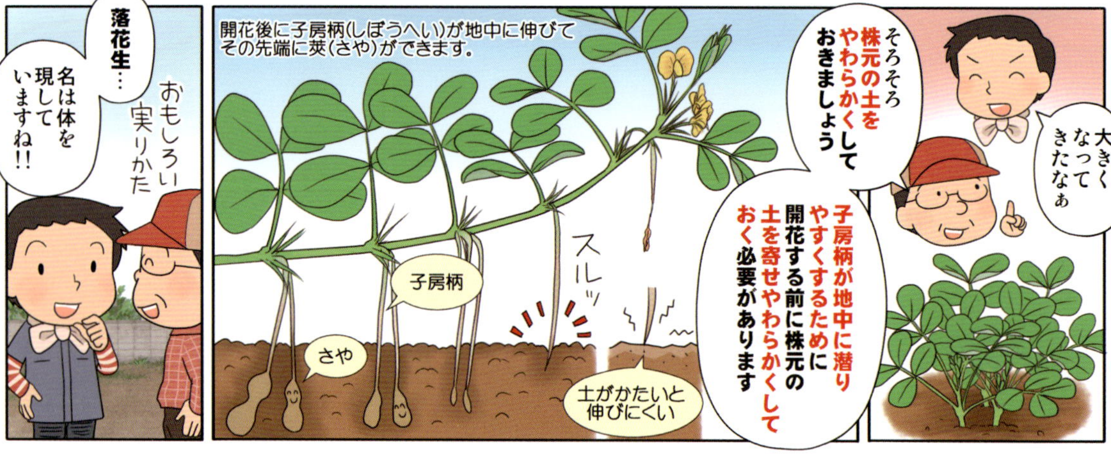

大きくなってきたなぁ
そろそろ株元の土をやわらかくしておきましょう
子房柄が地中に潜りやすくするために開花する前に株元の土を寄せやわらかくしておく必要があります
開花後に子房柄(しぼうへい)が地中に伸びてその先端に莢(さや)ができます。
子房柄
さや
スルッ
土がかたいと伸びにくい
おもしろい実りかた
落花生…
名は体を現していますね!!

花が落ちたら成長の証！

「落花生」という名のごとく、花が咲いて落ちた後、子房柄が地面の中まで伸び、子房柄の先がふくらんでサヤができます。

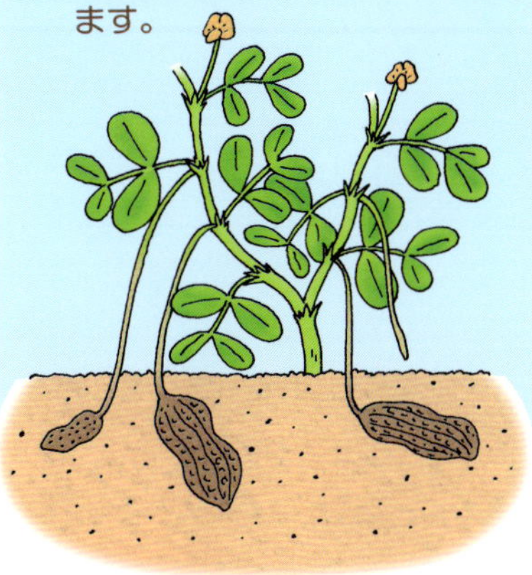

3 追肥・土寄せ

本葉4～5枚の頃におこなう

株元に
土を寄せる

本葉4～5枚の頃、1㎡あたり50gの化成肥料をまき、かるく耕します。子房柄が地面に向かって伸びてくるので、株元に少し多めに土を寄せておきます。

4 収穫

10月下旬～11月上旬頃が収穫目安

① 10月下旬～11月上旬頃、下葉が黄変しはじめたら収穫適期です。ツルを持ち株ごと引き抜き収穫します。ゆでラッカセイにする時は収穫後すぐに調理します。

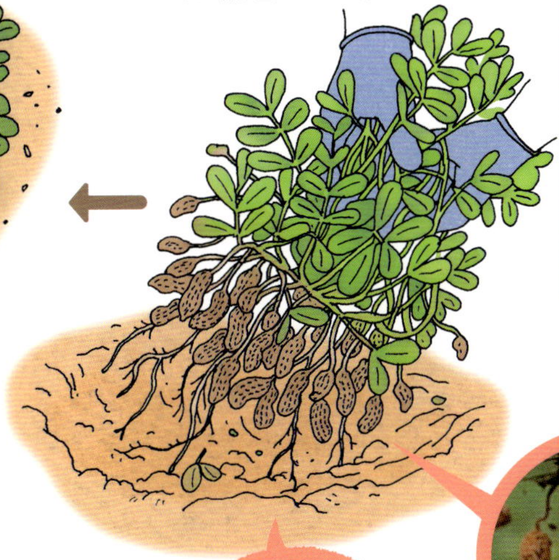
ツルを持って
引き抜く！

ひっくり返して
1週間

② 乾燥させてから食べる時は、掘り上げた株ごとひっくり返して（根を上にして）１週間ほど畑で天日干ししたのち、風通しのよい軒下などでしっかり乾燥させます。

セロリ

レベル ふつう

生で食べる以外にもスープなどの香味野菜として使えるセロリ。カロテン、食物繊維に富んでいます。茎の中に「ス」が入るので採り遅れないように収穫します。

- 葉菜類
- セリ科

連作障害

1～2年は空ける

必要な資材

マルチシート

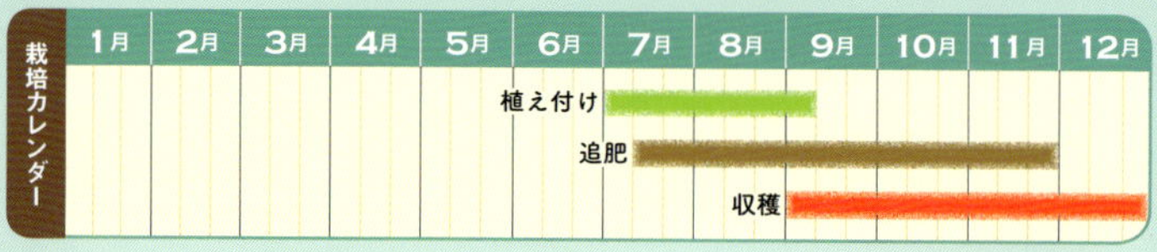

栽培カレンダー
1月 2月 3月 4月 5月 6月 7月 8月 9月 10月 11月 12月
植え付け
追肥
収穫

1 畑の準備

セリ科の野菜を1年以上栽培していない場所を選ぶ

① 植え付けの１週間前に1㎡あたり化成肥料100g、堆肥2kgを全面にまきます。

1㎡あたり
堆肥
2kg
化成肥料
100g
+

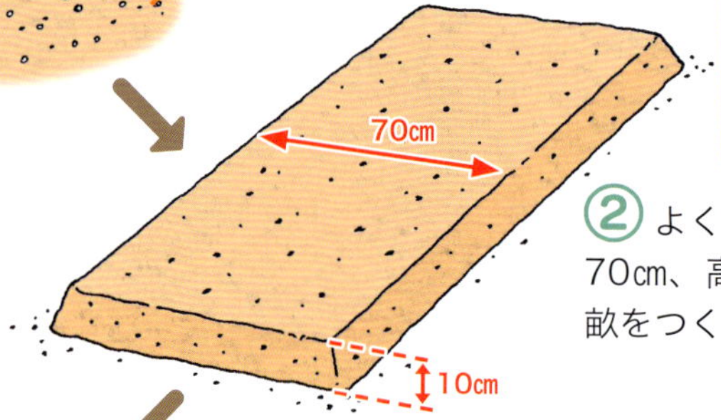

70㎝
10㎝

② よく耕して畝幅70㎝、高さ10㎝の畝をつくります。

③ 乾燥に弱く、少し湿り気のある土壌のほうがよく育つため穴あきマルチシートを敷きます。

プロのコツ 根鉢を崩さないように植える

セロリの根は直根性なので植え付けは慎重に
直根性？
分かれずに真っ直ぐに伸びていく性質の根をそう呼びます
直根性の根は傷つけてしまうと再生が難しく成長が悪くなります
植え付ける際は根鉢を崩さないように慎重にしましょう
直根が切れると再生されないので水や栄養分の吸収が悪くなります。
直根
ひげ根

2 植え付け

7月上旬～9月上旬に植え付ける

①7月上旬～9月上旬に植え付けます。根鉢が崩れないように植え付け前にポット苗に水やりをしましょう。

②株間を30㎝とって植え付けます。

30㎝

3 追肥

植え付け2週間後が追肥の目安

植え付け2週間後、株元に5gの化成肥料をまきます。

株元にまく

乾燥させないように気をつけよう！

セロリは乾燥にとても弱いので土が乾燥したらこまめに水をやります。

4 収穫

植え付け2カ月後が収穫の目安

植え付けてから2カ月後、株元が太ってきたら、株ごと引き抜いて収穫します。

株ごと収穫する

株を持って引き抜く！

必要な量だけ収穫する

手でもぎ取る

必要な量だけ外側をかき取って収穫することもできます。この場合は、必要に応じて適宜追肥します。

ハクサイ

レベル ふつう

鍋の具、炒めもの、漬物など冬の食卓には欠かせない野菜のひとつ。冬の間、畑に植えたまま保存が可能です。タネをまく時期がポイントになるので、適期を逃さずタイミングよくまきましょう。

・葉菜類
・アブラナ科

連作障害

2年は空ける

必要な資材

マルチシート、トンネル支柱、防虫ネット、

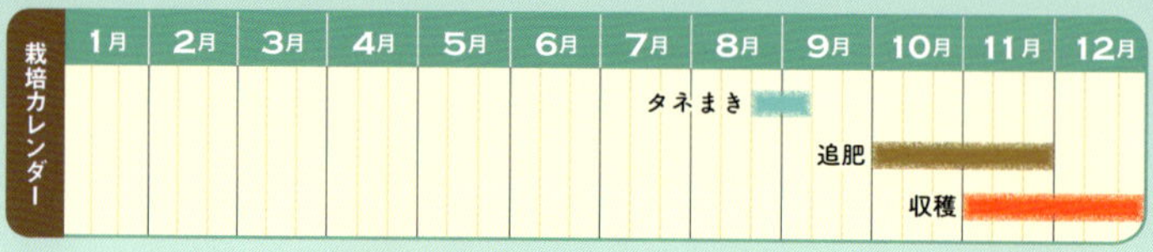

栽培カレンダー
1月
2月
3月
4月
5月
6月
7月
8月
9月
10月
11月
12月
タネまき
追肥
収穫

1 畑の準備

アブラナ科の野菜を2年以上つくっていない場所を選ぶ

① 植え付け1週間前、1㎡あたり化成肥料200g、堆肥2〜3㎏を全面にまき、深さ30㎝までしっかりと耕します。

1㎡あたり
堆肥
2〜3㎏
化成肥料
200g

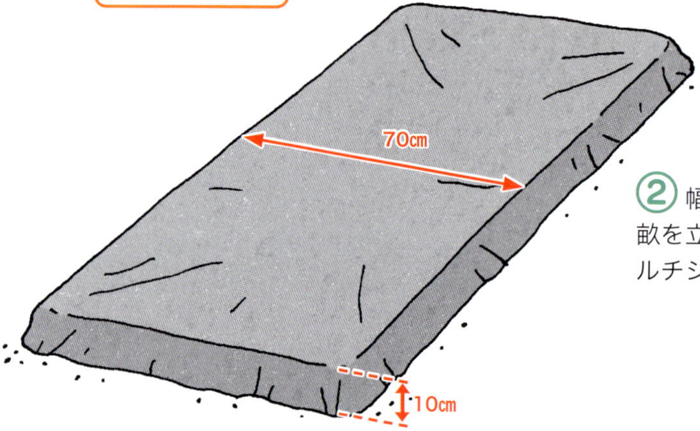

70㎝
10㎝

② 幅70㎝、高さ10㎝の畝を立て、平らにならしマルチシートを敷く。

プロのコツ タネまき時期はピンポイント！

ハクサイはタネまきの適期が短いのでタイミングが難しいです
ハクサイのタネまき適期は、8月下旬から9月上旬ですがこの間にピンポイントでまく必要があります。
8月
9月
発芽適温20〜25℃
生育適温20℃前後
タネをまくのが早すぎると…
タネをまくのが遅すぎると…
発芽率が悪くなったり高温による病気にかかりやすくなる
結球前に寒さにあたると結球しにくくなる
気象を考慮するのが大事ですよ
秋雨前線の頃は雨で土中の水分を保てるので晴れ間にまくと一石二鳥です
台風の前は大雨でタネが流れる心配から避けます
なるほど

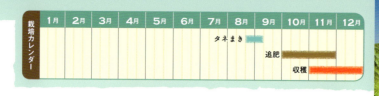

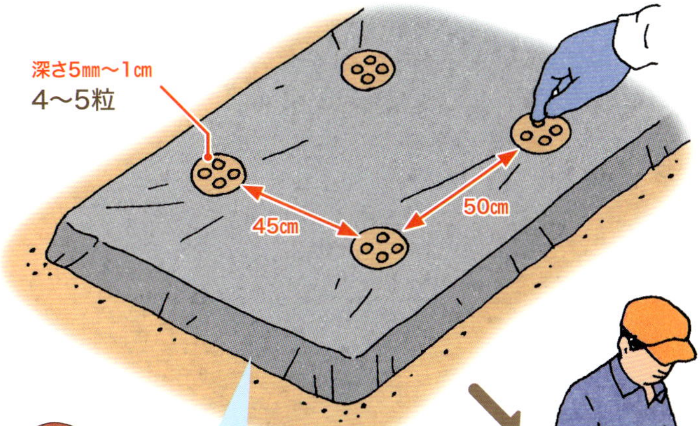

2 タネまき

8月下旬~9月上旬の適期内にまく

① 8月下旬~9月上旬頃、マルチシートに株間50㎝、条間45㎝とってハサミで穴をあけ、指で5㎜~1㎝のくぼみをつけてまき穴1カ所につき4~5粒ずつタネをまきます。

適期内のタネまきで病害虫を避ける!

早まきすると病害虫の被害にあいやすく、遅くまくと結球しにくくなるため、適期内にまきましょう。

② 薄く土をかぶせて鎮圧し、タネが流れないように優しく水をやります。

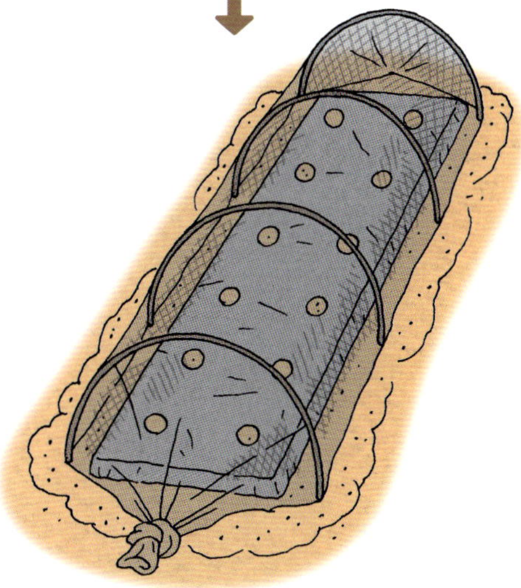

③ トンネル支柱でアーチをつくり防虫ネット(→P34)をかけておきます。

3 間引き

間引きは2回おこなう

1回目は本葉2~3枚の頃。生育の悪いものを間引いて1カ所2~3株にします。2回目は本葉7~8枚の頃。最も元気のよい1株だけ残し、ほかは間引きます。

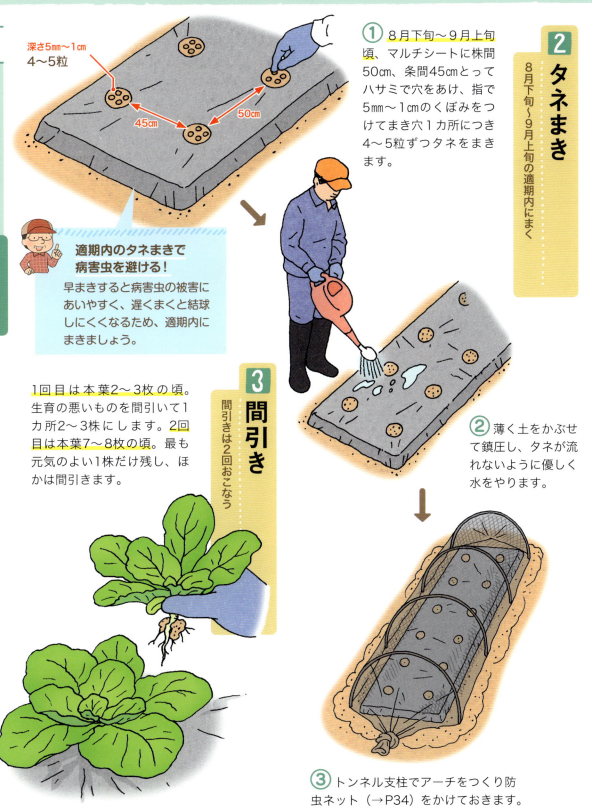

4 追肥

追肥も2回おこなう

① ２回目の間引き後、1㎡あたり100gの化成肥料をマルチの外側にまき、かるく耕します。

② 結球するために養分を必要とするため、葉の中心が巻きはじめたタイミングで１回目と同量の化成肥料を通路にまき、かるく耕します。

5 収穫

11月頃かたくしまっていたら収穫

11月頃、球が大きくなり手で押してかたくしまっていたら収穫のタイミング。球を横に押し倒しながら株元に包丁を入れて収穫します。

ハクサイの保存方法!

霜が２～３回おりる頃、外葉で結球部分を包み、外葉が広がらないようにひもで縛ります。こうすることで、畑に植えたまま保存することができます。１月下旬頃までおいしく食べられます。

ブロッコリー

レベル むずかしい

サラダやシチューなど、食べごたえがあっておいしいブロッコリー。ビタミンCがレモンより豊富で風邪予防にも効果的です。アブラナ科野菜との連作を避けて栽培しましょう。

•葉菜類
•アブラナ科

連作障害
2年は空ける

必要な資材
トンネル支柱、防虫ネット

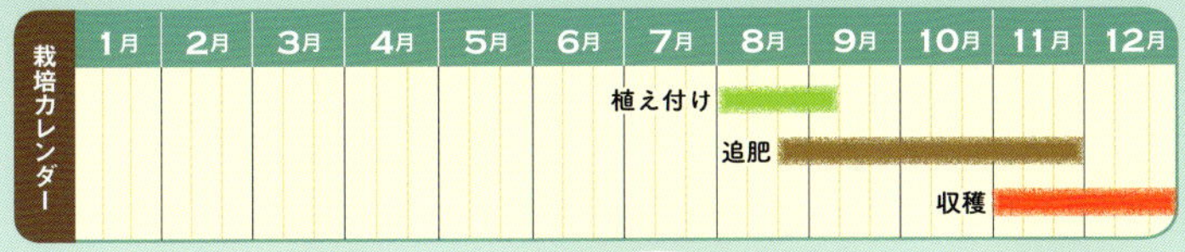
栽培カレンダー
1月
2月
3月
4月
5月
6月
7月
8月
9月
10月
11月
12月
植え付け
追肥
収穫

1 畑の準備

アブラナ科の野菜を2年以上つくっていない場所

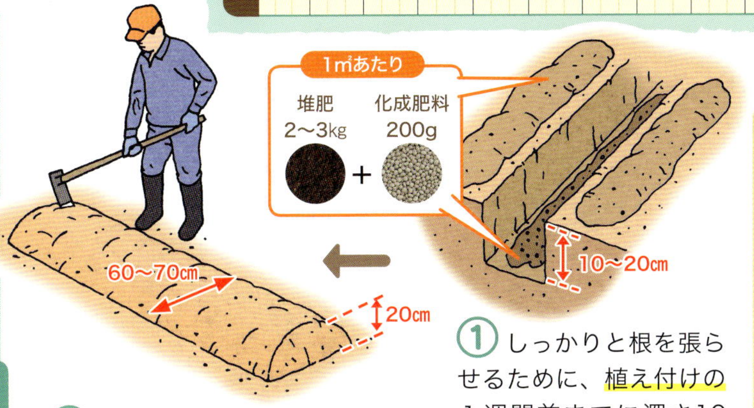
1㎡あたり
堆肥
2～3kg
化成肥料
200g
10～20cm
60～70cm
20cm

① しっかりと根を張らせるために、植え付けの1週間前までに深さ10～20cm程度の溝を掘り、1㎡あたり堆肥2～3kg、化成肥料200gの半量を溝に投入します。

② さらに、化成肥料の残り100gを溝の左右にまきます。その土を溝の中に埋め戻して、幅60～70cm、高さ20cmの畝を立てます。溝の左右にまくことで埋め戻したときに肥料が適度に土と混ざり合います。

2 苗選び

茎や葉がしっかりと丈夫な苗を選ぶ

本葉5～6枚
茎が丈夫

本葉が5～6枚付いていて茎や葉がしっかりした丈夫そうな苗を選びます。

プロのコツ
株間を十分に確保する

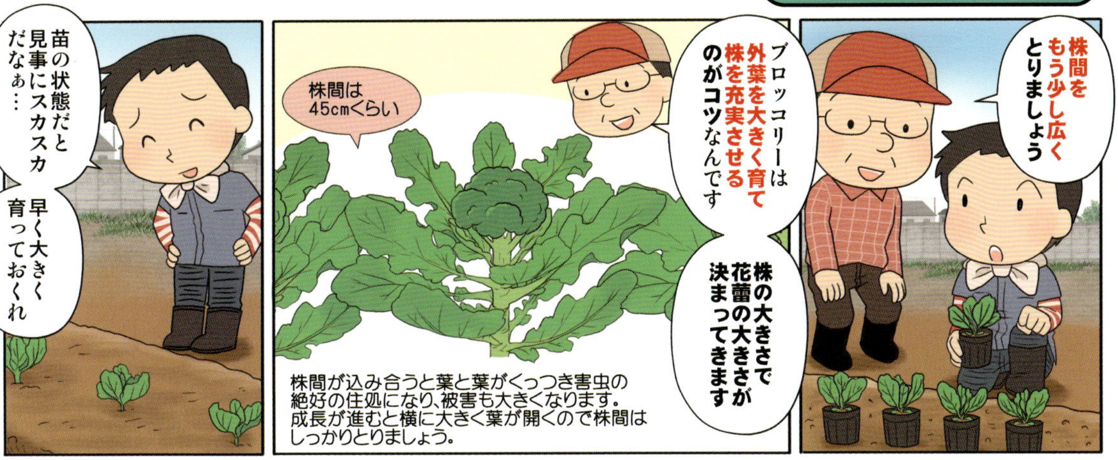
苗の状態だと見事にスカスカだなぁ…
早く大きく育っておくれ
株間は45cmくらい
ブロッコリーは外葉を大きく育て株を充実させるのがコツなんです
株の大きさで花蕾の大きさが決まってきます
株間をもう少し広くとりましょう

株間が込み合うと葉と葉がくっつき害虫の絶好の住処になり、被害も大きくなります。成長が進むと横に大きく葉が開くので株間はしっかりとりましょう。

3 植え付け

夕方に植え付けたっぷりと水をやる

① 8月上旬〜9月上旬に、植え付け前にポット苗に水やりしておきます。ポットを逆さにして根鉢がくずれないようにやさしく取り出します。

② 株間35〜45㎝とって、根鉢より一回り大きな穴を掘って苗を植え付けます。苗の周囲にくぼみをつくっておきましょう。

③ くぼみにたっぷり水をまきます。くぼみをつくっておかないと、水がすぐ流れて根が十分に水を吸えなくなります。

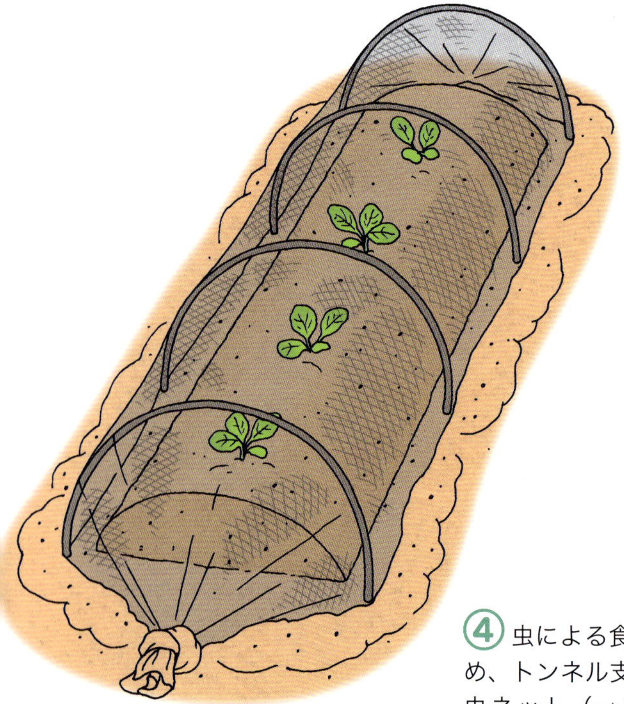

④ 虫による食害を避けるため、トンネル支柱を挿して防虫ネット（→P34）をかけておきます。

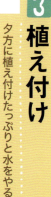

4 害虫チェック

防虫ネットをしても油断は禁物

防虫ネットも完璧ではありません。アオムシやヨトウムシなどの虫食いあとやフンを見つけたら、葉の裏側までチェックして、見つけたら補殺します。

芯を食べられないように害虫をしっかり取り除く

ダイコンシンクイムシ（ハイマダラノメイガの幼虫）に成長点がある芯を食べられると成長が止まってしまいます。株が小さいうちはしっかりと害虫チェックしましょう。もし害虫がいたら割り箸などでつまんで取り除きましょう。

5 追肥・土寄せ

生育状態を見ながら2回に分けて追肥

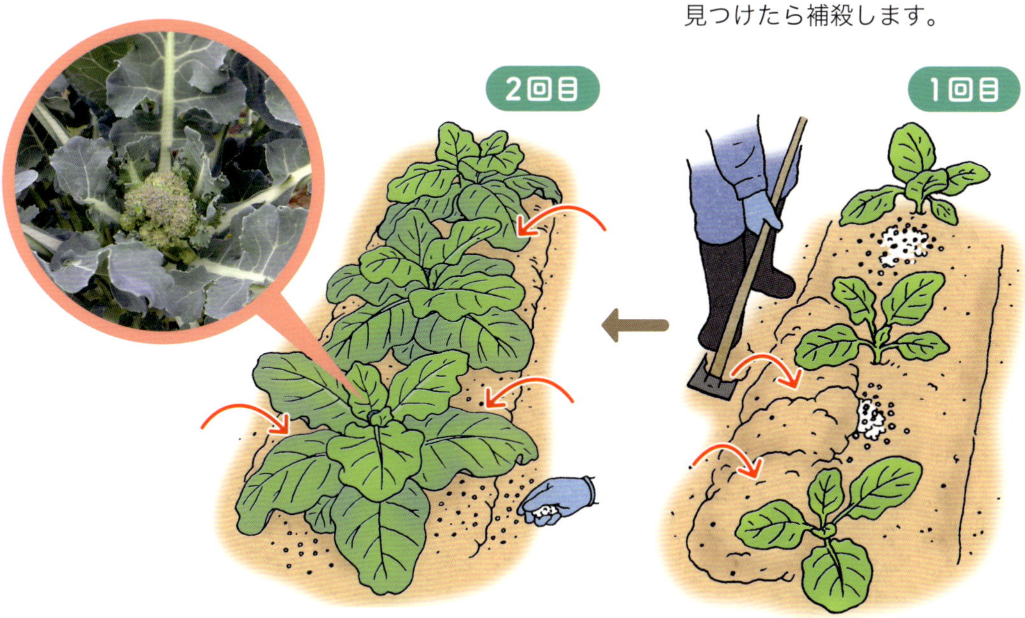

① １回目の追肥は、植え付け後2～3週間ほどでおこないます。株間や株の周りに1㎡あたり50gの化成肥料をまきます。雨、台風などで畝が崩れてくるので、必ず土を寄せておきます。

② ２回目の追肥は、株の中心部に小さな花蕾ができはじめた頃におこないます。株の周囲に１回目の追肥と同量の化成肥料を施し、しっかりと土を寄せておきます。

6 収穫

直径12～13㎝が収穫の目安

頂花蕾（ちょうからい）が12～13㎝ほどになったら茎を長めにつけて収穫します。採り遅れると黄色くなって花が咲くので、緑が濃いうちに収穫します。

わき芽がよく出る品種でコスパアップ！

頂花蕾を収穫した後、1～2回目の追肥と同じ量をまた追肥してみましょう。わき芽が勢いよく育ちます。おいしく食べられますので、緑帝などわき芽がよく出る品種は、翌年春まで次々と収穫が楽しめるのでおすすめです。わき芽が出ない品種もあります。

わき芽

頂花蕾
茎も長めにつけて切り取る

プロのコツ 花蕾が開く前に収穫する

これもう収穫…
いやいやまだ大きくなるかもだし
う〜ん
青々とした花蕾がびっしり詰まった状態であれば収穫適期です
花蕾が開く前に収穫しましょう
花蕾《からい》？
モコモコとした粒の一つひとつが花蕾です 簡単に言えばつぼみです
こうなる前に収穫しよう
適期を過ぎると徐々に黄緑色に変化しながら開いて花が咲く
つぼみがふくらむ
花蕾の大きさが12～13㎝になれば収穫適期です。
なるほど!!

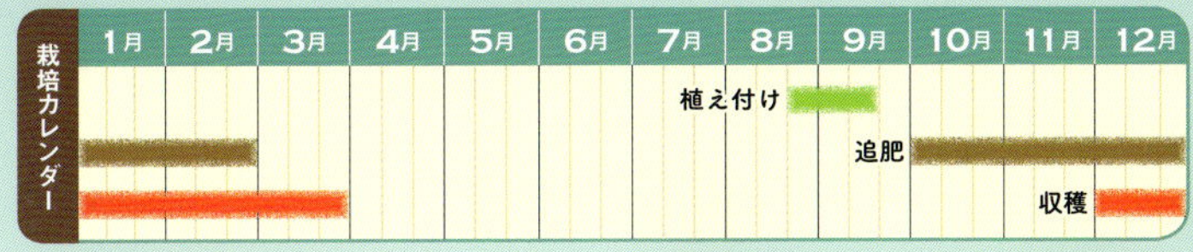
栽培カレンダー
1月
2月
3月
4月
5月
6月
7月
8月
9月
10月
11月
12月
植え付け
追肥
収穫

ワケギ

レベル かんたん

辛みはなく、香りはソフトで甘みがあり、免疫力向上、発がん抑制作用のあるβ-カロテンを豊富に含んでいます。酸性土に弱いため、事前にpHを確認しておきましょう。

•葉菜類
•ユリ科

連作障害
2年は空ける

必要な資材
不要

1 畑の準備

ユリ科の野菜を2年以上つくっていない場所を選ぶ

1㎡あたり
堆肥
2kg
化成肥料
100g
+

① 植え付けの1週間前に1㎡あたり化成肥料100g、堆肥2kgをまきます。

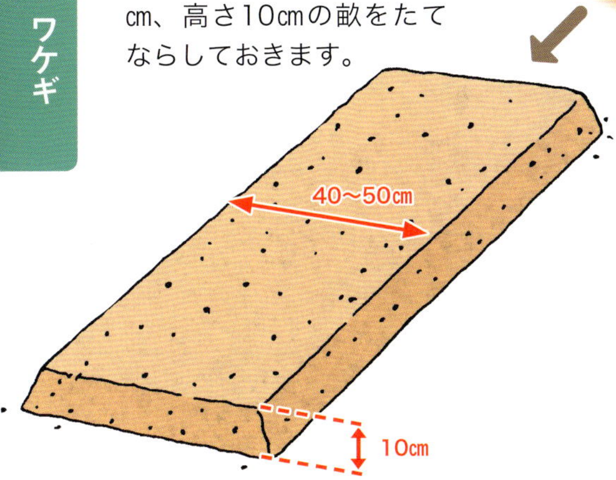
40～50㎝
10㎝

② よく耕して幅40～50㎝、高さ10㎝の畝をたてならしておきます。

2 植え付け

タネ球を購入して植え付ける

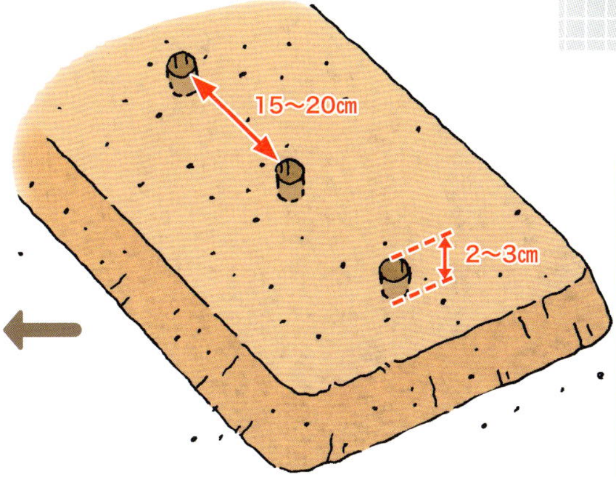
15～20㎝
2～3㎝

① 8月下旬～9月中旬に植え付けます。ワケギは分球によって増えていきますので、株間15～20㎝で深さ2～3㎝ほどの植え穴を掘ります。

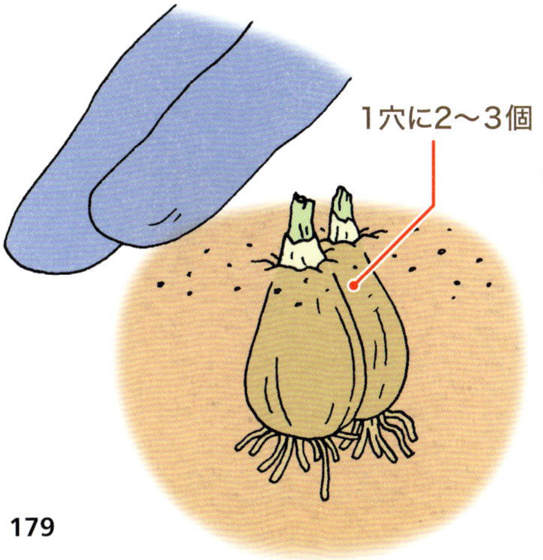
1穴に2～3個

② 植え穴に購入したタネ球を2～3個落として、先端が少し見える程度に土をかぶせて水をまきます。

3 追肥

2～3週に1回のペースで追肥する

草丈が10㎝ほどになったら、株元に1㎡あたり化成肥料30gを追肥してかるく土寄せします。以後、2～3週に1回のペースで追肥します。

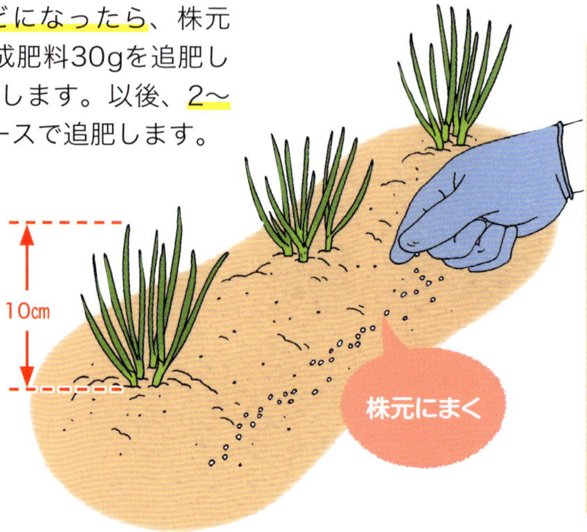

10㎝
株元にまく

球根を乾燥させておけば翌年タネ球として使える

地上部が枯れてしまった後、球根を掘り上げて天日でしっかりと乾燥させてから、風通しのよい日陰で保存しておきましょう。翌年のタネ球として利用できます。

4 収穫

地面から3～4㎝ぐらい残して刈り取る

① 草丈が20～30㎝ほどになったら、地面から3～4㎝ほど残して鎌で刈り取って収穫します。

鎌で刈り取る!
20～30㎝
3～4㎝

② 刈り取った後、1㎡あたり化成肥料30gの追肥をすれば、次々収穫することができます。大きくしすぎるとかたくなるので注意しましょう。

プロのコツ 収穫は引き抜かずに刈り取る

待った待った
抜いちゃダメですよ～!!
ナガネギのように引き抜いてしまうと収穫は1回しかできませんが
地面から3～4㎝残して刈り取れば葉が再生して何度も収穫できます
必要な分だけ数本ずつ収穫する方法も便利です。
この辺りで刈り取り
3日後
本当だもう伸びてきたぞ!!
お得だなぁ!!

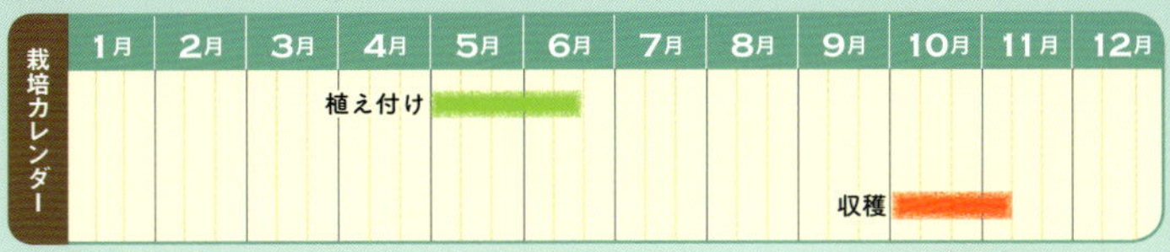
栽培カレンダー
1月
2月
3月
4月
5月
6月
7月
8月
9月
10月
11月
12月
植え付け
収穫

レベル ふつう

サツマイモ

ほくほくと甘いサツマイモ。焼き芋やスイートポテトなど秋のお菓子作りには欠かせない存在です。肥料を少なめにして育てることが栽培のポイントです。

•根菜類
•ヒルガオ科

連作障害
1~2年は空ける

必要な資材
マルチシート(シルバーまたは黒)

1 畑の準備

前年に野菜をつくった場所では無施肥でOK

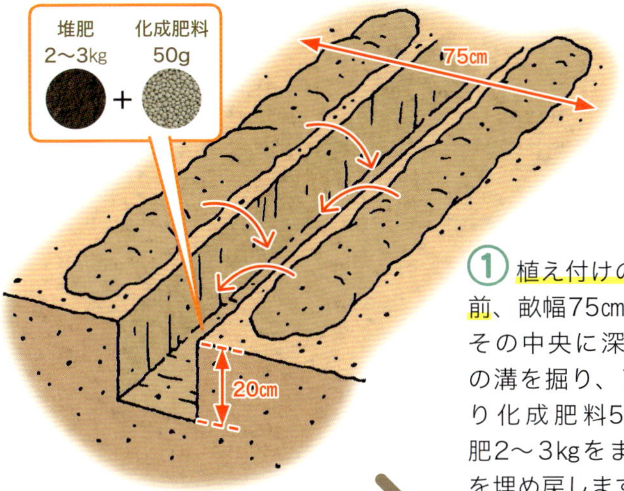
堆肥
2~3kg
化成肥料
50g
75cm
20cm

① 植え付けの1週間前、畝幅75cmにして、その中央に深さ20cmの溝を掘り、1㎡あたり化成肥料50g、堆肥2~3kgをまいて土を埋め戻します。

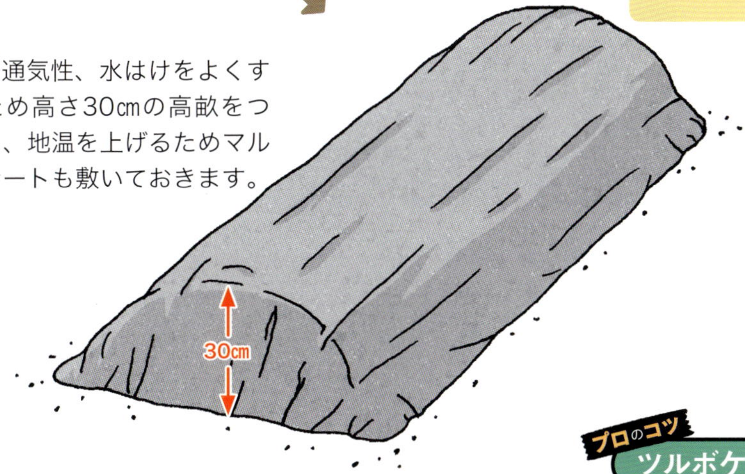
30cm

② 通気性、水はけをよくするため高さ30cmの高畝をつくり、地温を上げるためマルチシートも敷いておきます。

プロのコツ
ツルボケ防止!肥料は少なめに

大きいイモをつくるぞ!
ちょっと待った~
肥料が多いとツルボケになっちゃいますよ~
ツルボケの症状
肥料(特に窒素成分)が多いとツルや葉ばかりが茂る。
ツルや葉に栄養が偏りイモは太らない。
サツマイモは痩せた土地でよく育つ野菜
畑に肥料が残っている場合は無施肥で栽培することもできます

2 苗選び

園芸店などで苗を購入する

サツマイモの苗は4月下旬頃から園芸店などで購入することができます。苗は茎が太くて節間がつまり、葉が5～6枚付いて、根の出ていないものを選びます。

3 植え付け

5月上旬～6月中旬に植え付け

① 植え付けの前日から苗をバケツなどに入れて水に浸し、たっぷりと水を吸わせておきます。

② 5月上旬～6月中旬に植え付けます。30～40㎝間隔で植え穴をつくり、１カ所につき苗１本ずつ斜めに置き、かるく土を乗せかるく押さえます。その後たっぷりと水をまきます。

日のないタイミングで植え付けよう！

日差しが強すぎると苗が傷み、生育が悪くなることがあります。夕方もしくは風のない曇りの日に植え付けるとよいでしょう。

おすすめ品種

シルクスイート

手頃な大きさで味がよい品種。数が多く付くのでコストパフォーマンスが高い。

4 ツル返し

養分の分散を防ぐためのツル返し

ツルが土に付くと、そこからも小さいイモができ養分が分散してしまうので、ツルが伸び通路を覆いはじめる夏場にツルを持ち上げて根を切りその場に置き直します。これを「ツル返し」と呼びます。

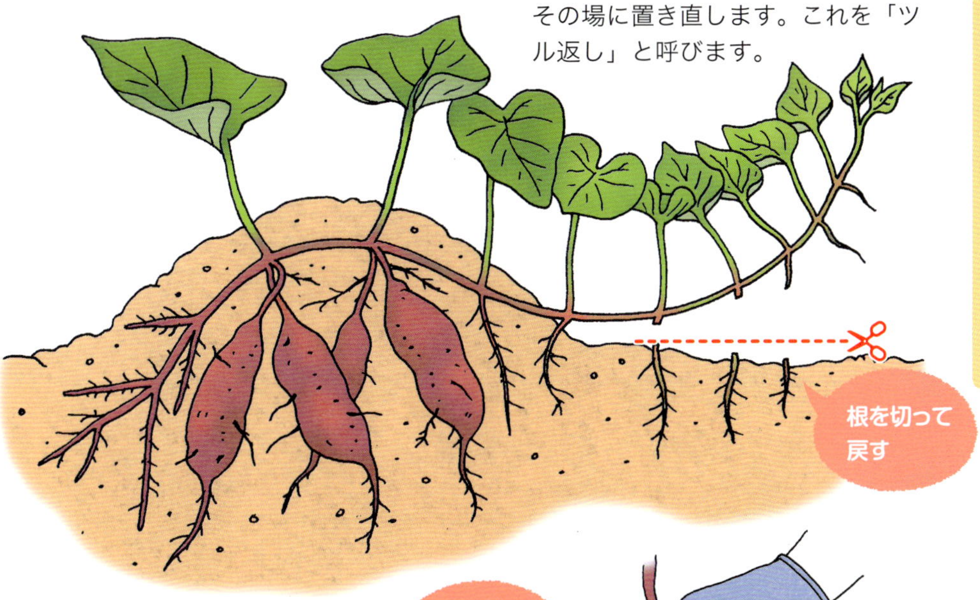

5 収穫

10月頃を目安に太ってきたら収穫

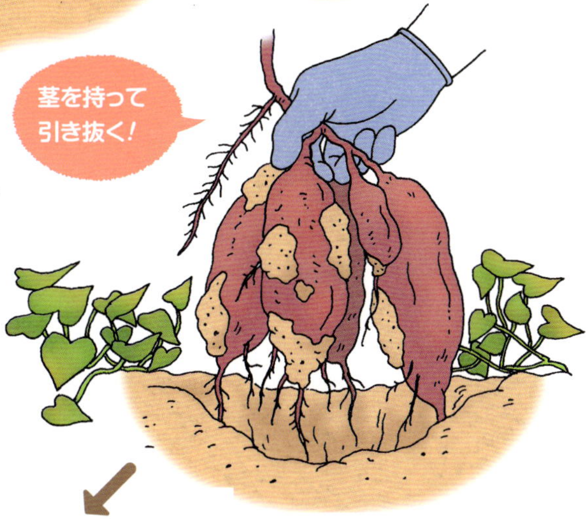

① 10月頃を目安にイモが太ってきたら収穫します。株元の茎を持って引き上げます。先に地上部のツルを刈っておくとやりやすいです。寒さに当たると傷むので、11月上旬までには収穫しましょう。

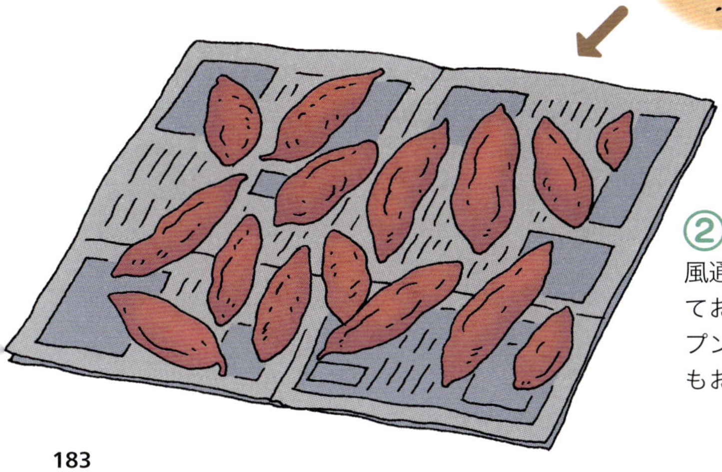

② 収穫したイモは土付きのまま風通しのよい日陰に4〜5日置いておきます。追熟させると、デンプン質が糖化して甘みが増しとてもおいしいイモになります。

サトイモ

レベル ふつう

独特のねっとりとした食感が特徴。イモ類の中では低カロリーで、余分な塩分の排出やむくみを取るカリウムも豊富です。乾燥に弱いため、夏場はしっかり水やりします。

・根菜類
・サトイモ科

連作障害
3年は空ける

必要な資材
マルチシート、わら

栽培カレンダー

	1月	2月	3月	4月	5月	6月	7月	8月	9月	10月	11月	12月
植え付け				■								
追肥						■	■					
収穫										■	■	

1 畑の準備

サトイモ科の野菜を3年以上つくっていない場所を選ぶ

①植え付け1週間前に30㎝の深さの溝を掘り、1㎡あたり化成肥料200g、堆肥2～3kgを溝の中にまきます。

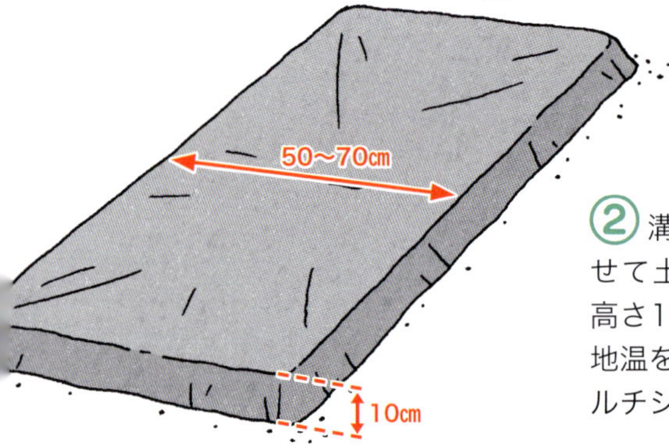

②溝の中で肥料と堆肥を混ぜ合わせて土を埋め戻し、幅50～70㎝、高さ10㎝の畝を立てます。その後、地温を上げ初期生育を促すため、マルチシートを敷いておきます。

2 植え付け

4月頃に植え付けをおこなう

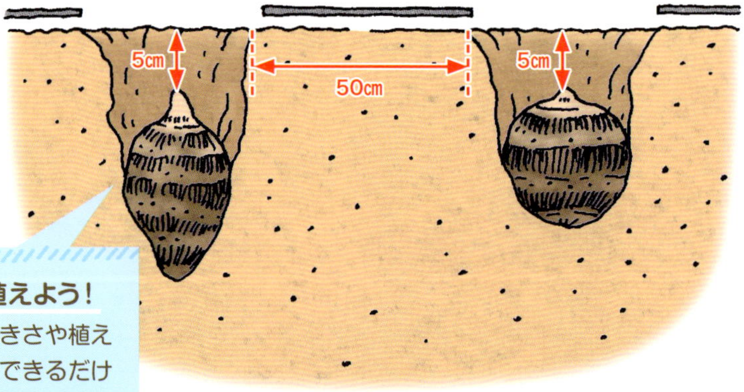

そろえて植えよう！
タネイモの大きさや植え付ける深さをできるだけ一定にして発芽のタイミングをそろえるようにしましょう。

4月頃、株間50㎝間隔でマルチシートに穴をあけ、植え穴1カ所につきタネイモを1つ、芽を上向きにしてタネイモの上に5㎝ほど土が乗るようにします。

3 芽かき

草丈10㎝になったら芽かき

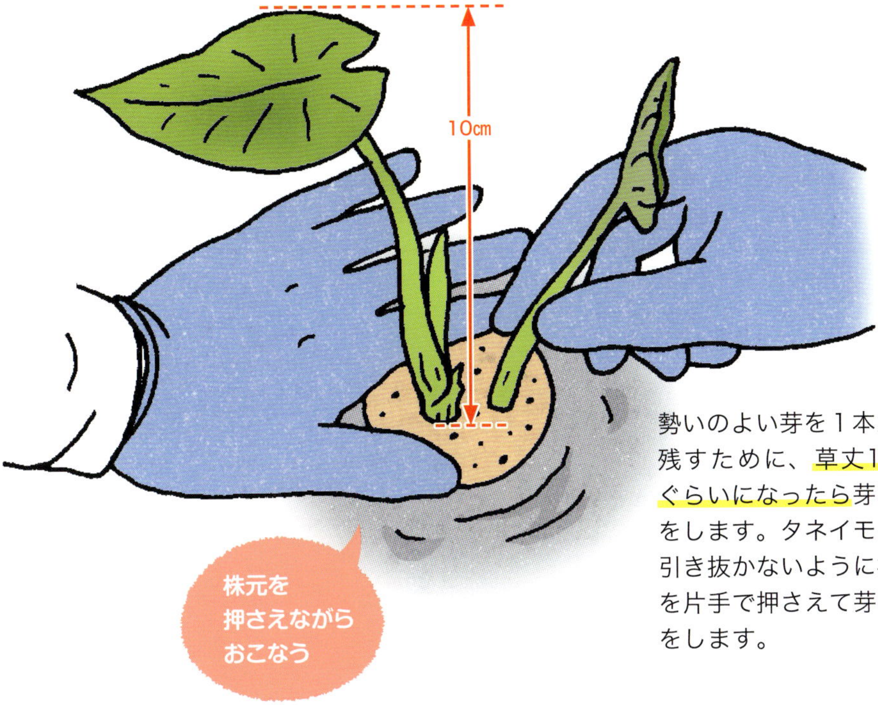

勢いのよい芽を1本だけ残すために、草丈10㎝ぐらいになったら芽かきをします。タネイモごと引き抜かないように株元を片手で押さえて芽かきをします。

4 追肥・土寄せ

梅雨入りと梅雨明けの2回おこなう

1回目は梅雨になり株が大きくなってきた頃です。マルチシートを外して、株の周りに1㎡あたり50gの化成肥料をまき、畝を高く盛り上げるように土寄せします。2回目は梅雨明け後です。畝の両肩に1回目と同量の化成肥料をまき、通路側から土を寄せて畝を盛り上げます。

5 マルチング

乾燥防止のためにわらなどを敷く

サトイモは乾燥に弱いので、梅雨明けしたらわらやトウモロコシのからなどで畝全体を覆い、水をまいておきます。

6 収穫

10月中旬を目安に収穫する

10月中旬～11月下旬頃、スコップでイモのかたまりを掘り上げ収穫します。親イモの周りに子イモ、孫イモと付いているので、手でかき取りましょう。

スコップで株の周囲を広く掘っておいてから引き抜く！
親イモ
子イモ
孫イモ

保存方法に注意！

収穫したイモは、土を落とし新聞紙などにくるんで風通しのよい日陰で保存します。冷蔵庫で保存すると傷みやすいので注意しましょう。

プロのコツ 乾燥しないようにわらを敷く

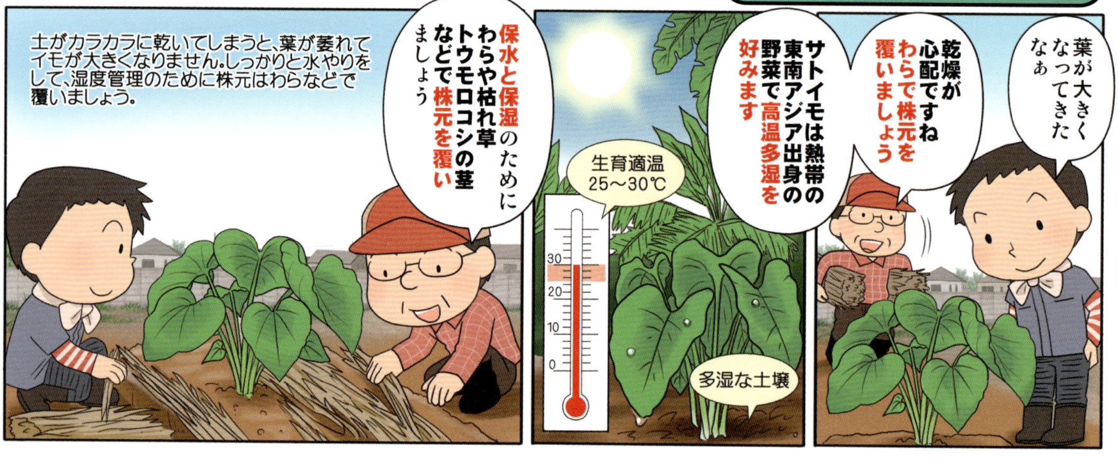

葉が大きくなってきたなぁ
乾燥が心配ですね わらで株元を覆いましょう
サトイモは熱帯の東南アジア出身の野菜で高温多湿を好みます
生育適温 25～30℃
30
20
10
0
多湿な土壌

保水と保湿のためにわらや枯れ草トウモロコシの茎などで株元を覆いましょう

土がカラカラに乾いてしまうと、葉が萎れてイモが大きくなりません。しっかりと水やりをして、湿度管理のために株元はわらなどで覆いましょう。

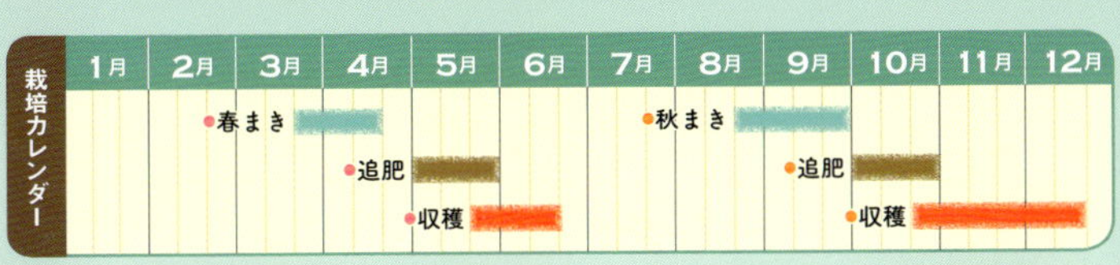
栽培カレンダー
1月
2月
3月
4月
5月
6月
7月
8月
9月
10月
11月
12月
春まき
追肥
収穫
秋まき
追肥
収穫

ダイコン

レベル ふつう

ダイコンは葉の部分に栄養が集中します。家庭菜園で育てれば、新鮮な葉を丸ごと料理に使うことも可能。畝の両脇に溝を掘って肥料を施し、「また根」を避けるようにします。

- 根菜類
- アブラナ科

連作障害

1～2年は空ける

必要な資材

マルチシート、トンネル支柱、防虫ネット

1 畑の準備

アブラナ科の野菜を1年以上つくっていない場所を選ぶ

小石などを取り除いておく

① 植え付けの1週間前、深さ30㎝までよく耕し、小石などを取り除きます。地中にまっすぐ伸びるダイコンにとって小石は異物。異物があると、それを避けるように根が伸びて二股のダイコンになってしまいます。

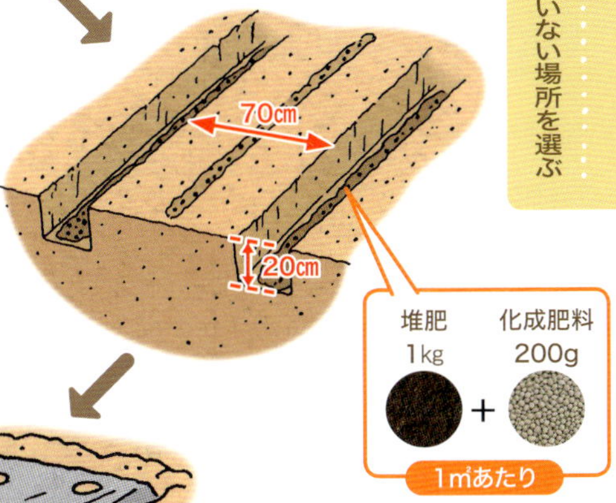
70㎝
20㎝
堆肥
1kg
化成肥料
200g
1㎡あたり

② 幅70㎝の両脇に深さ20㎝ほどの溝を掘って、1㎡あたり化成肥料200g、堆肥1kgまき、埋め戻します。畝の中央にもパラパラと化成肥料をまき、かるく混ぜ合わせます。

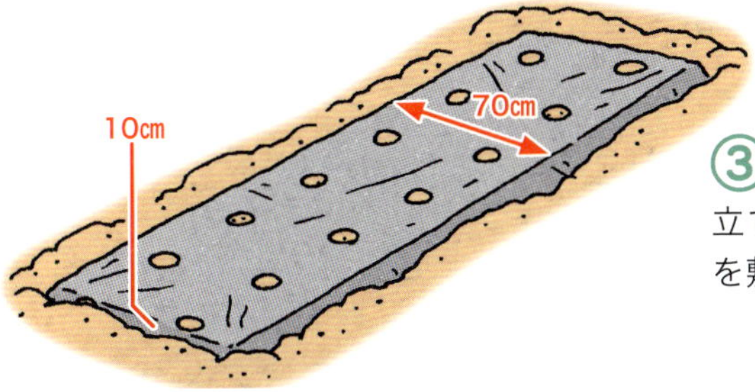
10㎝
70㎝

③ 幅70㎝、高さ10㎝の畝を立て、マルチシート（2列穴）を敷いて保温、保湿します。

プロのコツ 畝の両側に元肥を植す

小石はていねいに取り除いてください
元肥は畝の両わきに施します
なぜ両わきなんですか？
根をまっすぐに成長させるためですよ
土中の小石や肥料などのかたまりに触れると根が分かれて二股ダイコンになってしまいます
肥料は全面にまかず根に当たらないよう両わきに施します。
肥料
肥料
小石

2 タネまき

1カ所につき5～6粒点まきする

① 春まきなら3月下旬～4月中旬、秋まきなら8月下旬～9月下旬頃にタネまきをおこないます。5㎜～1㎝の浅いくぼみをつけて5～6粒まきます。

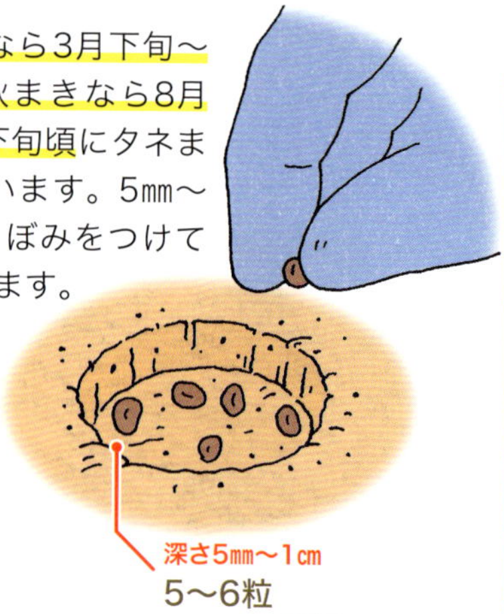

② 一握りの土をかぶせかるく鎮圧し、たっぷりと水をまきます。

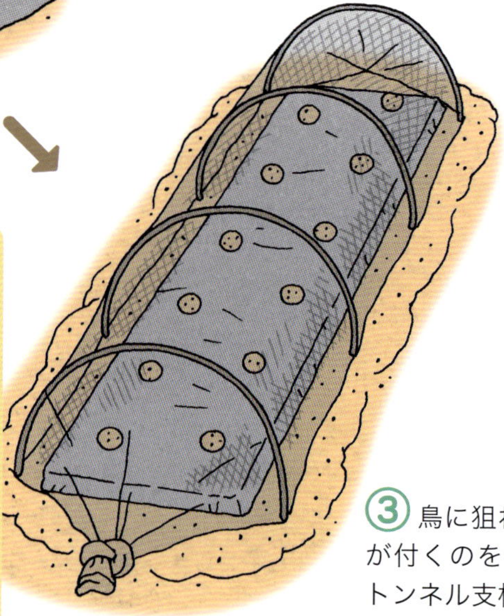

③ 鳥に狙われたり、虫が付くのを避けるため、トンネル支柱をアーチにして防虫ネット(→P34)をかけておきます。

3 間引き

成長に合わせて2回おこなう

本葉2～3枚で1回目の間引きをおこない1カ所2～3株にします。1カ月後、本葉5～6枚の頃、根が伸びて太りはじめる前に2回目の間引きをおこない、元気のよい1株だけにします。

間引きダイコンはおいしく食べられます

おすすめ品種

耐病総太り

名前は物々しいが、ス入りが遅く大きく育つ品種。肉質もよく、甘い。

4 追肥

2回目の間引き後に追肥

マルチの外側にまく

2回目の間引き後、1㎡あたり50gの化成肥料をマルチシートの外側にまき、かるく土と混ぜ合わせておきます。

5 収穫

タネまきから2カ月後が収穫目安

春まきで育てる場合は、収穫適期が短いので早めに収穫しましょう。

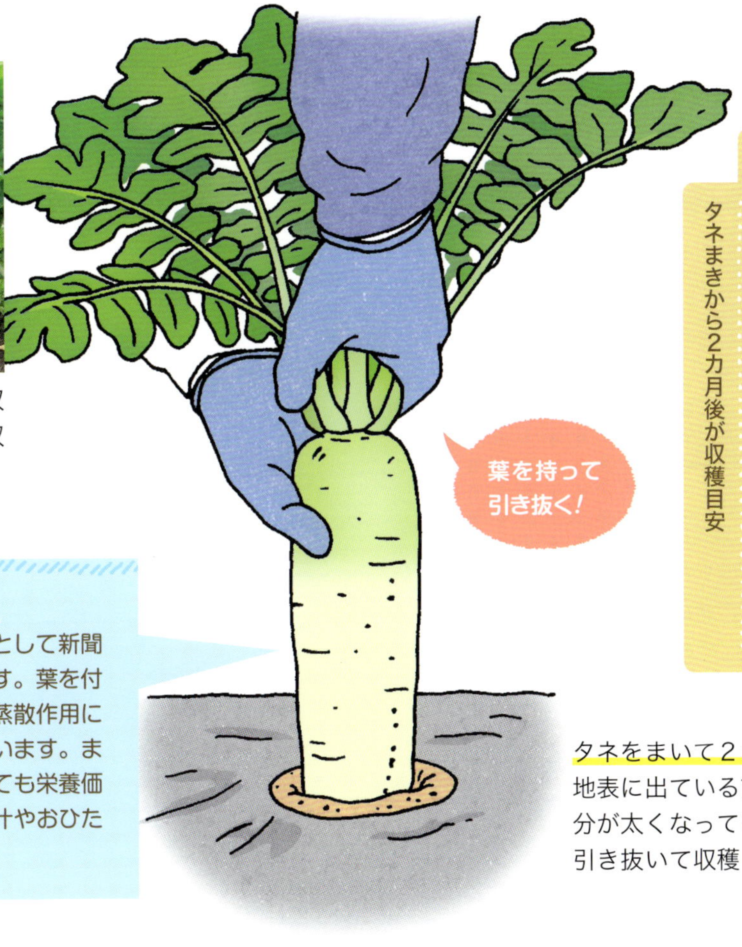
葉を持って引き抜く!

タネをまいて2カ月後、地表に出ている首の部分が太くなっていたら引き抜いて収穫します。

ダイコンの保存方法!

収穫したダイコンは葉を落として新聞紙などにくるんで保存します。葉を付けたままにしておくと葉の蒸散作用によってすぐにしなびてしまいます。また、ダイコンの葉自体がとても栄養価が高いので、捨てずにみそ汁やおひたしなどで利用しましょう。

ニンジン

レベル むずかしい

栄養満点、緑黄色野菜の王様。家庭菜園なら、栄養が多く含まれる葉の部分まで利用することも。ポイントはタネまき。梅雨の間にまくことで発芽が成功しやすくなります。

- 根菜類
- セリ科

連作障害
1〜2年は空ける

必要な資材
支柱、べたがけシート、ふるい

栽培カレンダー

	1月	2月	3月	4月	5月	6月	7月	8月	9月	10月	11月	12月
タネまき						■	■					
追肥								■	■			
収穫	■										■	■

1 畑の準備

セリ科の野菜を1年以上栽培していない場所を選ぶ

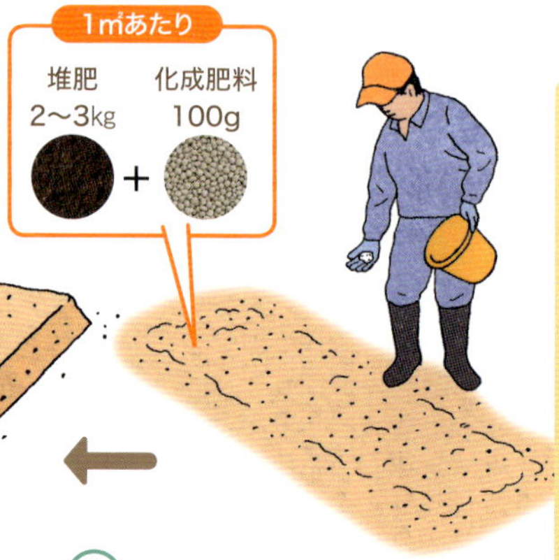

1㎡あたり
堆肥
2〜3kg
化成肥料
100g

①タネまきの1週間前に1㎡あたり100gの化成肥料と、堆肥2〜3kgをまきます。

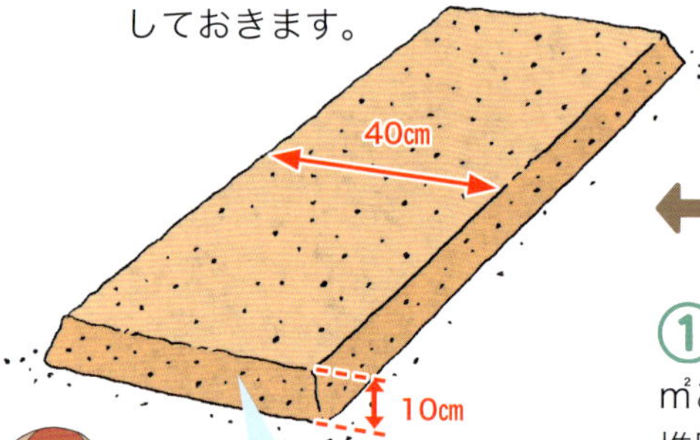

40cm
10cm

②しっかりと耕したら畝幅40cm、高さ10cmの畝をつくり、表面を平らにならしておきます。

異物を念入りに取り除こう！

ニンジンの根は、肥料のかたまりや石などに当たると二股に分かれてしまうことがあるので、異物を取り除いてしっかりと耕しましょう。

2 タネまき

発芽まで乾燥しないように管理する

①6月下旬〜7月下旬に、支柱を利用して深さ5mm〜1cmの溝をつくり、タネを1cm間隔ですじまきします。

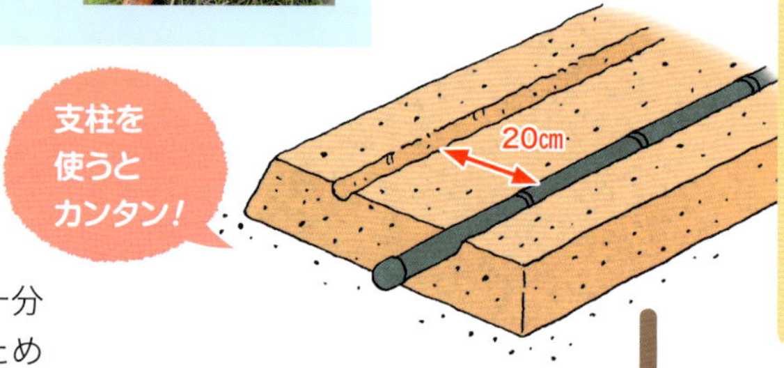

支柱を使うとカンタン！
20cm

②ふるいを使ってタネが隠れる程度にうっすらと土をかけます。その後、手で土をかるく押さえジョウロでやさしく水をまきます。

③発芽までは十分な湿度が必要なため乾燥防止のためにべたがけシートをかけておきます。

3 間引き・追肥

生育状態を見ながら2回に分けて間引く

① 1回目は本葉が3～4枚の頃。草勢のよいものを残し、株間が5～6㎝になるように間引きます。その後は1㎡あたり化成肥料30gを株元にまき土を寄せます。

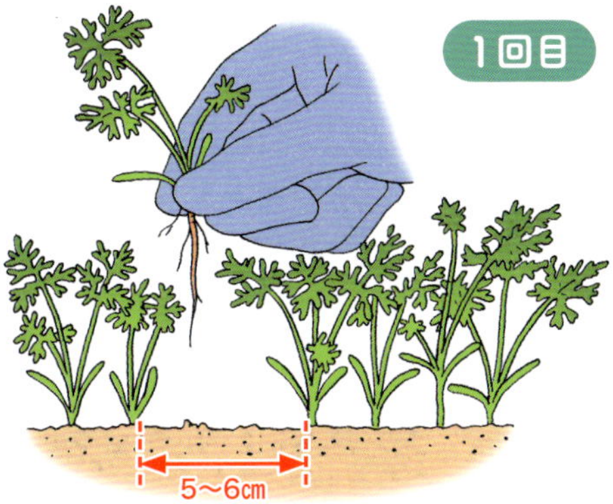
1回目
5～6㎝

② 2回目は、本葉5～6枚の頃に株間10～15㎝になるように間引きます。その後に1回目と同量の化成肥料を株元に施し、かるく土寄せします。株間が狭いと根が太りにくいので、しっかり株間をあけるようにしましょう。また品種によって株間が異なる場合があるので、タネ袋で確認しましょう。

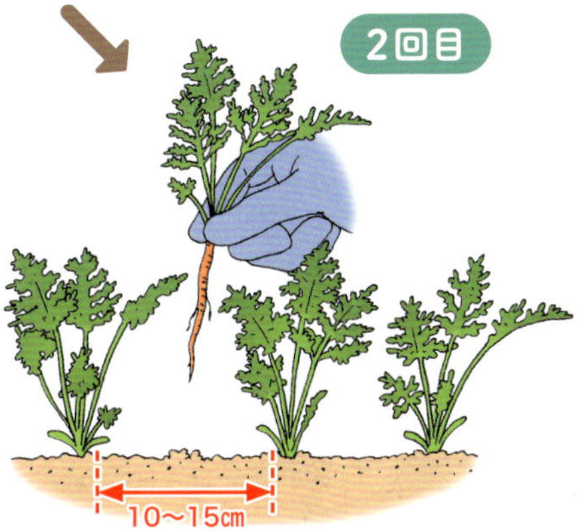
2回目
10～15㎝

4 収穫

3～5㎝に太ったものから引き抜く

直径が3～5㎝に太ったものから引き抜いて収穫します。1度に消費しない場合、そのまま畑に植えておくと翌年1月頃まで収穫できます。

茎を持って引き抜く!

プロのコツ 雨の前にタネをまく

ニンジンのタネをまいたのですが1カ月経っても発芽しないんです
ニンジンは発芽しにくいんですよねぇ
雨が降る前日にタネをまけば土の乾燥が防げるので発芽しやすくなりますよ
日が当たらないので乾燥が防げる
べたがけシートで乾燥防止
雨のおかげで水分たっぷり
ニンジンはタネの吸水力が弱いため土が乾燥していると発芽率が悪くなります。とくに夏場は土が乾きやすいので注意が必要です。
よし!! 明日は雨だ タネをまくぞ～
明日は雨

監修者 **加藤義松**（かとう よしまつ）

1954年、江戸時代から300年続く農家に生まれる。農業体験農園の発案者。全国に先駆けて都市型の農業体験農園「緑と農の体験塾」を開園。先進農業の優良事例として農業白書に掲載され、練馬区農業体験農園園主会が日本農業賞大賞受賞。
全国農業体験農園協会理事長。農林水産省都市農業検討委員会委員。前東京農業大学客員研究員。
「全国農業新聞」「やさい畑」「毎日が発見」「朝日新聞」などに連載をもつ。『加藤義松の野菜作り塾』（主婦の友社）、『野菜づくり名人の知恵袋』（講談社）、『野菜づくり成功の法則』（家の光協会）など著書も多数。

マンガ	菜園さと
イラスト	山村ヒデト
デザイン	松倉 浩
DTP	三國創市（株式会社多聞堂）
写真提供	井坂英彰、中谷 晃、Getty Images、 株式会社久留米種苗園芸、株式会社武蔵野種苗園、 タキイ種苗株式会社、千葉県農林総合研究センター、 中原採種場株式会社、 農業・食品産業技術総合研究機構九州沖縄農業研究センター、 ピクスタ、みかど協和株式会社
コラム図解	楢崎義信
執筆協力	中谷 晃
編集協力	上野 茂　滑川弘樹（株式会社多聞堂）

マンガと絵《え》でわかる！ おいしい野菜《やさい》づくり入門《にゅうもん》

監修者	加藤義松
発行者	若松和紀
発行所	株式会社 西東社 〒113-0034　東京都文京区湯島2-3-13 https://www.seitosha.co.jp/ 電話　03-5800-3120（代）

※本書に記載のない内容のご質問や著者等の連絡先につきましては、お答えできかねます。

ISBN 978-4-7916-2244-3